Maternar

gestação, parto e criação de uma nova consciência materna

Catalogação na Fonte
Elaborado por: Josefina A. S. Guedes
Bibliotecária CRB 9/870

M425m Maternar: gestação, parto e criação de uma nova consciência
2022   materna / Sara Coelho (org.). - 1. ed. - Curitiba: Appris, 2022.
        261 p. ; 20 cm.

   Inclui referências.
   ISBN 978-65-250-3594-9

   1.Gestação. 2. Parto (Obstetrícia). 3. Maternidade. 4. Educação.
I. Coelho, Sara. II. Título.

CDD – 362.1982

Livro de acordo com a normalização técnica da ABNT

Editora e Livraria Appris Ltda.
Av. Manoel Ribas, 2265 – Mercês
Curitiba/PR – CEP: 80810-002
Tel: (41) 3156 - 4731
www.editoraappris.com.br

Maternar

gestação, parto e criação de uma
nova consciência materna

Appris
editora

Editora Appris Ltda.
1ª Edição - Copyright© 2022 da organizadora
Direitos de Edição Reservados à Editora Appris Ltda.

Nenhuma parte desta obra poderá ser utilizada indevidamente, sem estar de acordo com a Lei nº 9.610/98.
Se incorreções forem encontradas, serão de exclusiva responsabilidade de seus organizadores.
Foi feito o Depósito Legal na Fundação Biblioteca Nacional, de acordo com as Leis nºs 10.994, de 14/12/2004 e 12.192, de 14/01/2010.

FICHA TÉCNICA

EDITORIAL	Sara Coelho
	Augusto V. de A. Coelho
	Marli Caetano
COMITÊ EDITORIAL	Andréa Barbosa Gouveia (UFPR)
	Jacques de Lima Ferreira (UP)
	Marilda Aparecida Behrens (PUCPR)
	Ana El Achkar (UNIVERSO/RJ)
	Conrado Moreira Mendes (PUC-MG)
	Eliete Correia dos Santos (UEPB)
	Fabiano Santos (UERJ/IESP)
	Francinete Fernandes de Sousa (UEPB)
	Francisco Carlos Duarte (PUCPR)
	Francisco de Assis (Fiam-Faam, SP, Brasil)
	Juliana Reichert Assunção Tonelli (UEL)
	Maria Aparecida Barbosa (USP)
	Maria Helena Zamora (PUC-Rio)
	Maria Margarida de Andrade (Umack)
	Roque Ismael da Costa Güllich (UFFS)
	Toni Reis (UFPR)
	Valdomiro de Oliveira (UFPR)
	Valério Brusamolin (IFPR)
SUPERVISOR DA PRODUÇÃO	Renata Cristina Lopes Miccelli
REVISÃO	Stephanie Lima
	Vanderlei Cruz
	Bruna Fernanda Martins
DIAGRAMAÇÃO	Matheus Davi
CAPA	Sara Coelho
COMUNICAÇÃO	Carlos Eduardo Pereira
	Karla Pipolo Olegário
	Kananda Maria Costa Ferreira
	Cristiane Santos Gomes
LANÇAMENTOS E EVENTOS	Sara B. Santos Ribeiro Alves
GESTÃO GRÁFICA	Brasil Delmar Zanatta Junior
LIVRARIAS	Estevão Misael
	Mateus Mariano Bandeira
GERÊNCIA DE FINANÇAS	Selma Maria Fernandes do Valle

Dedicado às mulheres,
por tudo, por tanto.

À Líria Maliê, forte e serena,
inspiração da minha vida e desta obra.

Apresentação

É a retomada da mulher, que renasce do próprio caos como o que sempre foi, mas como o que jamais poderia ter sido antes de todo redemoinho que a trouxe até ali.

Este é um livro organizado, escrito e produzido por mulheres, que busca devolver à mulher o seu protagonismo na maternagem. Além do natural – de sermos naturalmente o centro dessa equação –, fazem parte do protagonismo o conhecimento, a consciência, a percepção, estarmos dotadas de ferramentas que nos revigorem e fortaleçam nesse posto central. Por isso criamos um livro com muitos recursos, muita sabedoria, muitas reflexões.

Na primeira seção do livro, **Gestar**, buscamos acolher as mães nesse momento de completa mudança. Mudança física, claro, mas também um momento em que revisitamos nossas certezas, nossa segurança, nosso senso de capacidade e potência. É uma seção para ajudar nesse desabrochar materno, um desabrochar eterno que acompanhará essa mulher-mãe ao longo de todas as fases dessa experiência disruptiva que é o maternar.

Na segunda seção do livro, **Parto**, tratamos do nosso poder de trazer à luz. Há muito nos foi tirado o espaço de figura principal de nossos próprios partos. Não decidimos a via de parto, a posição, os recursos, além da precariedade quanto às informações, à assistência e à segurança. Quanto aos nossos direitos. Por isso, na seção **Parto** falamos de parto humanizado, plano de parto, trabalho de parto, a lei, a doula, a pediatria do parto. Dotando mulheres de informações que as preencham de possibilidades de escolhas e, também, de seu direito a exigências.

Na seção **Nasce um bebê** trouxemos informações e teorias quanto aos primeiros meses do recém-nascido. Ferramentas que auxiliam as mães a compreender esse período do ponto de vista do bebê, de seu desenvolvimento cognitivo, de suas fases. Falamos sobre o desenvolvimento do bebê no primeiro ano de vida, sobre a teoria da exterogestação, sobre picos de crescimento e saltos de desenvolvimento, sobre o sono e introdução alimentar... Esse conhecimento é um instrumento para que seja possível passar por esses processos de maneira fluida e com redução do stress materno, visto ser um dos períodos mais aflitivos da primeira infância.

Trouxemos, na seção **Amamentar**, uma abordagem completa sobre o tema. Desde a pega correta até o desmame. Por que amamentar? Como amamentar? E então, quando for essa a intenção da mãe, como desmamar? Uma seção profunda, fundamentada e didática sobre amamentação que, diferente do popular, não é intuitiva nem necessariamente fácil. É aprendida, tem altos e baixos e cada mãe e filho tem sua particularidade. É, sem dúvida, um ato de entrega e amor, que pode ter absoluto êxito com os recursos corretos.

Na seção **Filhos** trouxemos reflexões valorosas sobre a relação mãe-bebê, mãe-criança e mãe consigo mesma. Falamos sobre a saúde mental materna, a culpa, o labor. Assim como modos de enxergar a criança nesse contexto de nascimento e formação como um indivíduo integral, dotado de essência própria, particular. Falamos sobre disciplina positiva, sobre um olhar empático para a infância. E, sobretudo, um olhar empático para a mãe.

No livro todo buscamos trazer informações bem fundamentadas, profundamente reflexivas e cientificamente evidenciadas, de maneira tangível e de fácil leitura. Acreditamos que esses conteúdos servem verdadeiramente às mães, e que, reunidos, trazem crescimento, refazimento, ressignificação e cura. Juntos revelam um novo Maternar, uma Nova Consciência Materna.

Sara Coelho – Organizadora e editora do livro

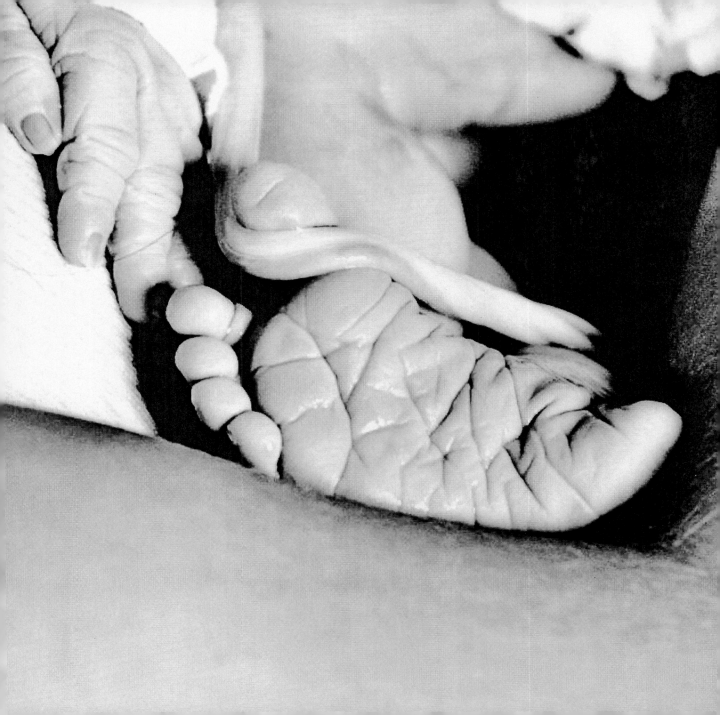

tos por Katya Kur Bleninger

SUMÁRIO

GESTAR

Vir-a-ser mãe: aspectos sociais, emocionais e psicológicos.................17

Juliana Di Lorenzo Morais

As fases da gestação.................27

Juliana Colotti Chalupe Amado

PARTO

Por que parir?.................35

Patrícia Schmitz

Plano de parto.................41

Mariana Coraiola

Trabalho de parto de amor.................57

Janet Balaskas

A cesariana no contexto atual.................71

Patrícia Schmitz

O parto e a lei: direitos no parto.................75

Stephanie Aniz Ogliari Candal

PARTO

Doula: quem é essa personagem misteriosa?................................83

Adèle Valarini

Assistência ao parto do ponto de vista pediátrico................................95

Bianca Cesário Cavichiollo

NASCE UM BEBÊ

O período pós-parto: do nascimento ao primeiro ano de vida do bebê................................103

Talia Gevaerd de Souza

Exterogestação................................117

Ana Paula Colli

Meu bebê nasceu e conheci a privação de sono................................129

Caroline Trentini

Saltos de desenvolvimento................................139

Ana Paula Colli

Introdução Alimentar Neuroconsciente................................155

Larissa Machado Sena de Melo

Para além dos diagnósticos dos transtornos mentais no puerpério................................171

Daniela de Almeida Andretto

AMAMENTAÇÃO

Por que amamentar?...183

Déborah Eliete Marques Sanches Carvalho

Quero amamentar. E agora?..191

Carla Schultz

Desmame..199

Deborah Sanches

FILHOS

A criança que fomos (ainda está viva) na criança que vemos...211

Julia dos Santos Alface

Princípios da disciplina positiva...223

Renata Bermudez

Um novo olhar para "limites" e "disciplina"............233

Alcione Andrade

Rainha do Lar? Reflexões acerca da violência e loucura materna...243

Ana Vilela Mendes Brandino

gestar

A voz do anjo
Sussurrou no meu ouvido
Eu não duvido
Já escuto os teus sinais
Que tu virias
Numa manhã de domingo
Eu te anuncio
Nos sinos das catedrais
[...]
Na bruma leve das paixões
Que vêm de dentro
Tu vens chegando
Pra brincar no meu quintal

(Música: Anunciação
Compositor: Alceu Valença)

Carta endereçada à gestante

O Ser que gera... o tempo se chama presente
Aí dentro, em teu ventre, a Vida cresce
A maternagem se constrói
Dia após dia
O mundo vai ganhando outro tom
Já não importa mais o "instinto" que lhe foi atribuído, a realidade lhe diz
que "Ser mãe" é uma construção diária
Sem receita
Sem manual
Sem métodos
Entre neblinas e raios de luz
A vida evolui
Aos poucos teu corpo anuncia um novo tempo
Floresce
Não é possível prever
Mas é possível sentir
Para isso, o silêncio é bem-vindo
Ele pronuncia os medos e as angústias
Chore, se o momento trouxer as lágrimas
Derrame-as, desague, transborde
Ao passar os soluços
Respire
Atravesse o silêncio
Olhe para dentro
Cante
Dance
Vibre as emoções que lhe alcançam
Não tenhas medo de ti
Seja sua própria voz
Acolha
Em harmonia ao ritmo que te move.

(Juliana Di Lorenzo Morais)

Vir-a-ser mãe: aspectos sociais, emocionais e psicológicos

Juliana Di Lorenzo Morais

Pós-graduada em docência no Ensino Superior. Com formação em Psicologia Clínica Fenomenológico-Existencial, Psicologia do Puerpério, Luto Perinatal e Educação Perinatal e graduada em Psicologia. Atua na criação de diálogos compartilhados, em ambientes públicos e privados, dedicados ao ciclo gravídico-puerperal com gestantes, casais grávidos, puérperas e famílias, além de grupos com mulheres. Psicoterapeuta clínica com atendimentos direcionados a adolescentes, adultos e casais. Docente e preceptora de estágio em disciplinas ministradas na graduação em Psicologia.
E-mail: dilorenzopsi@gmail.com
Instagram: @judilorenzopsi

[...] e foi assim, ao permitir o contato comigo mesma,
numa correlação à evolução natural da gestação,
que pude, enfim, ouvir as vozes de minha própria experiência,
meu corpo dizia que, biologicamente tudo corria bem,
mas havia algo a ser concebido,
desanuviando toda a construção do que seria a maternidade,
fui convidada a me aproximar de mim mesma,
como numa montanha-russa, os sentimentos iam e viam,
e eu, simplesmente, os sentia,
aos poucos, encontrei meu "acento",
e é desse lugar que hoje pronuncio o meu eterno vir-a-ser,
nunca pronta,
mas sempre em movimento, sempre sendo,
ser mãe é então, um ato contínuo, um eterno tornar-se.

(Juliana Di Lorenzo Morais)

§ Gestar: um percurso para a maternagem consciente

O período gestacional, numa acepção clínica, promove as adaptações no organismo da mulher para atender às necessidades orgânicas materno-fetal e se divide em três trimestres. Nestes, as transformações no corpo da futura mãe e a percepção dos movimentos fetais ocorrem de forma gradual, no decorrer da evolução da gravidez. Caracterizado, assim, como momento de grandes transformações hormonais e fisiológicas.

"Gestar outro Ser, conceber". Inevitável olhar para esse período e não o apreciar com tons de poesia. A gestação é a possibilidade de gerar outra vida, no ventre um coração pulsa. Nesse preparo para o porvir, simultaneamente, a mulher antecede uma versão outra de si mesma, até então, desconhecida.

Entretanto, para além de uma concepção biológica e romântica, a experiência do vir-a-ser mãe promove uma série de mudanças sociais, emocionais, psicológicas e de identidade, que repercutem no comportamento e na visão de mundo daquela que gesta e dá à luz. Segundo Maldonado (1985), no preparo para a chegada do bebê, a mulher vive uma transição existencial e reestruturação dos papéis que exerce. Especialmente, no caso das primíparas, que passam da condição de filhas para mães, reajustam a situação socioeconômica, as demandas profissionais e o relacionamento conjugal.

O modelo ideal materno acompanha as meninas desde a infância, em que são apresentadas e treinadas a desempenharem o papel de boas mães, por meio das brincadeiras associadas às representações do universo feminino, internalizando, assim, um padrão a ser correspondido.

O psicólogo Serge Moscovici (2014) introduziu a discussão sobre o fenômeno das representações sociais na psicologia social. Em consonância com Moscovici (2015), podemos compreender tal fenômeno como um sistema de valores, ideias e práticas, sendo estes produtos da interação e comunicação, ou seja, enquanto processos de influência social.

Ao falarmos de um ideal materno, vale considerar que a representação social em torno da maternidade se articula com a representação da própria condição feminina, do Ser mulher. Bem como com o conjunto de ideias instituídas sobre paternidade, infância, família e com a dinâmica da sociedade que define (e cobra) os papéis a serem desempenhados.

Ser mãe se relaciona, então, com ideais de cada cultura e período. Assim, quando uma mulher não atende às expectativas sociais vigentes, gera uma série de reprovações, o que dialoga com a representação do lugar da maternidade, como se houvesse apenas "o lugar" e não "os lugares". Num movimento de categorização e atribuições a serem correspondidas.

Do mesmo modo, conforme apontam Moura e Araújo (2004), os discursos e práticas científicas auxiliaram de forma significativa, enquanto agenciadores sociais, alterando e conferindo valores ao relacionamento entre mães e suas crias. Historicamente, durante um longo período as funções e responsabilidade de cuidado, dentre outras, foram destinadas exclusivamente a natureza da mulher. Embora, a partir de revisões históricas, somente no século XVIII se instaurou a exaltação ao amor materno, como sendo inato ao Ser feminino. Posteriormente, reafirmado por alguns estudiosos, como um mito fomentando pelos saberes da filosofia, medicina e política.

Vimos até aqui, de modo breve, a maternidade enquanto uma categoria social, ou seja, como um conjunto de ideias constituídas que orienta a ordem social e define comportamentos, que auxiliam na criação de formas de relação dentro da instituição familiar e, obviamente, submete o papel materno a atribuições específicas.

Com os alcances conquistados pelas mulheres, o que inclui a inserção e aquisição de novas formas de existir, muito além das pré-estabelecidas, fortaleceu-se os questionamentos sobre a maternidade e o tornar-se mãe. Uma vez que os novos espaços ocupados por elas exigiram novas configurações e arranjos, seja em âmbito familiar, profissional ou pessoal. Novos caminhos foram vislumbrados e possibilitados para serem trilhados ou desbravados, na contramão de uma lógica social inflexível e predominante.

E o que todo esse discurso tem a ver com as gestantes?

Ora, com a gestação, a mulher passa a ocupar tal categoria social e se vê imersa a uma série de "orientações", "informações", "opiniões", "saberes" e "responsabilidades" que ditam e afirmam a sua condição. Todos esses preceitos dizem de um lugar a ser ocupado e como lugar em ascensão, uma categoria a ser correspondida. Entretanto, gestação e gestante são lugares distintos, pois enquanto a gestação diz de um espaço social, a gestante nos direciona para um olhar individualizado. Ou seja, a gestante que se relaciona e narra a sua própria história apresenta a sua experiência pessoal e subjetiva, que a difere das demais gestantes de uma mesma categoria.

Compreender tal construção histórica coloca a mulher diante das expectativas que também foram construídas, não por ela, mas pelo contexto social em que ela está inserida. Assim, ela estará aberta (ou liberta) para se relacionar com as suas próprias construções e fantasias em torno do gestar, o que favorece o caminhar para uma maternidade mais consciente e congruente consigo mesma.

Ao mencionar a maternidade consciente, retomo e finalizo a tônica do mito idealizado conferido ao amor materno. Para tanto, cito Elisabeth Badinter (1985), autora do clássico *Um Amor Conquistado: O Mito do Amor Materno*, obra em que a autora se debruça e tece uma robusta análise para responder se o amor materno é um instinto, uma tendência inata ao Ser feminino, ou se depende em grande medida de comportamentos sociais, que variam de acordo com a época e os costumes.

> Ao se percorrer a história das atitudes maternas, nasce a convicção de que o instinto materno é um mito. Não encontramos nenhuma conduta universal e necessária da mãe. Ao contrário, constatamos a extrema variabilidade de seus sentimentos, segundo sua cultura, ambições ou frustrações. Como, então, não chegar à conclusão, mesmo que ela pareça cruel, de que o amor materno é apenas um sentimento e, como tal, essencialmente contingente? [...] Tudo depende da mãe, de sua história e da História. Não, não há uma lei universal nessa matéria, que escapa ao determinismo natural. O amor materno não é inerente às mulheres. É "adicional". (BADINTER, 1985, p. 367).

Verifica-se assim, a partir da autora, que no decorrer dos séculos houve uma alteração significativa em torno dos papéis e funções vinculadas à maternidade. Desse modo, a figura da mãe, modificou-se com o passar do tempo, embora, na prática, os comportamentos não acompanharam tais mudanças. Mantendo imposições e obrigações que concedem as mulheres a maternidade enquanto máxima e disseminam o mito do instinto materno como sendo natural, num movimento de silenciar outras formas de expressão.

A maternidade, além de um sistema de práticas categorizadas, é também apreendida pela relação consanguínea de parentesco, desse modo, diz da qualidade biológica de se tornar mãe. Ao passo que a maternagem se estabelece no vínculo afetivo do cuidado e acolhimento ao(à) filho(a) para atender às necessidades físicas e psíquicas do bebê, em promoção ao desenvolvimento emocional saudável. Assim, pode ser exercida tanto pelas figuras biológicas, quanto adotivas e, ainda, por pessoas de referências para a criança, como pai, avós, tios, entre outros(as), que promovam um apego seguro e de confiança, o que dialoga com a diversidade das configurações familiares, com arranjos e disposições baseadas no afeto.

Exercer a maternagem consciente, em última análise, refere-se à compreensão das nuances aqui apresentadas e ao encontro do exercício de apropriação do caminho a ser percorrido, de maneira ativa e autêntica. Contemplando, acima de tudo, as particularidades e necessidades que torna esse percurso singular e único.

§ A gestante em análise

> *A natureza, no entanto, decretou que os bebês não possam escolher suas mães. Eles simplesmente aparecem, e as mães têm o tempo necessário para se reorientar e para descobrir que, durante alguns meses, seu oriente não estará localizado a leste, mas sim no centro (ou será que um pouco fora do centro?). (WINNICOTT, 1999, p. 05).*

Embora gerar uma vida seja um momento ímpar, verifica-se que tal processo é vivenciado de forma subjetiva, permeado pelas expectativas, desejos, experiências, possibilidades e realidades que configuram os contextos de cada dinâmica familiar e pessoal da mulher. A maneira como esse processo evolui se articula com o quadro emocional da futura mãe e com a rede de apoio que ela terá para se sustentar.

O conceito de saúde mental diz do estado de bem-estar, em que a pessoa não somente identifica suas próprias habilidades, como é capaz de lidar com os estresses do dia a dia e permanecer disposta no trabalho e na contribuição à sua comunidade. Porém, em situações de vulnerabilidades emocionais, a saúde mental pode ser comprometida, com implicações na autopercepção e, ainda, frente à busca por atender demandas socialmente internalizadas, há uma tendência a culpabilização. Condições que prejudicam a identificação de um cenário que requer maior atenção psicológica.

Diante da atenção materna, falar em saúde mental materno-infantil é considerar a preservação do vínculo estabelecido entre a díade mãe-bebê, para que o desenvolvimento afetivo entre ambos seja construído de maneira plena e sem grandes sofrimentos. Para tanto, é fundamental que, além de identificar os sentimentos que surgem de maneira ambivalentes, a gestante consiga expressá-los, para, então, compreendê-los, atribuindo sentidos e significados, em reconhecimento e validação de sua própria experiência.

Há uma crença em nossa cultura de que a gestação é o porvir de uma realização vinculada a completude da mulher, futura mãe. Por vezes, a figura materna é associada a uma imagem sagrada que, socialmente, reluz em satisfação por gerar uma vida. Essa crença coloca a mulher em um lugar de não permissão, ou seja, sentir qualquer outro sentimento desassociado de alegria seria um insulto à natureza divina. Ainda que grande parte das mulheres sejam abarcadas por tantas outras sensações no decorrer da gravidez.

Assim como a gestação é clinicamente conceitualizada em três trimestres, o estado emocional da mulher se modifica de acordo com o período da gravidez em que ela se encontra.

No primeiro trimestre, normalmente, há alterações no humor e conflitos associados à ambivalência de sentimentos, como felicidade *versus* apreensão, aceitação *versus* rejeição, também podem emergir pensamentos relacionados ao bebê, sua concepção, alterações de papéis (esposa, mulher, mãe, profissional) e medos diversos. A mulher se apresenta mais regredida ou infantilizada e deseja ser cuidada. No segundo trimestre, as mulheres passam a atribuir características físicas ao feto, personificando-o, os movimentos do bebê começam a ser sentidos pela mulher, o que se configura como um modo de comunicação. A gestante pode se apresentar mais introvertida e passiva, embora muitas percebam maior disposição. No terceiro trimestre, novamente, a mulher é visitada por sentimentos ambíguos, o desejo pelo parto *versus* o medo do parto, a expectativa em estar com o recém-nascido *versus* o receio às novas adequações. É natural surgir fantasias e sonhos com a hora do parto, o medo de morrer, um bebê que nasce deformado, assim a mulher se encontra mais suscetível às alterações emocionais. Algumas sentem profundo temor do parto, da dor, de se separar fisicamente de seu bebê, de como será a relação com o companheiro/a e a família após a chegada do filho/a, dentre outros.

Nota-se que é comum a mulher vivenciar, de algum modo, as instabilidades emocionais ocasionadas pela gestação. Todo esse processo contribui para a apropriação da gravidez e auxiliará para o momento em que, de fato, a maternidade se concretiza, ou seja, quando os olhos da mãe pousam sobre o seu bebê real. Entretanto, deixa de ser natural, quando as alterações esperadas comprometem de forma significativa o funcionamento diário da futura mãe, sendo experienciadas de maneira persistente e em sofrimento, o que pode evoluir em fatores de risco para adoecimentos psíquicos no período gestacional e/ou puerperal.

A espera mobiliza os preparativos para que o bebê seja bem-recebido e tenha à sua disposição o conforto necessário para que se sinta aconchegado e acolhido neste mundo. O contato com as roupinhas, berço, carrinho e cheirinhos, tão característicos, anunciam para a mulher e os demais membros da família que um novo tempo os aguarda. No entanto, outro fenômeno irá surgir nesse cenário, o nascimento da mãe.

Prestes a renascer em outra versão de si e nascer como mãe, enquanto redoma e mundo para uma vida, a mulher flerta consigo mesma, o que "ela foi", o que "é" e como será essa construção do "vir-a-ser", articulada às experiências que contornam o horizonte existencial da futura mãe.

Profissionais dedicados à atenção materno-infantil com frequência utilizam-se do termo "enxoval emocional" para colocarem em voga a importância do cuidado emocional e psicológico adequado. É a partir desse preparo emocional que a mulher tem a possibilidade de se afinar à sua própria existência, em conexão a algo precioso, (re)conhecer-se. O que, não raro, requer a desconstrução de expectativas inalcançáveis e idealizadas, numa busca ativa por autenticidade e sentido. Nesse enxoval, encontra-se um olhar resiliente para o passado, os pés enraizados no presente e a abertura para receber o futuro.

Já na gestação, o vínculo entre mãe e bebê começa a se estabelecer, sendo essencial enquanto troca afetiva que sustentará essa relação após o parto. As carícias na barriga, a fala direcionada ao feto, o canto que embala essa espera dão contorno ao momento. Gestar é terra fértil, assim, é preciso contato para germinar. Para tanto, essa afinação contempla a saúde integral da gestante, para que ela se sinta entregue às transformações que o período requer e se prepare emocionalmente para o que lhe aguarda.

No decorrer da gravidez, a mulher começa a tecer sua rede de apoio, alinhando junto a outros familiares, pessoas ou profissionais de sua confiança, o suporte necessário para quando o bebê chegar. Esse apoio pode ser desde uma presença desejada pela mulher durante o parto, como alguém da família ou uma doula; como o auxílio nas tarefas diárias, para que a mãe esteja inteira ao momento de fusão e conexão com sua cria; até aquela amiga que a mãe venha a solicitar para um café e tenha a liberdade de falar sobre si. As referências de profissionais especializados são bem-vindas, como uma consultora em amamentação, se fizer necessária, ou o contato da obstetra que acompanhou o parto, para possíveis dúvidas e ainda, uma profissional de psicologia, capaz de acolher as angústias que se fizerem presentes. Entretanto, a rede tecida para apoiar a mulher precisa agir de forma eficaz, promovendo e respeitando o protagonismo da futura mãe em todas as fases do período gravídico-puerperal. Desse modo, ao proporcionar a segurança necessária, a mulher terá maiores condições de se dedicar e atender, tanto as demandas exigidas pelo bebê, quanto as suas próprias.

Cabe ressaltar dois aspectos importantes, o primeiro é que o companheiro ou, dependendo da configuração familiar, a companheira, não são rede de apoio, e sim corresponsáveis pelas funções que lhes cabem. Por isso, é fundamental o convite e a presença ativa em toda a gestação, acompanhando a mulher nas consultas, nas decisões e escolhas, nos grupos ou cursos direcionados ao período e, sobretudo, no parto e pós-parto e, assim, informados(as) poderão dar voz a mulher quando o silêncio predominar. O segundo é sobre as mães solos, que não contam com a presença e disposição do companheiro(a), assim, a rede de apoio deve considerar figuras que exerçam a função de confiança e sustentação efetiva, não como forma de substituição, mas, sim, para que a mulher tenha a quem recorrer e receba a atenção devida.

Como fonte de informação, o Pré-natal Psicológico (PNP) apresenta uma visão humanizada para a saúde integral da mulher grávida, parturiente ou puérpera, por contemplar a diversidade e reais necessidades, em promoção a um atendimento diferenciado. Tal abordagem é uma estratégia complementar ao pré-natal tradicional e tem como principal objetivo a preparação psicológica para o maternar, proporcionando, por meio de atendimentos individuais ou em grupos, a apropriação e construção da parentalidade, além da integração da gestante e da família em todo processo.

Contemplar a diversidade e particularidades abre espaço para o desvelar das gestações possíveis, das realidades possíveis, das construções possíveis, da maternidade possível ou, melhor, da maternagem possível para que ela, simplesmente, aconteça. Com seus desafios, angústias, receios, decepções, frustrações e dificuldades, pois elas existem. Ao concebermos a construção de um ideal materno, desconsideramos o que há de mais precioso na experiência de gestar e receber uma vida, invalidamos as características individuais de cada díade. Perdemos o prazer e a beleza do "vir-a-ser" substituído pelo "como-deve-ser". Fomentamos, assim, a invisibilidade do que nos faz únicas, para sermos definidas e encaixadas aos padrões pré-estabelecidos.

A revelação da experiência subjetiva ocorre a partir do movimento de aceitação às infinitas possibilidades de construir esse percurso. A autopercepção contribui para as tomadas de decisões diante das inúmeras escolhas da maternagem e a promoção de espaços de acolhimento validam esse caminho. Assim, compreende-se que gerar e dar à luz mobiliza não apenas a mulher, mas todos aqueles de sua convivência e a própria sociedade, responsável em garantir os direitos e acessos a um mundo mais empático. Embora a realidade nos diga que há muito a ser conquistado, no que se refere à participação ativa dos demais atores envolvidos nesse processo e no olhar mais atento àquelas que geram e se tornam mães.

§ Referências

BADINTER, E. *Um amor conquistado*: O mito do amor materno. Tradução de Waltensir Dutra. Rio de Janeiro: Nova Fronteira, 1985.

MALDONADO, M. T. *Psicologia da gravidez*: gestando pessoas para uma sociedade melhor. São Paulo: Ideias & Letras, 2017.

MOURA, Solange Maria Sobottka Rolim de; ARAÚJO, Maria de Fátima. A maternidade na história e a história dos cuidados maternos. *Psicologia*: Ciência e Profissão [online], v. 24, n. 1, p. 44-55, 2004. Disponível em: https://doi.org/10.1590/S1414-98932004000100006. Acesso em: 18 nov. 2022.

MOSCOVICI, S. *Representações sociais*: investigações em psicologia social. 11. ed. Petrópolis: Vozes, 2015.

WINNICOTT, D. W. *Os bebês e suas mães*. Tradução Jefferson Luiz Camargo. Revisão técnica Maria Helena Souza Patto. 2S ed. São Paulo: Martins Fontes, 1999. (Psicologia e pedagogia – título original: Babies and their mothers. Bibliografia). ISBN 85-336-1179-X

As fases da gestação

O corpo da mulher passa por várias modificações durante o período da gestação. A maior parte delas tem como objetivo adaptar o organismo da mãe para melhor subsidiar o desenvolvimento do bebê, bem como preparar a mulher para o evento do parto e para a amamentação.

Entender a fisiologia da gestação certamente pode ajudar a gestante a adaptar-se mais rapidamente a tais modificações, bem como acolher certos desconfortos presentes nessa fase.

> ## Juliana Colotti Chalupe Amado
>
> Médica ginecologista e obstetra, integrante do Grupo Nascer. Acredita no cuidado responsável, personalizado e no acolhimento. Mãe de duas meninas e de um menino.
> E-mail: Juliana.chalupe@gmail.com
> Instagram: @julianachalupe

§ A fecundação

Um espermatozoide pode permanecer vivo no trato genital feminino até 48 a 72 horas após a ejaculação. Já óvulo permanece viável em média 24 horas. A fecundação ocorre na tuba uterina, e esse embrião demora alguns dias até movimentar-se e implantar no útero.

Nessa etapa, inicia-se a produção de um hormônio muito importante chamado gonadotrofina coriônica, o HCG, que, dentre muitas funções, irá estimular também a formação de uma estrutura ovariana responsável por produzir progesterona, o corpo lúteo.

Os sintomas da fecundação são raros e inespecíficos. Pode ocorrer um leve desconforto abdominal, sangramento em pequena quantidade, desconforto nas mamas.

A gestação pode ser diagnosticada por meio do exame que identifica a fração Beta do HCG, a qual torna-se detectável no sangue e na urina da mulher após aproximadamente 14 dias desde a fecundação. Atualmente, os testes para diagnóstico precoce do HCG na urina são muito acessíveis e possuem grande sensibilidade, desde os primeiros dias de atraso menstrual.

O Beta-HCG também pode ser pesquisado no exame de sangue e, nesse caso, quantificado de forma mais exata.

Nessas primeiras semanas de gestação, os níveis de HCG sobem rapidamente, sendo esperado que o valor, pelo menos, dobre a cada 48 horas, quando a gestação está se desenvolvendo adequadamente.

É muito importante procurar assistência médica, de preferência desde o período preconcepção, para solicitação de exames de rotina, suplementação de ácido fólico e outros cuidados.

§ A contagem das semanas

A contagem de semanas na gestação é feita, por convenção, desde a data da última menstruação. A partir de agora, vamos falar sobre as semanas com base nessa regra, que é reconhecida de maneira universal e adotada no acompanhamento pré-natal.

Dessa forma, a ovulação da mulher e consequente fecundação do embrião se dá aproximadamente na semana 2, o atraso menstrual e o diagnóstico da gestação ocorrem por volta da semana 4.

A primeira ecografia é recomendada por volta de 6-7 semanas e poderá confirmar a idade gestacional com o auxílio da medida do saco gestacional e embrião. Calcula-se a data provável de parto com 40 semanas, mas sabemos que não é uma data exata.

§ O primeiro trimestre

O primeiro trimestre é marcado por sintomas como náuseas e vômitos, que podem iniciar desde as 4 semanas, atingindo seu ápice por volta das 8 semanas de gestação. O HCG é o hormônio responsável por esse sintoma. Outros incômodos como as cólicas causadas pela distensão do útero e de seus ligamentos, vontade de urinar com frequência, dores nas mamas, sonolência, irritabilidade também podem aparecer.

A recomendação para esse período é tentar alimentar-se e hidratar-se da melhor maneira possível. Alimentos ácidos, frios, crocantes, salgados costumam ser mais bem aceitos. Existem diversas opções de medicamentos para auxiliar ccm os enjoos, o obstetra poderá auxiliar em uma escolha segura para seu caso.

Agende o quanto antes uma primeira consulta de pré-natal. Além de solicitar exames laboratoriais e a primeira ecografia, pode ser necessária a prescrição de suplementação e você deve ser orientada em relação a alimentação, medicamentos e atividades físicas.

As mulheres que praticam atividade física regularmente e não possuem fatores de risco na gestação não precisam interromper suas atividades no primeiro trimestre, somente adaptá-las. Caso não estejam praticando exercícios, a recomendação é aguardar o início do segundo trimestre para iniciar uma nova atividade.

Entre 5 e 8 semanas a maior parte das estruturas do feto inicia sua formação. Essa é uma fase muito importante, pois qualquer condição poderá interferir nesse processo. Dessa forma, é importante manter hábitos de vida saudáveis, principalmente abster-se de álcool, tabaco ou outras drogas. O uso de medicamentos e cosméticos também deve ser controlado e supervisionado por um especialista.

A partir de 8 semanas de gestação, é possível realizar o teste de sexagem fetal, no qual o sexo do bebê é identificado com uma coleta de sangue da mãe. É um exame seguro e bastante confiável.

Entre 11 e 14 semanas, deve ser programado o ultrassom para medida da translucência nucal ou morfológico de primeiro trimestre. Esse exame serve para avaliar o crescimento do bebê, desenvolvimento dos órgãos e sistemas, o surgimento e implantação da placenta, a medida do colo do útero, bem como alguns marcadores específicos para suspeição de doenças genéticas. Também é possível calcular os riscos de desenvolver pré-eclâmpsia. Sua realização é de extrema importância.

Muitas vezes é possível identificar o sexo do bebê por meio da ultrassonografia no final do primeiro trimestre.

§ O segundo trimestre

Referida pela maioria das mulheres como a melhor fase da gestação, inicia-se na décima segunda semana e é marcada por uma aceleração na velocidade de crescimento do bebê. Por volta das 12 semanas, inicia-se a deposição de cálcio nos ossos, a deglutição de líquido amniótico e a produção de urina pelo bebê.

Os sintomas se atenuam, e as mulheres costumam relatar retomada do apetite e da disposição. O útero passa a ocupar toda a pelve óssea e se projetar para a cavidade abdominal, e a silhueta de gestante passa a ficar aparente.

Os primeiros movimentos do bebê poderão ser percebidos pela mãe por volta das 18 semanas. A partir de 19 semanas, o bebê consegue perceber algumas frequências de som.

Entre 21 e 24 semanas, recomenda-se a realização do segundo ultrassom morfológico. Esse exame irá novamente rastrear as medidas e desenvolvimento do bebê, bem como a morfologia dos órgãos e anatomia fetal. É possível detectar uma série de alterações e malformações, bem como a localização da placenta, medida do colo e predição de parto prematuro.

Durante o segundo trimestre, a formação dos órgãos e sistemas se acelera. Os pulmões iniciam a formação dos alvéolos, o sistema digestivo absorve o líquido amniótico deglutido e os rins produzem urina, ajudando a reabastecer o líquido amniótico novamente. O desenvolvimento neurológico também acontece, e no final do segundo trimestre, o bebê já é capaz de responder a estímulos, compreender o mundo ao seu redor, coordenar movimentos respiratórios, chupar os dedos e abrir e fechar as pálpebras.

É nessa fase também que devemos realizar o teste de rastreio para diabetes gestacional (com algumas exceções), atualizar o calendário de vacinas e incrementar a suplementação, com ferro e ácido fólico.

Durante o segundo trimestre, é recomendável que a mulher inicie a preparação para o parto, buscando informações, conhecendo as opções de locais, equipes, formas de atendimento que melhor se adaptem aos seus desejos e à sua realidade. Sabemos que estar apoiada por uma equipe multiprofissional melhora muito a segurança do binômio mãe-bebê no processo de gestação e parto, assim como a satisfação com a experiência.

Busque conhecer a maternidade, a equipe disponível, quem são os profissionais. Conheça o trabalho da equipe multiprofissional, entenda do que se trata um plano de parto, participe das rodas de conversa e tire todas as dúvidas, para que na reta final sinta-se segura e acolhida em suas decisões acerca do seu parto.

§ O Terceiro Trimestre

Aproxima-se a reta final da gestação, e o corpo dedica todos os esforços a nutrir um bebê cada vez maior e preparar-se para o parto. Os movimentos do bebê podem ser sentidos por outras pessoas, e algumas dificuldades pelo aumento do peso da barriga podem aparecer. O centro de gravidade do corpo muda, exigindo maior esforço e atenção para atividades que exigem equilíbrio.

A retenção de líquidos também se intensifica, o que, somado à compressão causada pelo aumento do volume uterino, pode causar inchaços e dilatação venosa nos membros inferiores, refletindo em maior cansaço e pernas pesadas. O aumento do volume do útero também comprime o sistema digestivo, e nessa fase são frequentes as queixas de azia, queimação e digestão lenta.

As contrações de treinamento — ou de Braxton Hicks — tornam-se mais frequentes após as 28 semanas e são relatadas como uma sensação de aperto ou endurecimento da barriga, que pode durar entre 10 e 30 segundos. São contrações indolores, que normalmente aparecem após estímulo por movimentos do bebê, atividade física ou relação sexual.

O ganho de peso do bebê acontece muito rapidamente e cada vez mais seus órgãos e sistemas amadurecem e tornam-se independentes do organismo maternos para manter-se funcionando. Os movimentos ficam menos amplos, e, por volta das 34 semanas, o bebê se posiciona para nascer, na maioria dos casos de cabeça para baixo.

No terceiro trimestre, as consultas de pré-natal são realizadas com maior frequência, e a vigilância do bem-estar da mãe e do bebê se intensifica.

Após as 37 semanas, o bebê é considerado maduro para nascer e a qualquer momento poderá iniciar o trabalho de parto de maneira fisiológica, porém sabemos que estatisticamente a chance de entrar em trabalho de parto aumenta no decorrer das semanas e é mais provável quando aproxima-se da semana 40.

Em uma gestação de risco habitual, é possível aguardar o parto até 41 semanas, e a decisão de interrupção da gestação deve ser cuidadosamente discutida com a equipe assistente.

parto

Sou mulher, sou mãe, sou deusa,
e assim mereço ser cuidada.
Se parir faz parte da natureza,
que esta força seja respeitada.

Respeitada pelos homens
e por mim mesma,
pois fazemos a humanidade crescer.
Que as cesáreas, induções, tecnologia,
sejam usadas com magia e saber.

Saber que os médicos dominam,
e nós, mulheres, também.
Conhecendo nosso corpo e instinto,
sabemos mais do que ninguém.

Portanto, minha gente, é hora
de parir como e com quem quiser.
Se durante a noite ou na aurora,
a ordem é esperar quando vier.

Chega de intervir na natureza!
As mulheres precisam compreender,
receber o bebê no coração,
experimentar o "dar à luz e renascer".

(Livia Penna Firme Rodrigues)

Por que parir?

O ato de parir configura a experiência do nascimento natural e espontâneo da saída de uma criança do ventre materno (OMS).

> ## Patrícia Schmitz
>
> Médica obstetra pela Febrasgo. Atuante na equipe Semear Bahia, de promoção ao parto humanizado.
> E-mail: sfpatriciadias@gmail.com
> Instagram: @patriciaschmitz.obstetra

Apesar de todas as evidências, protocolos mundiais, discussões acadêmicas de saúde sempre chegarem à conclusão de que essa é a maneira mais segura de um bebê nascer. Ainda se escuta muito a seguinte pergunta: poxa, mas já que a medicina evoluiu tanto, por que passar por isso? Para que sentir dor?

Decerto você já deve ter ouvido esse questionamento ou até titubeado sobre a sua coerência. Mas o que tenho a revelar pode frustrar vocês. A medicina não evoluiu a tal ponto de conseguir "imitar" certos fenômenos tão perfeitos da natureza, e alguns exemplos disso são relacionados à maternidade. Não se consegue reproduzir, por exemplo, o desenvolvimento que um bebê faz dentro do útero numa incubadora. Inevitavelmente, para gerar uma vida, precisamos viver as mudanças da gestação. Também não conseguimos que o leite materno seja completamente substituído, sem perdas, pela fórmula infantil. E, seguindo essa linha, não há como afirmar que a via cirúrgica de parto traz os mesmos ou maiores benefícios que o parto normal.

Entendam, existem indicações para que possamos utilizar dessas alternativas, trazidas pela evolução da medicina, mas nem de longe elas serão a regra sobre o que é mais seguro e adequado para todos.

Dito isso, vamos entender por que o parto normal é tão especial:

O primeiro ponto está relacionado ao momento em que ele acontece. Aguardar o início do trabalho de parto é esperar que o processo do amadurecimento da criança se complete. Uma das principais teorias que descrevem o início do trabalho de parto considera o determinismo fetal nesse evento. Essa teoria fala que o amadurecimento do sistema imunológico fetal e placentário inicia a ativação dos hormônios desencadeadores do parto. Esse evento tem relação com tudo que foi preparado e formado durante a gravidez. Então, o parto é, na realidade, um evento fisiológico que determina a conclusão de eventos metabólicos e imunológicos que evoluem na gestação e são programados a partir da 28.ª semana. A glândula adrenal fetal (que fica acima do rim e vai produzir futuramente hormônios como cortisol e adrenalina) e a placenta se comunicam. Eles têm a mesma origem embrionária. Em determinado momento, a produção da glândula adrenal madura começa a emitir hormônios chamados Sulfato de DHEA e Cortisol. Esses hormônios aumentam a produção de estrogênio e diminuem a progesterona placentária circulante. Essas alterações permitem que ocorra o início da contração uterina de forma ordenada e com predominância na parte superior do útero para baixo. Esse movimento de gradiente descendente da contração, diferente do que ocorre nas contrações de ensaio, consegue empurrar efetivamente o bebê para baixo, em direção ao canal de parto. Além disso, o estrogênio liberado pela placenta nesse momento também estimula o esvaecimento do colo do útero.

Outra molécula igualmente importante para esse processo é o Surfactante. Este é responsável pela "complacência" pulmonar — capacidade do pulmão de se expandir com a entrada do ar. Esse surfactante começa a aumentar sua concentração no líquido amniótico, o que diminui os receptores de progesterona circulantes e eleva a prostaglandina que vai dar início ao amadurecimento (amolecimento, afinamento e dilatação) do colo do útero. A progesterona é o hormônio que até o momento do parto mantém o útero quiescente, protegendo o início precoce do trabalho de parto. Nesse momento, a sua redução está associada ao início das contrações coordenadas.

O crescimento fetal também pode ativar o mecanismo de contração pela hiperexcitabilidade das fibras musculares que estão estiradas.

Mas se houver a necessidade de indução do parto, antes que ele se inicie espontaneamente, há alguma evidência de benefício do parto normal? Com certeza, sim.

O parir está também relacionado a um maior sucesso da apojadura, termo que define o início da descida do leite. Isso acontece porque a ocitocina, hormônio liberado pela glândula hipotalâmica (que fica na base do cérebro) e reservada na hipófise, é excretada inicialmente com o objetivo de intensificar as contrações do parto. Mas, após o nascimento, produz a contração da glândula lactífera que produz e reserva o leite materno. O estímulo à produção da ocitocina se mantém pelo contato pele a pele e contato do bebê com o seio materno na primeira hora. Nesse momento, a ocitocina ainda ajuda na contratilidade uterina para expulsão da placenta e após, para que o sangramento pós-parto cesse.

O parto normal ainda está associado a um menor tempo de internamento tanto da mãe, quanto do bebê. Isso diminui a chance desse binômio ser submetido a intervenções desnecessárias, como acesso venoso, medicações e realizações de exames. Esse ponto pode não fazer diferença para algumas famílias ou soar como um cuidado extra, cautela. Mas olhando criticamente para esse cenário, podemos entender que cada intervenção tem riscos associados e, apenas por estar em ambiente hospitalar, o paciente já está mais vulnerável a estresse, infecção mais grave e trombose, principalmente no momento pós-parto. Portanto a alta precoce, a alimentação livre e o estímulo à deambulação são condutas consideradas adequadas e mais recomendadas nesses casos.

Outro benefício do parir é a menor chance do bebê ser admitido em UTI. Um dos principais motivos da necessidade desse tipo de internamento é a taquipneia transitória do recém-nascido. Essa é uma condição em que a respiração da criança fica acelerada, principalmente por uma dificuldade na adaptação ao meio extrauterino. Afinal, o bebê dentro do útero não utilizava seus pulmões para obter oxigênio. Após o nascimento, no entanto, a entrada de ar deve provocar a expansão pulmonar e ajudar na absorção do líquido amniótico que ocupava esse órgão antes do parto. A passagem pelo canal vaginal provoca um movimento no tórax do bebê que ajuda a excreção desse excesso de líquido. As contrações também têm um papel no desenvolvimento da musculatura fetal e no preparo para que esse concepto esteja apto para a vida extrauterina.

Existe ainda um menor risco de hemorragia materna. A hemorragia pós-parto é uma das principais causas de morte materna no mundo, assumindo o ranking em alguns países desenvolvidos. A origem principal dessa afecção é a hipocontratilidade uterina pós-parto.

Após a saída da placenta, os vasos calibrosos que a comunicavam com o útero ficam expostos e sangrando. A contração das fibras musculares uterinas em volta desses vasos é o que provoca o bloqueio nesse fluxo, cessando o sangramento. É o que chamamos de miotamponagem. Durante o trabalho de parto, a liberação da prostaglandina e de outros hormônios reguladores aumentam os receptores de ocitocina na musculatura uterina, facilitando a sua atuação na miotamponagem do pós-nascimento. Isso diminui as chances de o sangramento excessivo ocasionar redução pressórica com tontura e desmaios ou até necessidade de transfusão sanguínea. Além disso, o corte uterino que se faz para extração fetal na cesariana também prejudica a contração do órgão após o nascimento e é mais uma fonte de sangramento. A necessidade de coagulação de diversos tecidos lesionados em uma cesárea faz com que fatores de coagulação sejam excessivamente liberados. Isso pode gerar um maior risco de trombose no puerpério, que se agrava pela limitação de movimentos.

Durante a abertura da cavidade abdominal, existe ainda o risco de lesão de órgãos adjacentes, seja pela variação anatômica, de uma paciente para outra, ou pela dificuldade da técnica cirúrgica, que pode acontecer principalmente pela realização de uma cirurgia anterior. Os órgãos que têm maior risco de serem lesionados são a bexiga e o intestino, podendo trazer consequências maiores para o pós-operatório. Além disso, como toda cirurgia, o organismo gera uma resposta endócrina e metabólica ao trauma ocasionado, que pode gerar disfunções orgânicas, em geral transitórias, por exemplo, constipação intestinal, febre, dor, atelectasias pulmonares e entre outras.

Falando do desejo de novas gestações, o parto normal, mais uma vez, traz seu benefício por não agregar riscos a uma nova gravidez. No caso da cesariana, a cicatriz cirúrgica no útero apresenta fibrose, um tecido de reparação que é pouco vascularizado. Caso a placenta seja implantada nessa região, existirá um risco aumentado para algumas patologias, como: a placenta prévia e a placenta acreta. Essas alterações ocorrem porque esse órgão, na tentativa de buscar vasos calibrosos para sua nutrição, migra para a parte mais inferior do útero ou até infiltra a sua musculatura. As consequências vão de sangramentos durante a gravidez, partos prematuros, até a necessidade de histerectomia em uma nova cesariana. Quanto mais cesáreas são realizadas, maior a chance de a mulher apresentar essas intercorrências.

Outra complicação relacionada à cicatriz da cesárea inclui a istmocele, uma pequena cavidade que se forma nessa localização e pode reter sangue durante a menstruação, causando sangramento irregular no período pós-menstrual. Além disso, esse "defeito" uterino pode elevar as chances de rotura na cicatriz em uma futura gravidez.

Infelizmente, é cada vez mais frequente o aparecimento dessas patologias.

Bom, diante dessas informações, algumas mulheres ainda podem se questionar:

- mas, sabendo disso tudo e decidindo parir, sou eu quem escolhe a minha via de parto? Não seria o médico que estudou para isso e está na condição de poder da situação?

E a primeira coisa que se deve entender dentro desse processo é que é fundamental que a escolha, após o entendimento desses benefícios, seja inicialmente da mulher! Afinal, ninguém deve saber mais e entender mais sobre os seus desejos que você. A partir disso é que você vai guiar a escolha da sua equipe de parto e traçar suas metas em relação ao estudo e conhecimento sobre a sua gestação. Entenda, isso não significa que você não precisa de uma equipe técnica para a avaliar durante o pré-natal e parto, uma equipe que vá tomar decisões diante de intercorrências e que vá permitir segurança ao seu processo. Isso apenas quer dizer que você precisa estar atento aos seus cuidados, participante de suas escolhas e engajada com as possíveis consequências e riscos relacionados. Quanto menos se sabe sobre o que se passa, mais vulnerável ficamos. E isso é determinante para que tenhamos uma boa relação com o que queremos viver.

E para o parceiro, existe algum benefício?

Com a evolução das relações e a maior participação das mulheres no mercado de trabalho, nos compromissos externos, a presença masculina na criação e no cuidado das crianças também se tornou uma realidade cada vez mais presente. Não é incomum vermos pais interessados em também participar das consultas, exames e avaliações, estando interessados e participativos nos questionamentos. E qual seria o benefício dessa parceria no cenário do parto? Bom, eu diria que esse benefício ocorre anteriormente ao evento parir.

Ao se engajar no preparo para o nascimento, o parceiro também se compromete em estar atento às escolhas relacionadas a seu filho. Entender que é impossível obter o controle absoluto das coisas e que erros e acertos não são culpa de um ou de outro também são ganhos dessa caminhada. Existe, ainda, na jornada do preparo para o parir uma definição de quem sustentará a palavra final nas decisões dessa nova família que surge. Quando a mulher não encontra esse apoio no parceiro, inevitavelmente busca ainda na mãe, madrinha, tia, família de base. Isso pode ocasionar uma certa falta de base sólida na família núcleo que se forma, o que pode prejudicar o processo inicial de decisões sobre a criação de um filho. Estar atento a isso não deixa de ser um compromisso de união nessa jornada, que apenas começa com o parto.

Plano de parto

Quando engravidamos, descobrimos um mundo novo, um mundo que se abre a novas perspectivas, mas também a descobertas de coisas que muitas vezes nem imaginávamos que existiam. Parto domiciliar planejado, doulas, formatos de assistência ao parto e uma delas é o Plano de Parto. Muitas mulheres até gestarem ou planejarem gestar nunca ouviram que elas têm direitos, desejos e que podem construindo um documento no qual tudo o que ela deseja que aconteça no seu parto esteja

> ## Mariana Coraiola
>
> Doula, educadora perinatal, mentora e formadora de novas doulas. Coordenadora e docente da Formação MasterDoulas e Doula 2.0.
> E-mail: mari@maricoraiola.com.br
> Instagram: @mari_coraiola

descrito. Então, se essa é a primeira vez que você ouve falar sobre o Plano de Parto, fique tranquila, você não está sozinha.

O que é, de fato, um Plano de Parto?

O Plano de Parto é basicamente um documento físico, escrito e elaborado pela pessoa que vai passar pelo processo de gestação, parto e pós-parto. Ele deve descrever como ela deseja que o nascimento ocorra, o que deseja que aconteça, o que deseja que não aconteça e, inclusive, o que não permite que seja feito. É no Plano de Parto que as mulheres e pessoas que estão gestando e planejando seus partos colocam seus desejos, interesses, ritos, vontades e recusas.

Apesar de ser um documento, é muitas vezes parte da voz dessa mulher em seu trabalho de parto, parto e pós-parto e para a recepção do seu bebê. Ter um plano de parto é importante tanto para as mulheres que buscam o parto normal, para as que desejam uma cesariana, como as que precisam de uma cesariana.

Diferentemente do que muitas pessoas envolvidas na assistência pensam, o processo de nascimento é um momento em que o protagonismo ou a tomada de escolhas não cabem aos profissionais que fazem parte dos cuidados a parturiente e ao bebê, exceto em situações de real emergência. É preciso voltar a alguns passos atrás e lembrar que o parto não é um ato ou ação médica, é um processo natural, biológico e fisiológico do ser humano e que apenas precisa de cuidado.

O parto é um processo natural que às vezes precisa de cuidados médicos,
e não um ato médico que às vezes acontece naturalmente.

Apesar de parecer algo novo para muitas mulheres, o Plano de Parto foi descrito o recomendado pela primeira vez em 1986 pela Organização Mundial de Saúde (OMS) e segue sendo uma recomendação. Em sua última atualização em 2018, o manual denominado "Recomendações da OMS para cuidados durante o parto, para uma experiência de parto positiva" reforça a elaboração e o respeito ao Plano de Parto como uma forma de fortalecer a boa experiência para as mulheres e bebês.

No Brasil, a recomendação parte de vários órgãos e é destinada tanto as mulheres como aos profissionais. Segundo diretrizes do Ministério da Saúde, lançado no manual de 2017 *Diretrizes Nacionais de Assistência ao Parto Normal*, todas as equipes devem perguntar se a mulher tem um plano de parto escrito, ler e discutir com ela, levando-se em consideração as condições para a sua implementação, tais como a organização do local de assistência, limitações (físicas, recursos) relativas à unidade e a disponibilidade de certos métodos e técnicas.

Ou seja, o profissional que acompanhar você deve, por lei, receber e conversar sobre o seu plano de parto ao longo da gravidez, embora fique a critério da equipe médica tomar decisões emergenciais finais sobre a forma mais segura de conduzir o parto e quaisquer procedimentos ligados a ele.

A Federação Brasileira das Associações de Ginecologia e Obstetrícia (Febrasgo) junto à Agência Nacional de Saúde Suplementar (ANS) também apoia a elaboração do Plano de Parto em conjunto as resoluções para a redução de cesariana do projeto Parto Adequado. O plano de parto é um documento em que as gestantes anotam suas solicitações que serão avaliadas e discutidas com o seu médico: "É uma forma de comunicação entre a mulher, ou o casal, e os profissionais de saúde, incluindo obstetrizes e médicos que darão assistência durante o trabalho de parto", conforme explica a Comissão de Defesa e Valorização Profissional da Febrasgo.

Mas será mesmo que podemos olhar para o Plano de Parto apenas como um papel, um documento de desejos e recusas? Ou será que posso simplesmente pegar um modelo na internet e imprimir?

Definitivamente, não!

Sabemos que a construção social e cultura que temos no Brasil com relação ao parto vem sendo construída em nós desde o nosso nascimento, nossa primeira infância e que vem cercada de medos, mitos, desinformação, traumas, violências obstétricas e que elaborar tudo para se despender de amarras pode não ser fácil, mas o processo de construção do Plano de Parto pode ser um grande amigo e aliado nesse momento.

Sentar-se para estudar, ler, pensar e escrever um Plano de Parto pode ser visto como um momento para a construção da experiência e vivência do parto que você, enquanto mulher e gestante, deseja e almeja. Sempre recomendo que transforme o tempo de dedicação ao seu plano de parto como um espaço para autoconhecimento, reconhecimento e elaboração dos seus medos, desejos, expectativas, limites e anseios com relação ao nascimento que chega. Aqui, começar a tornar-se palpável o momento que a espera e que pode ser um intervalo para tomar para si essa história por meio do empoderamento e conhecimento.

Então, vamos começar a pensar no seu plano de parto? Aqui, quero te guiar e seguir com você e recomendo que de agora em diante você possa se dedicar a esse momento com calma e dedicação.

o   Como você imagina o seu trabalho de parto e parto?

o   Como você deseja que ela aconteça?

o   Onde ele acontece? Em casa, numa casa de parto, em uma maternidade.

o   Quem está com você? Seu acompanhante, sua doula, sua equipe, sua fotógrafa.

o   Quais formas você imagina que serão mais efetivas para ajudar em seu trabalho de parto, quando as contrações se intensificarem?

o   Tem algo que você deseja muito?

o   Tem algo que você não deseja de jeito nenhum?

o   Quais seus maiores medos com relação a todo o processo de nascimento?

o   Pense como se sente com relação às intervenções. Há alguma que te amedronta?

o   E como você imagina seu bebê sendo recebido aqui?

o   Tem algum rito que deseja que aconteça nesse momento?

Tudo isso é seu plano de parto, desde quem estará com você nesse momento, onde você deseja que ele aconteça, até pensar e conhecer as principais intervenções quem podem acontecer ou que nunca devem acontecer. Para tomar essas decisões de forma consciente e segura, você precisa de conhecimento e informações. Você precisa conhecer os prós e contras, quebrar mitos e paradigmas que trazem medo, desinformação e insegurança.

§ Como entregar o seu Plano De Parto

O Plano de Parto é um documento que será anexo ao seu prontuário. Ele pode ser feito em vários formatos: um texto ou em tópicos, impressão ou à mão. Essa é uma decisão pessoal que não vai afetar a validade dele.

Leve pelo menos 5 vias assinadas que serão distribuídas da seguinte forma: 1 para anexar ao prontuário, 1 para a enfermagem, 1 para o obstetra, 1 para o pediatra e 1 de reserva que ficará com o acompanhante.

§ Introdução

A introdução precisa ter algumas informações importantes como:

- o Seu nome completo.
- o Nome completo do acompanhante.
- o Nome do bebê, se já tiver.
- o Nome da maternidade ou local do parto.
- o Equipe que está prestando assistência.

Nessa introdução deixe claro que esse documento foi baseado em estudos, evidências científicas, que você conhece as leis que te amparam na sua elaboração e, que caso os planos descritos aqui não possam ser cumpridos, você deve ser devidamente consultada e informada sobre as opções que cabem naquele novo cenário.

§ Quem eu quero comigo no meu Parto

Toda mulher no Brasil tem direito a um acompanhante no parto, garantida pela Lei Federal 11.108, mas aqui eu vou um pouco além de ter alguém ao seu lado. Sabemos que na maioria das vezes o senso comum nos faz você pensar no seu companheiro/a, mas será mesmo que basta essa pessoa estar ao seu lado? Não!

O papel do acompanhante no parto é único e singular, e você merece ter com você alguém que realmente te apoie e confie na sua capacidade de parir. Alguém que esteja alinhado com os seus desejos, expectativas, que fique ao seu lado e lhe dê apoio físico e emocional quando você estiver vivendo a sua "Partolândia". O parto é um momento de entrega, vulnerabilidade, dor, uma inundação de hormônios e que dificulta tomadas de decisões e de autoproteção. Esse é o papel de acompanhante!

Definitivamente um mau acompanhante pode colocar seu parto em jogo. Pense nisso com cuidado e escolha alguém que estude com você, que acredite nos seus ideais, que questione e não aceite tudo sem conversar primeiro e te apoie, física e emocionalmente no parto. Sempre digo que é preciso merecer a honra de acompanhar uma mulher no nascimento do seu filho.

E além do acompanhante, é preciso pensar nas possibilidades de equipe que incluem: doula, enfermeira obstetra ou obstetriz, médico obstetra, pediatra neonatologista. Conheça o papel único e singular de cada um desses profissionais na cena de parto e escolha com cuidado, sempre baseada na sua realidade e possibilidades para o parto.

§ Desejos para o trabalho de parto

Quando lá em cima fizemos aquele exercício de imaginar seu parto, tenho certeza de que muitas coisas vieram à sua cabeça e agora é hora de trazer isso para o papel. Aqui, cabem os desejos pessoais, como ficar mais sozinha ou acompanhada, ter a presença ou não de outros filhos enquanto ainda estiver em casa, alimentação, movimentação, quando deseja ir para a maternidade. Não há regras, e sim os seus desejos. Cada família tem seus ritos de passagem e chegada nesse lado do mundo e eles devem ser respeitados da mesma forma, então coloque em seu plano e converse com sua equipe durante a chegada à maternidade, se necessário deixe esse papel para seu(sua) acompanhante.

Listei a seguir pontos importantes de se pensar e conversar com seu(sua) acompanhante e equipe, adapte à sua realidade.

- o Você vai ter uma doula? Em que momento você deseja que ela vá à sua casa?

- o Você vai ter uma enfermeira ou obstetriz? Em que momento você deseja que ela vá à sua casa?

- o Deseja fazer um grupo no WhatsApp com a equipe?

- o Você vai ter uma fotógrafa? Deseja que ela vá à sua casa ou apenas ao hospital?

- o Em que momento você deseja ir à maternidade?

- o Quem você deseja que seja avisado sobre o trabalho de parto?

o   Quando avisar a família que o novo membro está chegando?

o   Quem vai ficar com os outros filhos durante o parto?

o   Quem da equipe você deseja que esteja presente na maior parte do tempo?

o   Tem algum desejo especial para a fase ativa e transição do trabalho de parto?

o   Há algum desejo para as técnicas de conforto e alívio da dor?

o   Quais intervenções você deseja ser consultada e quais você não aceita de forma alguma?

o   Se for necessária uma indução, quais os melhores métodos e mais recomendados para você?

§ Intervenções no trabalho de parto

Existem inúmeras intervenções durante o trabalho de parto. Em sua grande maioria elas são feitas de forma desnecessárias, como uma rotina que acrescentam risco aos partos que estão fluindo de forma fisiológica e natural, porém algumas mulheres e bebês podem, sim, precisar de alguma intervenção para prosseguir com segurança em seu parto.

E tudo bem? O que é importante?

Que você saiba sobre essa intervenção, que seja explicado o porquê e tenha o seu consentimento. Algo muito importante e complementar para pensar nessas intervenções é entender sobre as fases do trabalho de parto. Quando mais certeiro for o momento de ir à maternidade, menos chances de intervenções desnecessárias você terá. então, estudar sobre fisiologia, fases do trabalho de parto e como tudo funciona é essencial.

A seguir, listei todas as principais intervenções do trabalho de parto que podem ser eventualmente necessárias, completamente desnecessárias ou necessárias em todos os partos, mas podem ser feitas de diversas formas:

o   Acesso venoso.

o   Tricotomia (depilação).

o   Alimentação e hidratação.

- o   Movimentação.

- o   Exames de toque.

- o   Monitoramento fetal.

- o   Amniotomia.

- o   Ocitocina.

- o   Analgesia.

Como saber? É necessário estudar ponto a ponto, discutir com sua equipe e elaborar alternativas, caso alguma surja no parto e que você tenha autonomia para decidir. Use essa lista anterior como um *checklist* para se informar e pense sobre:

- o   O que você aceita.

- o   O que você não aceita.

- o   Alguma intervenção tem risco aumentado caso você tenha uma gestação de Alto Risco?

- o   Quando cada uma pode ser necessária?

- o   Quais são absolutamente desnecessárias?

- o   Alguma intervenção pode levar a outra?

- o   Quando é necessária uma indução e quais os métodos disponíveis?

E principalmente:

- o   Qual o risco de cada intervenção?

- o   O que pode sair errado em cada uma delas?

§ Métodos de alívio da dor desejados

Existem muitos Métodos de Alívio da Dor (MAD), os não farmacológicos e os farmacológicos.

Os MAD não farmacológicos podem ser aplicados em parte pelo seu acompanhante, pois são de fácil acesso e não exigem grande conhecimento de anatomia, fisiologia ou recursos complexos. Já outros MAD são aplicados principalmente por doulas e outros, por exemplo, acupunturistas, obstetrizes, enfermeiras, fisioterapeutas, obstetras, mas sempre é importante lembrar que, exceto a doula, que tem foco exclusivo no conforto e alívio da dor durante o Trabalho de Parto, os outros profissionais têm outras competências e eventualmente podem não conseguir cumprir esse papel com profundidade.

Então, é muito importante perguntar no hospital quais os métodos que eles fornecem estrutura, conversar com as doulas da sua região pra saber quais técnicas cada uma delas domina e fazer sua escolha.

- o Massagem.
- o Movimentação.
- o Respiração.
- o Relaxamento.
- o Música de escolha da mulher.
- o Bola.
- o Técnicas de calor (bolsas de água quente, por exemplo).
- o Chuveiro.
- o Banheira.
- o Aromaterapia.
- o Rebozo.
- o *Spinning babies*.

E principalmente ambientação do espaço onde ocorrerá o parto e apoio emocional à parturiente. A principal profissional que domina essas técnicas com qualidade é a doula, mas cada doula domina técnicas diferentes, nem todas dominam todas, mas somente atingimos esse apoio com excelência no parto quando atuamos exclusivamente nesse papel.

E a principal técnica farmacológica é a analgesia de duplo bloqueio (peridural + raquidiana). Por ser uma intervenção grande e que tem muitos vieses, é muito importante estudar e pesar os prós e contras e sempre, sempre, deve ser uma decisão da mulher utilizar ou não.

É feita pelo médico anestesiologista por meio de uma punção na coluna. A analgesia é a principal intervenção que leva ao que chamamos de Efeito Cascata de Intervenções, uma intervenção que leva a outra e a outra e a outra, como redução da movimentação, ocitocina, perda da percepção do trabalho de parto.

§ Desejos para o parto

E para o nascimento em si do bebê? O trabalho de parto já foi, dilatação total e puxos mostram que a mulher está no expulsivo, e aí?

Quando você se imaginou parindo, como foi?

Aqui, devem estar pedidos especiais pensando nesse momento.

o   Você tem desejo de parir em algum lugar específico, como banheira, banqueta, e gostaria de ser lembrada disso?

o   Como você deseja dar à luz?

o   Como você seja a temperatura?

o   Você deseja que a equipe te ajude com incentivos verbais no expulsivo ou prefere silêncio?

o   Você deseja ver e tocar seu bebê coroando?

o   Existe alguma intervenção que você não autoriza de jeito nenhum?

o   Quem você deseja que esteja presente nesse momento?

o   Como você deseja que as pessoas presentes reajam ao momento?

o   Quem deseja aparar o bebê?

o   Em que momento você deseja pegar o bebê?

Toda e qualquer informação sobre esse momento é importante para alinhar a equipe às suas principais expectativas.

§ Intervenções no expulsivo e nascimento

Nesse período estão contidas as maiores intervenções nas quais as mulheres relatam violências obstétricas e condutas não desejadas, desrespeito. É o principal momento que o acompanhante deve estar de olhos bem abertos para apoiar a proteger a parturiente, se necessário.

Estudar sobre cada intervenção para conhecer e poder tomar decisões sobre cada uma delas é essencial. Aqui, temos algumas intervenções que podem ser necessárias em alguns casos, outras absolutamente desencomendadas e outras proibidas por conselho, como o de Enfermagem (Coren).

o   Litotomia.

o   Manobra de Kristeller.

o   Manobra de Valsava.

o   Amniotomia.

o   Manipulação de Períneo.

o   Episiotomia.

o   Vácuo.

o   Fórceps.

Como já entendemos anteriormente, algumas intervenções no expulsivo podem ser necessárias e bem-vindas, por isso o estudo é importante para poder colocar na balança as decisões.

§ Recepção do recém-nascido em sala de parto

Eba! O bebê nasceu!

O plano de parto deve continuar e esse momento é de extrema importância para uma boa experiência de parto, eu diria que crucial, inclusive. A essa altura do parto já estamos exaustas, cansadas e muito ansiosas para o bebê nasça, há uma enorme expectativa nesse momento. Então, mais uma vez alinhar o que você espera e conversar com a equipe a fundo sobre cada ponto importante para você e seu bebê.

o   Em que momento você deseja pegar o bebê?

o   Em que momento você deseja que clampeie o cordão?

o   Quem deseja cortar o cordão?

o   Algum pedido especial para a primeira hora (*golden hour*) da mãe e bebê?

o   Você deseja amamentar o bebê ainda na primeira hora?

o   Você deseja que faça o capurro?

§ Intervenções no recém-nascido em sala de parto

Assim como no parto, existem diversas intervenções no recém-nascido ainda em sala de parto. Temos as necessárias e recomendadas, as desnecessárias como rotina e que devem ter indicação clínica e as nunca necessárias que podemos classificar como violência neonatal.

Assim, mais vez, estudar e poder tomar decisões sobre cada procedimento é ter a melhor recepção possível para seu bebê, reduzindo riscos, com o mínimo possível de intervenções desnecessárias.

o   Qual a opção de vocês sobre o colírio de Eritromicina/PVPI?

o   Qual a opção de vocês sobre a vitamina K?

o Qual a opção com relação ao momento de dar as duas primeiras vacinas? BCG e HepB.

o Qual a opção de vocês sobre a aspiração das vias aéreas superiores?

o Qual a opção de vocês sobre o primeiro banho do bebê?

§ Cuidados maternos após o nascimento

Depois que o bebê nasce, ainda na sala de parto, a mulher precisa continuar os cuidados da equipe por conta de intercorrências como hemorragias, não nascimento da placenta e a análise de possíveis lacerações.

Entender como funciona o que chamamos de Manejo Ativo do Terceiro Estágio pode te ajudar a conversar com a equipe sobre as intervenções. Temos algumas que são fortemente recomendadas e outras podem ser decididas, de acordo com os acontecimentos. A seguir, as principais coisas que são observadas.

o Nascimento da placenta.

o Avaliação do não nascimento da placenta.

o Curetagens.

o Pressão materna.

o Dor.

o Lacerações.

o Sangramentos.

o Protocolo para evitar hemorragias.

o Protocolos para contenção de hemorragias.

§ Cuidados com a placenta após o nascimento

Você já pensou no que fazer com a placenta após o parto?

- o Quer ver?
- o Pegar?
- o Fazer um carimbo?
- o Levar para casa?
- o Plantar?
- o Encapsular?

§ Cuidados com o bebê na internação

Depois que o bebê nasce e a família sobe para ao quarto, para a internação, ainda temos alguns cuidados com o bebê, exames, o início da amamentação. Então, torna-se necessário elencar seus desejos relativos a esse cuidado.

Lembrando que lugar de bebê é com a mãe no quarto!

- o Como você deseja seguir com a amamentação?
- o Você deseja que o bebê fique em alojamento conjunto integralmente?
- o Você deseja fazer todas as higienes e trocas de fralda do bebê?
- o Você deseja que os exames protocolares (orelhinha, linguinha, olhinho) sejam feitos/ coletados no quarto?
- o Em que momento vocês desejam fazer o teste do pezinho?
- o Qual teste do pezinho vocês desejam fazer?
- o Vocês desejam ficar 24 ou 48 horas internados? Lembrando que essa decisão pode ser conjugada ao teste do pezinho.

Maternar: gestação, parto e criação de uma nova consciência materna

- o Coleta de Glicemia.
- o Coleta de Exames de Bilirrubinas – Icterícia.

§ Quando a cesariana se faz necessária?

Bom, antes de entrar nesse ponto Plano de Parto, é muito necessário saber quais as recomendações de cesarianas. São muito poucas, algo em torno de 10 indicações entre todas as modalidades, mas são divididas em:

- o Indicações Eletivas (agendadas).
- o Indicações Intraparto (nas quais se faz a cesariana depois de iniciar o trabalho de parto).

Assim, caso indiquem uma cesariana a você será mais fácil entender a necessidade ou não dela. O Plano de Parto da Cesariana é muito parecido com um parto normal.

- o Lei do acompanhante deve ser cumprida 100% do tempo, inclusive durante a espera pelo procedimento e anestesia.
- o Cuidados com ambientação da sala de parto.
- o Cuidados com a recepção do recém-nascido.
- o Respeito a *golden hour*.
- o Cuidados materno.
- o Cuidados desejados com a placenta.

Bom! Acho que agora com tantas informações importantes você está pronta para estudar e elaborar seu Plano de Parto sólido, eficiente e que vai guiar você, seu acompanhante e sua equipe nesse dia único.

Desejo um parto lindo e transformador!

Trabalho de parto de amor

Aqui, ela pode se esquecer do mundo e voltar sua atenção para dentro de si mesma. Assim, apenas a mãe e seu bebê, dançando juntos nas ondas do trabalho de parto.

§ Algumas perspectivas sobre o trabalho de parto hormonal

O processo de parto dos mamíferos é uma das melhores criações da Mãe Natureza. É um processo biológico comum a todos os mamíferos, incluindo nós, seres humanos e que ocorre espontaneamente quando a gestação chega ao fim.

Em termos fisiológicos, envolve uma complexa combinação de interações entre mãe e bebê desde o final da gestação, por meio das fases do processo de parto, e além.

Quando entendemos o parto a partir dessa perspectiva, vemos um maravilhoso entrelaçamento de respostas físicas e emocionais — que foi projetado tanto para garantir a sobrevivência do recém-nascido, quanto para criar fortes vínculos entre mãe e bebê.

Janet Balaskas

De Londres, Inglaterra, é reconhecida mundialmente como pioneira do parto natural e ativista internacional sobre parto. Criou o yoga para gestantes e o conceito de Parto Ativo, que ela ensina tanto para gestantes e seus companheiros, quanto para profissionais. Sua voz vem influenciando mudanças nas práticas das maternidades no Reino Unido e em muitas outras partes do mundo. Autora de vários livros, sendo o mais famoso o clássico *Parto Ativo*, publicado pela primeira vez no Reino Unido, em 1981, e no Brasil, em 1989.
Site: www.activebirthcentre.com
Instagram: @janetbalaskaspartoativo

---

1 Tradução de Talia Gevaerd de Souza.

O parto envolve uma série de mudanças físicas que resultam na saída do bebê do útero de sua mãe e que acontecem no campo emocional do amor. É uma jornada, desde o abrigo do útero até a segurança, nutrição, calor e proteção da mãe.

Quando entendemos o processo do parto, podemos entender a origem fisiológica do amor. Nós a vemos no apego carinhoso de cada mamífera com sua cria. Adoramos ver imagens amorosas de mães girafas, elefantas, golfinhos fêmeas e todas as outras mamíferas com suas crias!

O trabalho de parto se encontra no coração dessa continuidade de eventos fisiológicos que levam ao nascimento do bebê, e para além dele. Não pode ser compreendido isoladamente, ou explicado em termos puramente mecânicos, tais como a dilatação do colo do útero, ou mensurado em centímetros. Essa definição estreita, tão comumente utilizada pelos profissionais, não tem sentido quando se está vivendo os esforços profundos dessa experiência.

Para a mãe e o bebê, as horas do trabalho de parto representam uma transição, uma jornada, uma transformação e uma experiência única, que pertence inteira e completamente ao bebê que está nascendo e à mãe que está parindo.

Nos últimos anos, chegamos à compreensão de que a fisiologia do parto é conduzida por um contínuo fluxo de hormônios, que são produzidos pela própria mulher (e, até certo ponto, pelo bebê) durante as horas do trabalho de parto.

Os principais hormônios do trabalho de parto são a oxitocina — "o hormônio do amor" —, que estimula ações musculares do útero, e as endorfinas — hormônios do tipo opiáceo, que induzem a sensações de prazer e transcendência.

Esses hormônios são produzidos nas profundezas do cérebro da mãe e são liberados em pulsos, como um "coquetel" (de acordo com Michel Odent), saindo da glândula pituitária para a corrente sanguínea.

Combinados, eles têm um efeito calmante, relaxante, e de "transformar a dor" naturalmente, para a mãe e o bebê. Podemos perceber que a Mãe Natureza não tem a intenção de fazer do trabalho de parto uma vivência estressante ou uma dor insuportável. Estas são produzidas pelo homem, consequência das intervenções e das ações humanas que perturbam o processo.

Fêmeas de mamíferos no mundo selvagem, ao dar à luz, geralmente se retiram para uma condição de reclusão. O parto é rápido e eficiente, e as complicações são raras. A maioria das fêmeas prefere ficar sozinha para parir. Algumas, como as elefantas, terão alguma companhia feminina. Quem me contou esses fatos foi um guia de safáris com mais de 30 anos de experiência no mundo selvagem, na África do Sul. Ele me disse que as fêmeas permanecem isoladas durante os primeiros dias após o parto, que são os mais vulneráveis, antes de retornarem ao seu bando com o(s) filhote(s). É interessante notar que as fêmeas geralmente não gritam de dor durante o trabalho de parto. Elas relaxam. Elas movimentam o corpo e trocam de posição de tempos em tempos. Durante as contrações uterinas, a respiração parece se aprofundar naturalmente e, talvez durante as fases mais intensas do trabalho de parto, pode haver alguns grunhidos ou gemidos.

Minha base para estas postulações são minhas próprias observações de cabras, gatas, cadelas e uma vaca parindo, assim como filmes a que já assisti, com fêmeas de rinoceronte, elefante e outros mamíferos. Na verdade, geralmente há nelas uma aura de plenitude, parecida com um êxtase. O ronronar da mãe gata, os olhos vidrados da elefanta, os sons profundos da rinoceronte fêmea, até que em certo momento, finalmente, o bebê aparece. Há o instinto de proteger, nutrir e cuidar do bebê recém-nascido. Um vínculo natural entre mãe-bebê. É nítido que os mesmos hormônios estão atuando.

À medida que os níveis desses hormônios vão subindo de forma contínua e espetacular ao longo do trabalho de parto, mãe e bebê são impregnados por um mar de "hormônios do amor". Eles produzem uma mudança de consciência única, que é parte característica do trabalho de parto.

Um tipo de estado hipnótico — como um "transe" — em que a mãe pode se soltar, entregar-se para a intensidade do que ela está vivendo, à medida que seu corpo se abre. É também maravilhoso o fato de que ela pode sair desse transe a qualquer momento. Ela está totalmente entregue *e* muito consciente do que acontece em seu ambiente próximo. É uma consciência específica das mulheres em trabalho de parto.

Podemos pensar na fêmea mamífera, em trabalho de parto no mundo selvagem, para compreender esse fenômeno. Entregue às fortes sensações e à intensidade do trabalho de parto, mas alerta para a ameaça de perigo. É por isso que, primeiro, ela procura um local seguro e recluso. No entanto, caso apareça um predador, seu medo estimularia uma descarga de adrenalina — o hormônio da luta e fuga — que inibiria os hormônios do amor, pararia o trabalho de parto e possibilitaria a fuga.

Com esse exemplo, aprendemos como o fluxo de hormônios do amor pode ser inibido pela adrenalina — o hormônio que produzimos quanto sentimos medo, ansiedade ou quando somos incomodadas durante o trabalho de parto. Temos assim uma pista importante sobre quais são as condições ambientais que a mulher precisa para dar à luz naturalmente e com sucesso. Um ambiente em que a mulher se sinta segura, reclusa e não seja perturbada. Devemos entender a sensibilidade aguçada da mulher para qualquer distração, perturbação ou, até mesmo — *especialmente* —, para a sensação de estar sendo observada. É raro encontrar um hospital convencional que tenha um ambiente que possa oferecer essas condições.

§ A importância da preparação para o parto na gravidez

Eu trabalho com mulheres grávidas há mais de 30 anos e já ajudei muitas centenas delas a acessar, com sucesso, seus instintos mamíferos e a parir naturalmente.

Como seres humanos, temos a desvantagem de nosso cérebro racional superativo e nossos condicionamentos culturais nos levar a ter medo do parto. Estamos parindo numa cultura na qual o parto é amplamente compreendido como um evento médico, difícil, dolorido e até mesmo uma potencial emergência.

Por esse motivo, somos os únicos mamíferos que podem se beneficiar com a preparação para o parto. Podemos usar a gestação para reverter esses condicionamentos, encontrar confiança e acreditar em nossos corpos. Também precisamos encontrar, ou criar, um ambiente onde haja a privacidade, a segurança e a reclusão de que todas as mamíferas, inclusive nós, precisamos para parir.

A preparação certa durante a gestação pode dar à mulher os recursos internos para encontrar uma sensação de segurança e recolhimento *dentro dela mesma* — mesmo quando o ambiente não é o ideal. Yoga, relaxamento, uma compreensão do processo fisiológico do nascimento, técnicas de meditação e auto-hipnose. Todos esses recursos podem ser muito eficazes e podem incluir o parceiro. Profissionais do parto, tais como doulas, enfermeiras obstetras, obstetrizes e médicos, que apoiem a mulher e que entendam tais necessidades, são parte importante do círculo do parto e do ambiente que rodeia a mãe — ou seja, estão disponíveis, mas não invadem sua privacidade. Sempre passando a mensagem de que ela consegue — especialmente quando ela acha que não consegue!

§ O mito da dilatação do colo do útero

O conceito de dilatação do colo do útero, indo de 0-10 cm durante o trabalho de parto, não é fisiológico quando entendemos o trabalho de parto como uma série de respostas entre a mãe e o bebê. Ele começa bem no finalzinho da gestação, quando o espaço no útero fica pequeno, e a cabeça do bebê começa a descer no interior da cavidade pélvica. A pressão que a cabeça do bebê faz no segmento inferior do útero e no colo uterino tem o efeito de estimular a liberação de prostaglandina — hormônio produzido nos próprios tecidos e que tem função de amolecer —, assim eles ficam prontos para se abrir *ao redor* da cabeça do bebê, que vem descendo.

Uma ótima afirmação para a mulher é:

Meu bebê está DESCENDO, e meu corpo está AMOLECENDO e SE ABRINDO.

Enquanto isso, a oxitocina continua a ser liberada em pulsos na corrente sanguínea da mãe e viaja até seu útero pelos vasos sanguíneos uterinos. Cada "pulso" resulta numa contração; e é assim que o trabalho de parto ganha seu ritmo natural de ondas que vêm e vão. Trabalho seguido de descanso — num ritmo contínuo.

A oxitocina é absorvida por receptores especiais que estão mais concentrados no segmento superior do útero, fazendo com que as fibras longas, que sobem e passam pelo topo do útero, encurtem-se e se contraiam. Quando isso acontece, elas empurram o bebê para baixo, um pouco de cada vez e, ao mesmo tempo, puxam as fibras circulares amolecidas que estão na base do útero — absorvendo-as para cima, para o corpo do útero. Eu chamo essa ação de "empurra-puxa" do útero.

Para simplificar sua compreensão da ação do útero, peço que você visualize o movimento pulsátil de uma água-viva nadando no oceano. A cada contração, o útero fica mais grosso na parte superior (ou fundo do útero), mantém-se confortável e ajustado ao redor do corpo do bebê e mais fino na base. Com a pressão contínua da cabeça do bebê, que vai descendo, o colo uterino é puxado para cima, ao redor de toda a cabeça do bebê até o topo das orelhas e as sobrancelhas — então, a maior parte da cabeça do bebê estará fora do útero no final do trabalho de parto. A cabeça, então, estica e expande o fundo da vagina — e esse é um dos estímulos para o reflexo do parto. O útero contraído, grosso, envolvendo o corpo do bebê, agora está pronto para empurrar o bebê para fora!

Uma excelente afirmação para a mulher no final do trabalho de parto é:

Meu corpo está FLEXÍVEL e ABERTO, e eu estou pronta para liberar o meu bebê.

§ A dança do trabalho de parto — mãe e bebê

Em essência, o trabalho de parto é uma dança entre a mãe e o bebê e recebe a ajuda da força da gravidade. Agora que entendemos um pouco da fisiologia, vamos dar atenção aos protagonistas.

Acredito que é essencial pensarmos que o trabalho de parto começa nas últimas semanas de gestação, quando bebê e mãe estão se preparando, tanto emocional, quanto fisiologicamente, para a grande abertura e acontecimento que vem se aproximando.

Já que é o bebê que faz o trabalho de parto começar, eu gostaria de, primeiramente, atentar para a jornada do bebê.

§ O bebê

Nas últimas semanas de gestação, o bebê está se preparando para a vida fora do útero. Seu pulmão está ficando pronto para respirar ar. O fluido em seu interior se transforma em bolhas, expandindo os sacos alveolares nos alvéolos, em preparação para a respiração. Uma proteína é liberada pelo pulmão no líquido amniótico, que alcança a corrente sanguínea da mãe e é levada até o centro hormonal em seu cérebro, com a mensagem:

Eu estou pronto para nascer... para respirar por mim mesmo...

Você pode começar a aumentar a oxitocina e me deixar ir!

À medida que os dias passam, o bebê se sente mais e mais limitado. Ao mesmo tempo aninhado e seguro no útero, mas também com um impulso urgente de sair. Sem espaço para se mover, o bebê tem momentos de total imobilidade, com sua cabeça pressionando a parte baixa do útero, estimulando o amolecimento gradual — em preparação para a abertura. Instintivamente, o bebê alinha o maior diâmetro de sua cabeça (nuca para a testa), com o maior diâmetro do estreio superior da pelve (lado a lado).

Finalmente, em um momento de estresse, o bebê libera hormônios do estresse de suas glândulas adrenais, que encerram a gestação. Isso causa uma descarga de estrogênio na mãe que suprime a progesterona que mantinha a gravidez. Miraculosamente, centenas de novos receptores de oxitocina aparecem no segmento superior do útero nos últimos dias antes do início do trabalho de parto, graças a essa onda de estrogênio.

Durante o trabalho de parto, o coquetel de hormônios do amor também serve ao bebê. Acalmando, relaxando, tranquilizando, reduzindo a necessidade por oxigênio. Os sons e ritmos da respiração da mãe, os movimentos do seu corpo, misturam-se em harmonia com as ondas de contração muscular do útero, ao redor do corpo do bebê.

A cabeça do bebê fica inclinada para frente, com o queixo na direção do peito, assim a parte que se apresenta é o topo, a coroa da cabeça. Acredito que o chamado "reflexo neonatal de engatinhar" (quando o bebê, ao nascer, é colocado sobre o ventre materno e, sozinho, consegue chegar às mamas) já está presente, estimulando o útero. Seus movimentos feitos com a cabeça nessa posição vão abrindo caminho, à medida que o bebê vai cavando e indo mais fundo no túnel escuro. Há um impulso para descer, para continuar e alcançar a luz no fim do túnel. O bebê vai mais e mais profundamente para dentro da pelve.

Afirmação para a mãe:

Meu bebê se encaixa em minha pelve perfeitamente.

Finalmente, o topo da cabeça do bebê chega ao assoalho pélvico. Os músculos macios do assoalho pélvico, com formato arredondado como uma tigela, ajudam o bebê a fazer um giro de 90°, para que o maior diâmetro da cabeça do bebê fique alinhado com o maior diâmetro do estreito inferior da pelve (frente para trás). Há uma quietude — uma pausa — momentânea ou mais demorada, que marca o fim do trabalho de parto. Pronta para parir!

Afirmação para a mãe:

Eu sussurro para meu bebê — muito bem, querido, você está quase em meus braços —

mal posso esperar para segurar você e olhar para você!

§ **A mulher mãe**

Com a gestação a termo, seu ventre inchado está maior do que ela jamais poderia ter imaginado ser possível. Majestosa em sua riqueza, cheia de mistério, a não ser pela certeza e pela turbulência daqueles fortes movimentos que vêm de dentro de si, de seu bebê — que já está totalmente formado e quase pronto para o parto. Os últimos dias da gestação são especiais. Ela está deixando para trás a mulher que tem sido até aqui e está antecipando a mãe que ela já está se tornando. Sua atenção está voltada para dentro, cada vez mais perto de casa. Pouco a pouco, ela vai passando por uma mudança de consciência... Ela se sente "avoada, distraída"... diferente. Os níveis dos hormônios do amor estão subindo para o parto, lavando e levando embora a ansiedade e causando no útero mais atividade contrátil, que vem e vai. Sensações familiares, mas também estranhas. Leves e mais intensas do que o usual. Ela se pergunta: "Será que está começando?". E então tudo para.

Ela está esperando... Não há nada que ela possa fazer, a não ser descansar e sonhar com os momentos que vêm pela frente, quando ela verá seu bebê pela primeira vez. Ela sonha em abraçar seu bebê, junto de seu coração, em seu colo quentinho. Sonha em olhar diretamente em seus maravilhosos e grandes olhos escuros. O momento em que amor e lágrimas de boas-vindas irão fluir.

Então, chega o momento em que a mãe entra em seu processo de trabalho de parto — ondas de contração que se tornam mais fortes e mais intensas em seu pico. A enxurrada de hormônios do amor, fluindo na corrente sanguínea da mãe, transforma a intensidade de suas sensações, para que a mulher gradualmente entre num tipo de transe, que as mulheres muitas vezes chamam de "partolândia". Aqui, ela pode se esquecer do mundo e voltar sua atenção para dentro de si mesma. Assim, apenas a mãe e seu bebê, dançando juntos nas ondas do trabalho de parto — e descansando quando elas passam.

Eu me lembro — posição vertical, e inclinada para frente!

Eu me movimento — Eu danço — Eu estou ajudando meu bebê a descer.

Essa é a enorme abertura que ela estava esperando — à medida que movimenta e balança seu corpo, ela relaxa profundamente, entrega-se, soltando-se suavemente por dentro —, e as sensações às vezes se tornam quase orgásmicas — agora, no coração da intensidade, ela ouve as palavras de sabedoria dentro de si.

Eu sigo minha respiração.

Confio em meu corpo e faço o que ele me pede.

Eu consigo.

Eu me solto.

A jornada se intensifica, as ondas estão vindo grandes e rapidamente. Mesmo assim, não há noção de tempo.

Eu sinto a Terra.

Cada onda traz meu bebê para mais perto de mim.

Agora, as ondas estão tão próximas umas das outras e tão intensas. O que poderia ser dor se torna êxtase: é como estar nas galáxias, rodeada de estrelas. Um pico dos hormônios do amor. Tão profundamente no coração do trabalho de parto — num transe avançado, e em profundo relaxamento. Os momentos antes do parto finalmente chegam, mas a mulher não tem noção de onde está ou para onde vai. O tempo não tem significado algum.

Repentinamente, há uma explosão de adrenalina — uma grande descarga — mas dessa vez não é por conta de nenhuma perturbação. É uma resposta fisiológica, que tem o intuito de disparar o reflexo do parto. Um chamado, um despertar para mãe e bebê: fiquem prontos para se conhecerem!

Enquanto os batimentos cardíacos da mulher aumentam, e o sangue circula pelo seu corpo, a mãe pode sentir uma intensa descarga de adrenalina, um "medo fisiológico" (conforme Michel Odent). Sua boca fica seca; ela poderia beber um copo de água bem cheio, suas pupilas dilatam. E, nessa nota dramática, o trabalho de parto chega ao fim, e o parto começa.

Talvez haja uma sensação — "eu estou morrendo" — quando o trabalho de parto termina. E, realmente, a gestação está ficando para trás, e o futuro como uma nova mãe, ou mãe de um novo bebê, está começando a surgir.

A mulher pode sentir um desespero temporário enquanto essa profunda mudança hormonal acontece dentro dela: a morte do que era familiar, e uma pista do desconhecido, simultaneamente. É empolgação e medo ao mesmo tempo, extremos de intensidade. O corpo da mulher está totalmente aberto, à beira do parto, entregando-se para uma nova vida.

Afirmação:

Este bebê está vindo através de mim, e não de mim —

estou pronta para liberar meu bebê.

§ Se eu tivesse uma varinha mágica

Meu desejo seria de que tanto os profissionais do parto quanto as mulheres grávidas e seus parceiros pudessem compreender tudo o que foi escrito aqui.

Gostaria de ver uma atitude muito mais tranquila e relaxada em relação ao início do trabalho de parto, para que todos os processos essenciais que acontecem na mãe e no bebê no final da gestação possam se completar totalmente, gerando um trabalho de parto mais eficiente.

A completude da gestação e o início do trabalho de parto se sobrepõem, até que a gestação fica para trás, e o trabalho de parto naturalmente se fortalece. Assim também acontece com o trabalho de parto e o parto. Eles se sobrepõem, até que o trabalho de parto fica para trás, e o parto vai acontecendo. Todo o processo de parto é uma série de transições fisiológicas, cada uma inerente na próxima.

Um trabalho de parto hormonal geralmente culmina num parto rápido e eficiente (Michel Odent chama isso de "reflexo de ejeção do feto"). Dessa forma, não há nada que a mãe precise fazer além de adotar qualquer posição vertical, com o tronco inclinado para frente, e se entregar. Assim, o parto pode acontecer sozinho. Um parto hormonal verdadeiro é um reflexo involuntário, em vez de um "segundo estágio". Os momentos finais do trabalho de parto são a chave para isso. Se conseguirmos não atrapalhar, não tentar ajudar, não observar, não salvar a mãe de nenhuma forma, em questão de minutos ela estará segurando seu bebê em seus braços. Estará radiante de êxtase, com as profundezas escuras do trabalho de parto já esquecidas.

Acredito que muitos dos problemas e dificuldades que as mulheres em nossa cultura vivenciam no trabalho de parto começam com as perturbações à sensível transição da gestação em trabalho de parto, especialmente com a provocação de ansiedade por conta da ameaça de indução química. O corpo e a mente não têm a oportunidade de se preparar... Da mesma forma que uma sinfonia sem ensaios (com a apresentação adiantada de repente): não podemos esperar que a música seja harmoniosa!

Um trabalho de parto natural e hormonal é uma experiência rica e cheia de êxtase para muitas mulheres, certamente é um desafio, mas também muito recompensador. O banho de hormônios do amor na mãe e no bebê, durante as horas do trabalho de parto, nunca poderá ser replicado. A intenção da Natureza é que isso seja a base de um profundo amor fisiológico que durará a vida inteira.

Os hormônios do amor continuam ao longo do período pós-parto, durante a amamentação, ao carregar o bebê no colo, ou durante contato pele-a-pele. Portanto, para aquelas mães que não podem ter um parto natural por causa de algum bom motivo, essa pode ser uma forma de compensação, tanto quanto possível.

Procedimentos como indução desnecessária do trabalho de parto e cesarianas eletivas, que são predominantes em nossa sociedade, desviam-se do trabalho do parto hormonal. Quando não têm uma real indicação, eles roubam das mães e dos bebês todos os benefícios que a Natureza preparou para eles, incluindo benefícios fisiológicos, emocionais, psicológicos e de imunidade, que formam a base de uma vida saudável e feliz.

Um parto natural é uma alegria. Dá ao bebê uma sensação de segurança, conexão e amor, que é direito nato de todo ser humano. Dá à mulher um sentimento de orgulho e empoderamento tal que sua jornada para a maternidade começa com todas as vantagens e benefícios dados a ela por seus próprios hormônios naturais. Acima de tudo, dá a ela uma sensação fisiológica de conexão com seu filho, que torna a maternidade mais fácil e mais amorosa.

§ Leitura adicional

BALASKAS, Janet. *Parto Ativo* – Guia prático para o parto natural. A história e a filosofia de uma revolução. 3. ed. São Paulo: Ground, 2015.

A cesariana no contexto atual

Diante do aumento do avanço tecnológico e da autonomia da mulher na escolha de sua via de parto, vem-se observando uma elevação na incidência da realização da cesárea ao longo dos anos. Um dos fatos a serem notados com esses números é de que a habilidade técnica, não só cirúrgica, como também anestésica, tem sido aprimorada, com uma redução do tempo cirúrgico e consequentemente redução de complicações,

> **Patrícia Schmitz**
>
> Médica obstetra pela Febrasgo. Atuante na equipe Semear Bahia, de promoção ao parto humanizado.
> E-mail: sfpatriciadias@gmail.com
> Instagram: @patriciaschmitz.obstetra

por exemplo, infecções pós-parto, íleo paralítico e trombose. A evolução da indústria de medicamentos que trouxe novos fios e materiais cirúrgicos também tem seu papel nessa evolução. No entanto, mesmo com todos esses pontos, ainda está longe de podermos afirmar que essa via de nascimento é a mais adequada, segura ou que traz mais benefícios ao binômio materno fetal. Mas, infelizmente, essa informação tem sido perdida na sociedade.

É fácil notar que, na grande maioria das vezes, o que faz uma mulher optar por uma cesárea em nosso país é o seu próprio acompanhamento obstétrico. Existe um dado do estudo Nascer no Brasil, em 2014, coordenado pela Fiocruz, que mostra que cerca de 70% das mulheres chegam à primeira consulta pré-natal desejando um parto normal, mas apenas 20% permanecem com a mesma escolha. No final, temos um índice atual de cesáreas em nosso país que gira em torno de 80% (e uma recomendação da Organização Mundial de Saúde de manter esse índice em até 15%). Isso nos faz crer que o acompanhamento pré-natal pode influenciar nesse processo, seja pela falta de informação ou acolhimento e apoio necessário para que a família se sinta segura com o parto vaginal. As razões que mais são referidas como causa principal dessa opção são: conseguir escolher o dia do nascimento; medo da dor do parto; experiência ruim em parto anterior; preocupações relacionadas ao medo de danos fetais, do assoalho pélvico ou do parto normal instrumental (uso do Fórceps ou Vácuo Extrator); necessidade de controle; sensação de "maior segurança ao concepto", dentre outras.

Existe ainda um medo menos exposto, mas não menos incidente: o receio excessivo da frustração. A necessidade de atingir as expectativas alheias e próprias. O medo de ter que passar por uma cesariana, tendo escolhido um parto normal e encarar isso como uma falha, uma fraqueza. No puerpério, isso pode ser assustador! O medo de não saber lidar com julgamentos de familiares que se posicionaram contra a escolha da mulher e veem a cesariana caindo como uma luva e justificando o famoso: "mas eu avisei!". Então, o profissional que assiste essa mulher precisa investigar a raiz disso e trabalhar esse medo que pode acabar reverberando em outras escolhas do puerpério que muitas vezes vão de encontro ao senso comum. Fortalecer essas escolhas da mulher junto à sua família núcleo e fazer ela entender que a sua voz deve ser mais importante, faz parte desse processo de construção para o parto. Alinhar essas expectativas e esses medos é reconhecido como um passo no preparo para a vida maternal, tão cheia de expectativas frustradas e julgamentos externos. Mas para ser leve precisa principalmente ser autoacolhido com zelo, informação e conforto.

A cesariana não é favorável apenas às famílias que desejam manter o falso controle de agendar o procedimento, de calcular os riscos e de se submeter a algo mais previsível, mas também aos profissionais. Estes conseguem cada vez mais programar sua agenda, além de ter a rotina estabelecida, algo que antes era visto como impossível para a classe médica que atuava na obstetrícia. Então, para convencer que essa é a melhor via de nascimento, costumamos ver em vários meios de comunicação termos que banalizam a cirurgia como: cesárea humanizada, parto sem dor, entre outros. Esses termos que visam burlar a via cirúrgica do processo não são apenas cruéis com as mulheres que desejam parir, mas com toda uma sociedade que cresce descrente de que a ciência ainda traz respostas e mostra que essa ainda é uma via mais arriscada que a do parto normal.

Além disso, ainda conseguimos observar profissionais que induzem a escolha para a via cirúrgica baseados em falácias, diminuindo a credibilidade da mulher no próprio corpo como: bacia muito estreita, sobrepeso, muito baixa ou muito alta, cordão enrolado no pescoço do bebê... entre vários outros absurdos, o que pode ser ainda mais desumano.

É importante frisar que mesmo em uma situação de acolhimento e informação, algumas mulheres, nesse caso a minoria delas, vão continuar optando pela cirurgia. No entanto, os obstetras não são obrigados eticamente ou profissionalmente a aceitar a realização da cesariana eletiva (por escolha da parturiente), pois ainda não se tem evidências de alta qualidade que possam afirmar que esta é uma via segura para o nascimento em comparação com a outra. Os estudos realizados com tal objetivo têm sérios problemas metodológicos pela dificuldade na randomização das amostras. A maioria dos protocolos ainda indica que o profissional que assiste uma mulher que explana o desejo de uma cesariana eletiva esteja atento a desmistificar informações desencontradas, acolher os medos e tentar desfazê-los, além de direcionar a paciente para informações de qualidade que lhes mostrem os reais riscos e benefícios de cada via de parto. E caso a escolha permaneça, orientar a busca de um colega médico que realize a cesárea eletiva ou auxiliar para que a paciente se encaminhe a uma emergência obstétrica no momento correto.

Sabemos que existem riscos inerentes ao processo cirúrgico, mas, em alguns casos, esses podem ser superados por eventuais riscos do parto normal. E quais seriam essas situações? Podemos separar em indicações absolutas, aquelas que não deixam possibilidade de discussão, e indicações relativas, que podemos individualizar. Citando algumas indicações absolutas, temos: prolapso de cordão umbilical, apresentação córmica, placenta prévia total, frequência cardíaca fetal não tranquilizadora, descolamento prematuro de placenta, ruptura de vasa prévia e inserção velamentosa de cordão, primoinfecção herpética genital com lesão ativa no momento do parto, parada de progressão não resolvida com medidas como movimentação pélvica, antecedente de cesariana vertical, miomectomia por via abdominal ou ruptura uterina anterior. Portanto, são nessas situações que essa via deve ser indicada sem hesitar. Nesse momento, a família deve ser acolhida e devidamente informada sobre todas as questões relacionadas ao processo cirúrgico. Suas escolhas ainda devem ser ouvidas e respeitadas. É possível, por exemplo, deixar o ambiente do centro cirúrgico menos hostil com a presença em tempo integral de um parceiro de livre escolha da mulher, bem como da sua doula, se houver. A temperatura deve estar confortável para a chegada do bebê. É possível ter uma *playlist* com músicas escolhidas pela família, trazendo mais acolhimento nesse processo. Devem-se evitar conversas paralelas que nada têm a ver com o nascimento do bebê e todos devem estar concentrados no momento. As luzes podem estar baixas, estando apenas a luz do foco cirúrgico ligada. É possível ter os braços livres para o contato com o bebê logo no nascimento é possível que se faça o clampeamento do cordão após o primeiro minuto e realizado pelo genitor (caso seja de sua vontade). A passagem do bebê direto para o contato pele a pele com o seio materno pode ser auxiliado por um pediatra. Essas medidas tornam o nascimento mais leve e respeitoso. Quando o bebê nasce bem, ainda pode ser estimulada a hora dourada, que ocorre na primeira hora após o nascimento, no contato com o seio da mãe e a amamentação. Todas essas questões podem ser colocadas em um plano de parto e é importante que sejam discutidas antes, mesmo quando a via desejada seja a via de parto normal. Caso a paciente ainda deseje, ela pode ter seu momento registrado por fotografia ou vídeo.

O momento do parto deve ser um momento celebrado e vivido com alegria. Independentemente da via em que o nascimento ocorra, toda família tem direito de durante o pré-natal ser orientada com informações verídicas e de qualidade para que possam tomar suas decisões corretamente e para que estejam seguros nesse momento tão importante em suas vidas. O nascimento é um reflexo desses nove meses de preparo e um início que se reflete por toda vida.

O parto e a lei: direitos no parto

Falar sobre os direitos da pessoa gestante não é uma tarefa simples. Isso acontece porque o direito visto de forma abstrata é bem diferente do que acontece na prática. A individualidade de cada pessoa precisa ser considerada, de forma que conhecer o que diz a lei não é suficiente para garantir a melhor estratégia para lidar com os problemas concretos de cada pessoa. Por isso, é importante dizer que as informações deste capítulo não substituem uma consulta com uma advogada especialista neste tema.

Além disso, não é fácil encarar a revolta e o assombro diante da frequência com a qual nossos direitos são violados. Ser mulher neste mundo é

> **Stephanie Aniz Ogliari Candal**
>
> Advogada de família e atuante na defesa dos direitos das mulheres, secretária geral da Comissão das Mulheres Advogadas da OAB/PR, membra da Comissão de Estudos sobre Violência de Gênero e da Comissão de Direito das Famílias da OAB/PR.
> E-mail: stephanie.aniz@hotmail.com
> Instagram: @advstephanieaniz

resistir à misoginia, que se apresenta de formas mais ou menos sutis, em todos os lugares, inclusive no parto.

No entanto, não se pode menosprezar o poder de conhecer seus direitos e as garantias conquistadas pela mobilização de coletivos de mulheres em nosso país. Atualmente, existe base legal bastante clara e assertiva sobre gestação, parto, pós-parto e puerpério, que nos resguarda e nos entrega ferramentas importantes para prevenir problemas e buscar reparação se necessário.

Em primeiro lugar podemos citar o **direito ao próprio corpo**. O Código Civil brasileiro diz que ninguém pode ser obrigado a se submeter a qualquer tratamento contra sua vontade, ou seja, é garantida pela lei a recusa terapêutica. O mesmo vale para os bebês, que nesse caso são representados pelos pais que podem recusar procedimentos desde que não sejam necessários para a manutenção da vida da criança.

O Conselho Federal de Medicina regulamenta a questão por meio da Resolução n.º 2.232/2019, permitindo ao médico impor tratamento em casos de urgência ou risco iminente de morte, tendo em vista ainda a atenção ao binômio mãe-bebê. Essa resolução, elaborada exclusivamente por médicos, sem debate junto a outros profissionais de saúde e sociedade civil, é bastante polêmica por ser utilizada para restrição à autonomia das gestantes.

De toda forma, a regra deve ser o respeito à vontade da paciente, sendo que eventual risco de vida para o feto que enseje intervenção não autorizada deve ser devidamente descrito e justificado no prontuário. É possível questionar após o ocorrido se tal intervenção foi acertada de fato ou não, conforme as evidências científicas.

É importante salientar que os profissionais de saúde têm o dever de informar os riscos e consequências das intervenções sugeridas. Quando isso não é feito, não é possível dizer que existiu o consentimento livre e esclarecido da paciente. Um exemplo é quando o médico induz a realização de cesariana apresentando justificativas falsas, sem alertar a gestante dos riscos da cirurgia. Em situações como essa podemos estar diante da ocorrência de um dano que deve ser indenizado, além de outras sanções ao profissional.

Também é garantido pelo Estatuto da Criança e do Adolescente, o ECA, assistência de saúde integral e humanizada à pessoa gestante e seu filho, ou seja, temos **direito ao parto humanizado**. Dessa forma, parir de forma natural e respeitosa não se trata de simples desejo da mulher, que pode ou não ser levado em consideração, é um direito da mãe e da criança, constituindo-se como diretriz para políticas públicas de acesso à saúde.

Diante disso, pode-se perceber que é uma falácia contrapor o desejo da mãe a um parto natural e respeitoso, uma vez que a própria lei reconhece que é um direito também da criança que nasce naquele momento. Cuidar da mãe é cuidar, também, do bebê.

A Lei 11.108/05, assim como o ECA, assegura o **direito à presença de acompanhante** no pré-natal, trabalho de parto e pós-parto. É importante frisar que a escolha de quem assumirá essa função é sempre da mulher, não existindo obrigatoriedade de que seja o pai da criança, por exemplo. Essa pessoa deverá estar ciente dos desejos e expectativas da mulher nesse momento, pois será sua porta-voz caso não possa expressar a sua vontade, terá papel fundamental para diminuir as chances de ocorrência de violência obstétrica, além da função importantíssima de transmitir segurança e afeto para a parturiente.

A presença de doula, no entanto, não possui uma normativa em nível federal, ainda que em diversos estados já existam leis que obrigam hospitais e maternidades a permitir o livre acesso de doulas, além do acompanhante. Mas diante da colaboração dessas profissionais para desfechos positivos, o que é um fato com fundamentação científica, existe a tendência de obter esta garantia da presença com base nas diretrizes que determinam a assistência humanizada.

O **direito de amamentar** também é mencionado pelo ECA, que coloca como obrigatório o apoio e a assistência ao aleitamento materno, devendo a mãe receber orientações e auxílio no início da amamentação e em qualquer intercorrência. Diante disso, qualquer atitude que limite, prejudique ou impeça o aleitamento materno é ilegal. Também está previsto na Lei 13.002/14 o dever de realização do "teste da linguinha", que é o Protocolo de Avaliação do Frênulo da Língua em Bebês, capaz de identificar eventual má formação que dificulte a mamada.

Finalmente, é garantido o **direito de estar junto do bebê**. O ECA obriga a existência de estrutura física para que um responsável esteja com a criança em qualquer circunstância, inclusive em UTI neonatal, sendo obrigatória a existência de leitos conjuntos para o pós-parto. Após o nascimento, da mesma forma, é assegurado o direito de permanecer com o bebê logo após o parto, antes mesmo da realização de qualquer procedimento de rotina, quando não existir a necessidade de intervenção emergencial.

Saber os principais direitos que temos enquanto gestantes e puérperas, por si só, já é de grande valia, pois colabora para o empoderamento da mulher. No entanto, o parto é uma ocasião de extrema vulnerabilidade, não só física, mas como psicológica, de forma que discutir nesse momento com os profissionais pode não ser possível.

Por isso, o **plano de parto** é uma ferramenta essencial que possui plena validade jurídica para determinar as escolhas de tratamento aceitas pela mulher. O plano de parto é uma modalidade de diretiva antecipada de vontade, cuja regulação é feita pelo CFM por meio da resolução 1.995/2012.

Para além de ser o momento em que a mulher reflete sobre suas expectativas e desejos para o parto, aprende sobre sua fisiologia, derruba mitos, empodera-se e se prepara para desfechos adversos, esse documento possui outras funções muito importantes.

A primeira delas é funcionar como uma declaração formal e expressa de vontade, que, além de impor à equipe e à instituição de saúde seu conteúdo, traz segurança aos profissionais da saúde. Afinal, caso não seja feita uma intervenção em obediência ao plano, os profissionais estarão resguardados de reclamações futuras. Da mesma forma, não se corre o risco de lidar com problemas de comunicação, já que estará previamente detalhado o que se espera daquele momento.

Além disso, no momento em que se entrega o plano, problemas não previstos podem vir à tona, assim como a oportunidade de resolvê-los. Nenhum estabelecimento hospitalar ou médico irá declarar abertamente que pratica condutas ultrapassadas e violentas no fechamento do contrato com a gestante. No entanto, se a maternidade recusa a cumprir ou até mesmo receber o plano de parto, será que é uma boa opção?

Sabemos que nem sempre existe a escolha de onde ou com quem parir, mas dependendo da reação frente ao plano de parto é possível pensar em alternativas. Por exemplo, se a mulher possui plano de saúde e os profissionais credenciados não atendem à sua demanda, é possível exigir o reembolso de profissional particular, independentemente se existe essa previsão contratual ou não para isso.

Por outro lado, se existe apenas aquela maternidade para atendimento, que, por exemplo, recusa-se a permitir a presença de doula, é possível pedir uma decisão judicial que previamente obrigue o hospital a permitir a entrada da profissional sob pena de pagamento de multa.

Ou seja, ainda que seja ultrajante ter que se valer de medidas judiciais para ter acesso a um parto respeitoso, existem muitas estratégias de enfrentamento que podem ser organizadas com o auxílio de uma assessoria jurídica especializada, e o primeiro passo é fazer um bom plano de parto.

Além disso, no caso da ocorrência de algum problema, a existência de um plano de parto auxilia muito na busca por uma reparação, não só porque o processo de elaboração traz consciência do que é ou não aceitável, mas porque se constitui em uma prova evidente da manifestação de vontade da paciente.

O plano de parto é um documento simples, não precisa ser feito em cartório, bastando que identifique claramente os dados da gestante e esteja assinado por ela. Mas, apesar disso, é importante dizer que modelos prontos não costumam ser adequados.

Cada plano de parto é único e depende da individualidade da gestante, seus limites, desejos e condições de saúde é que definirão seu conteúdo. A elaboração de um plano de parto deve ser feita preferencialmente com auxílio de advogada especializada, em conjunto, se possível, com os profissionais da saúde que realizarão sua assistência.

Não é obrigatório entregar o plano de parto antes da internação para que ele tenha validade. No entanto, é muito recomendável que isso seja feito com bastante antecedência para que se possa saber a recepção pela equipe, possibilitando eventuais ajustes na estratégia para seu cumprimento.

Os profissionais e estabelecimentos de saúde têm a obrigação legal de receber o plano de parto. No momento da entrega não deixe de solicitar um aceite formal, seja um carimbo com data e nome de responsável, uma resposta de e-mail acusando o recebimento ou até uma gravação de vídeo ou de telefonema ao hospital. Da mesma forma, em caso de recusa, produza provas, gravando o momento da entrega ou pedindo uma declaração formal. A partir disso, pode-se adotar medidas para obrigar o cumprimento do plano.

No dia do parto, leve várias cópias. Logo no momento do internamento, você deve entregar uma das cópias para ser anexada ao prontuário. Em caso de recusa, peça que ao menos seja registrado no prontuário que você apresentou o plano de parto. Outra cópia deve ficar com o seu acompanhante, para eventuais consultas. Pode ser útil deixar cópias, ainda, com a equipe médica, com a enfermagem ou com a equipe de atendimento pediátrico. Por fim, mantenha uma cópia do plano sempre com você, para o caso de alguma intercorrência que possa ocasionar um parto de emergência, por exemplo.

Tomando ou não todas essas medidas preventivas já citadas, infelizmente, pode ser que algo aconteça de errado. Aqui, vale explicar a diferença entre erro médico e violência obstétrica. Erro médico está relacionado à falha técnica do profissional de assistência. Apesar do nome, qualquer profissional de saúde, bem como a instituição de saúde que por ação ou omissão causar dano à paciente, poderá ter que indenizar a vítima.

Já a violência obstétrica não pressupõe um mau uso da técnica, mas ocorre quando a mulher tem sua autonomia negada por meio de imposição de procedimentos desnecessários, é constrangida da livre movimentação e alimentação, é alvo de agressões verbais ou físicas, ridicularizada ou silenciada.

É possível que um erro médico também configure violência obstétrica, mas tais situações podem não ocorrer ao mesmo tempo, no entanto, ambas geram o dever de indenizar a vítima, além de outras implicações legais na esfera criminal, dependendo da gravidade do fato.

Podem se configurar como violência obstétrica condutas como: amarrar a gestante, obrigar a fazer depilação íntima, impor lavagem intestinal, impedir a circulação ou alimentação durante trabalho de parto, manobras como empurrar a barriga, negar anestesia, ausência de informação adequada, episiotomia ("pique"), exposição da intimidade da mulher com exames de toques sucessivos, impedimento ao aleitamento materno, restrição à presença de acompanhante, dentre outras.

Sempre que tiver a sensação de que teve um direito violado, ou que foi vítima de qualquer tipo de violência, procure assistência jurídica especializada para saber se existe um dano a ser indenizável ou outra medida judicial cabível. As defensorias públicas são capacitadas para atuar nesse tipo de demanda, no entanto, pode ser útil contratar, ao menos, uma consulta com advogada especialista para receber orientações que podem fazer bastante diferença no resultado final do processo, já que a estrutura não comporta a demanda de trabalho recebida.

E como provar? Novamente, o acompanhante mostra sua importância e no momento do parto deve estar atento para registrar eventuais violações.

É possível gravar qualquer atendimento médico, independentemente de autorização da equipe ou de funcionários que eventualmente estejam nas imagens. É recomendável também exigir o registro de intercorrências, intervenções e suas justificativas no prontuário, que nada mais é do que um relatório com tudo o que acontece no atendimento ao paciente. Importante lembrar que o prontuário é seu, portanto, não podem limitar seu acesso ao documento. Ainda que seja possível pedir cópias em momento posterior, é recomendável pedir para fotografá-lo ainda durante o atendimento. Esse cuidado pode evitar, principalmente em situações mais graves, a posterior adulteração do documento, que é ilegal, mas pode ocorrer. Outros meios de prova podem ser usados, como troca de mensagens com familiares sobre o estado de saúde da mãe ou do bebê ou intercorrências do parto.

Pode ser muito doloroso reviver eventos traumáticos que marcaram um momento que deveria ser de plenitude e alegria. Por isso, é tão importante se preparar para o parto, que certamente não vai ocorrer da forma como nós idealizamos, mas deve ser realizado de forma respeitosa, com base em evidências científicas.

No entanto, ainda que apenas após o parto se perceba problemas no atendimento, busque reparação, você não precisa estar sozinha. Quando buscamos fazer valer nossos direitos não o fazemos apenas para nós mesmas, mas colaboramos para uma mudança em todo o sistema que gera frutos para todas as mulheres, para seus filhos e consequentemente para toda a sociedade.

§ Legislação sobre o tema

Lei n.º 8.069/90 - Estatuto da Criança e do Adolescente.

Lei n.º 11.108/05 - dispõe sobre o direito a Acompanhante.

Portaria n.º 371/14 do Ministério da Saúde - institui diretrizes para a organização da atenção integral e humanizada ao recém nascido (RN) no Sistema Único de Saúde (SUS).

Portaria n.º 569/00 do Ministério da Saúde - institui o Programa de Humanização no Pré-natal e Nascimento, no âmbito do Sistema Único de Saúde.

Resolução CFM n.º 2.217/18 - Código de Ética Médica.

Resolução CFM n.º 1.995/12 - dispõe sobre as diretivas antecipadas de vontade dos pacientes.

§ Para saber mais

DOSSIÊ elaborado pelo grupo Parto do Princípio – Mulheres em Rede pela Maternidade Ativ, "Violência Obstétrica "Parirás com dor". [*S. l.: s. n.*], 2012. Disponível em: https://www.senado.gov.br/comissoes/documentos/sscepi/doc%20vcm%20367.pdf. Acesso em: 1 mar. 2022.

FALANDO de VO. [*S. l.: s. n.*]. Produzido pelas advogadas Andreza Santana, Bruna Bronzato e Bruna Thayse. Disponível no Spotify.

Doula: quem é essa personagem misteriosa?

Minha doula foi um anjo que apareceu na minha vida quando eu não tinha mais esperança de ter meu parto natural.
(Relato de A.R.)

§ Quem é a doula?

A palavra doula vem do grego *doule*, que significa "mulher que serve" ou "escrava". Hoje em dia, o termo doula designa uma pessoa leiga formada em curso livre, em geral uma mulher, que acompanha outra mulher durante a gravidez, o parto e o puerpério, prestando-lhe assistência física, emocional e informacional.

Essa descrição é bastante genérica e não permite realmente termos uma ideia muito clara e abrangente de tudo que uma doula faz, não é mesmo? Isso leva a muitas interpretações equivocadas, e consequentemente há muitos preconceitos contra essa profissão, que, apesar de antiga, só foi incluída no Cadastro Brasileiro de Ocupações em janeiro de 2013.

Quando buscamos relatos de mulheres que se beneficiaram do acompanhamento de uma doula, não raro nos deparamos com expressões como "um anjo", "quase uma mãe" ou "meu porto seguro". Os relatos falam do olhar encorajador da doula, das massagens que a doula faz na mulher durante o parto para relaxá-la e aliviar sua dor, falam das palavras de

---

Adèle Valarini

Doula e educadora perinatal formada pela ReHuNa em parceria com a ONG Casa da Luz, em 2011. Organiza rodas informativas para mulheres grávidas e acompanhantes e oficinas de preparação para o parto e cuidados com o bebê desde 2012. Atuou como vice-presidente da Associação de Doulas do Distrito Federal (ADDF), de 2016 a 2017.

E-mail: adele.valarini@gmail.com

Instagram: @adeledoula

carinho e motivação que a doula pronuncia nos momentos mais difíceis do trabalho de parto e do puerpério e da segurança que ela passa com sua presença confiante e tranquila. Mas o trabalho da doula abarca muito mais do que isso e é, na sua maior parte, invisível...

A seguir, buscarei esclarecer melhor o que uma doula realmente faz e quais os benefícios de ter uma doula ao seu lado durante a gestação, o parto e o pós-parto.

§ O que essa mulher que acompanha a mulher grávida faz, efetivamente?

O acompanhamento da doula é um acompanhamento personalizado. Isso significa que haverá um atendimento diferente e único para cada mulher acompanhada, dependendo das necessidades específicas dessa mulher. Podemos resumir o atendimento da seguinte maneira:

- *Levantamento das necessidades individuais da mulher:* o trabalho da doula se inicia com um levantamento das necessidades específicas de cada mulher que ela acompanha. Esse levantamento ocorre durante as conversas presenciais e virtuais e permite que o acompanhamento da doula seja sempre totalmente personalizado, já que as demandas e as dúvidas apresentadas pelas mulheres variam enormemente.

Foto 1 – Juliana, grávida de Maya

Fonte: Danielle Bernardes Fotografia

- *Seleção/criação de material informativo personalizado para atender às necessidades da mulher acompanhada:* após definir as demandas específicas de cada cliente, a doula seleciona material informativo com conteúdo claro, facilmente compreensível e com base em evidências científicas atuais para encaminhar à sua cliente. Na falta de material preexistente, muitas doulas criam seus próprios textos, blogs, vídeos e cartilhas informativas, produzindo, assim, muito conteúdo informativo que circula nas redes.

- *Orientação virtual ou auxílio presencial no planejamento do parto e do pós-parto:* as doulas auxiliam as mulheres na elaboração de seu Plano de Parto, ferramenta recomendada pela OMS e pelo Ministério da Saúde, e as ajudam a se preparar para as primeiras semanas do puerpério, fornecendo-lhes dicas, informações e contatos de profissionais para a criação de uma rede de apoio multidisciplinar. Essas orientações ocorrem em encontros presenciais, que geralmente contam com a presença do acompanhante e de familiares, e via WhatsApp, telefone e e-mail. O contato entre a mulher grávida e a doula é frequente, principalmente nas últimas semanas da gravidez.

- *Se necessário, indicação de profissionais para acompanhamento de parto e acompanhamento às consultas de pré-natal:* algumas mulheres expressam a demanda por indicações de profissionais que acompanham partos normais ou domiciliares e pedem a presença da doula durante as consultas de pré-natal.

– *Participação/organização em rodas de gestantes e cursos de preparação:* a presença de doulas acompanhando suas clientes a rodas de gestantes é frequente e muitas vezes as próprias doulas organizam encontros de gestantes, assim como oficinas e cursos de preparação para o parto e cuidados com o bebê.

– *Encontros presenciais para tirar dúvidas da mulher e de sua família:* os pacotes de acompanhamento das doulas geralmente incluem um número de encontros presenciais com a mulher grávida e seus acompanhantes para trazer explicações, dicas e orientações. Esses encontros costumam acontecer no domicílio das mulheres, na maioria dos casos.

– *Orientação dos acompanhantes de escolha da mulher sobre formas de auxiliar a mulher antes, durante e após o parto:* o acompanhamento da doula não se restringe apenas à mulher grávida. Os acompanhantes e familiares mais próximos são estimulados a participar dos encontros e rodas e as doulas se colocam à disposição para esclarecer a maior parte de suas dúvidas também.

– *Disponibilidade para atendimentos virtuais e presenciais a qualquer hora, incluindo domingos e feriados (Plantão de Parto):* as doulas ficam de sobreaviso durante todo o intervalo da data provável de parto da mulher, ou seja, desde as 37 semanas de gestação e até semanas após o nascimento, para atender ligações e fazer visitas a qualquer hora para a mulher, sempre que esta expressar a necessidade de ser ouvida, acolhida e amparada.

– *Acompanhamento do trabalho de parto, parto e pós-parto imediato:* a doula é geralmente a primeira a ser avisada dos sinais precoces que anunciam o trabalho de parto. Ela também costuma ser a primeira a chegar ao local do parto, muitas vezes se encontrando com a mulher em sua casa antes mesmo de ir para a maternidade ou chamar a equipe de parto domiciliar. Durante o parto, a doula oferece apoio presencial contínuo, fazendo uso de recursos não farmacológicos para ajudar a mulher a passar pelos momentos mais difíceis e acalmando e orientando a mulher e seu acompanhante. Após o parto, a doula é geralmente a profissional que permanece com a família por mais tempo, auxiliando na higiene e na alimentação pós-parto da mulher e na amamentação e dando orientações básicas para os primeiros cuidados com o bebê, se necessário.

— *Suporte emocional virtual e presencial pós-parto, inclusive de madrugada*: por serem as primeiras semanas após o parto extremamente desafiadoras para a mulher e sua família, as doulas ficam à disposição para atender telefonemas de madrugada e fazer visitas presenciais — geralmente bastante longas —, quantas vezes forem necessárias, sendo por via de regra as primeiras alertadas de dificuldades com a amamentação e recuperação pós-parto. Assim, elas têm o importante papel de orientar as mulheres a procurar a ajuda de profissionais adequados e de fornecer indicações de profissionais, caso exista essa demanda. As doulas também costumam ter um leque de excelentes dicas e receitas caseiras para auxiliar nas primeiras semanas após o parto.

— *Orientações para a amamentação*: muitas doulas investem em formações complementares para auxiliar as mulheres com as dificuldades específicas da amamentação, que costumam ser numerosas.

§ Qualquer pessoa pode ser doula?

Apesar de a função da doula existir há muitos e muitos anos, só agora estão sendo definidos os parâmetros da profissão no Brasil. As doulas são formadas em cursos livres que vêm se multiplicando nos últimos anos em todo o país, o que leva a uma variedade de profissionais com perfis muito diferentes e com atuações que também diferem muito umas das outras. Em regra geral, os pré-requisitos para poder atuar como doula no Brasil são:

— *Ter mais de 18 anos e saber ler e escrever*: a maioria dos cursos livres de formação de doulas têm como únicos critérios de admissão ter mais de 18 anos de idade e saber ler e escrever. Não é necessário ter formação na área da saúde, nem ter passado por um parto para poder exercer a atividade. Alguns cursos de doulas são exclusivos para mulheres, outros aceitam alunos homens, porém a quantidade de doulos atuantes do sexo masculino no Brasil é muito baixa.

– *Ter tempo e gostar de estudar:* a doula é a primeira pessoa para quem a maioria das mulheres coloca suas dúvidas. Isso significa que as doulas precisam ter um repertório imenso de informações com base em evidências científicas atuais, e elas estão constantemente se atualizando, fazendo cursos, participando de eventos, estudando de forma autônoma e pesquisando, conforme novas demandas vão surgindo ao longo dos acompanhamentos que fazem.

– *Saber organizar seu tempo:* as doulas precisam ter boas habilidades de planejamento para conciliar o acompanhamento das mulheres grávidas — geralmente uma doula que está de sobreaviso para um parto também está atendendo simultaneamente mulheres grávidas em várias fases da gestação assim como mulheres no puerpério — com suas outras atividades, como seus estudos, outras atividades remuneradas, eventos que organizam ou atendem e as necessidades de suas famílias. Férias e viagens devem ser planejadas com muita antecedência, e as doulas precisam contar com uma substituta para esses momentos.

– *Estar pronta para fazer um grande sacrifício pessoal:* não é raro as doulas passarem feriados, aniversários e outras datas importantes "em parto". Por ser um evento imprevisível e impossível de planejar, os familiares da doula precisam se adaptar, assim como ela, à imprevisibilidade de horários, às longas horas de ausência e aos possíveis efeitos adversos, físicos e psicológicos que essa profissão pode acarretar.

– *Ter muita disponibilidade:* essa é uma das palavras-chave da atuação da doula e é o que as mulheres procuram nesse serviço: alguém que esteja disponível para elas, para sanar suas dúvidas, para ouvir suas angústias, para acolher seus medos, para ajudá-las a se sentir seguras de suas decisões. A doula sempre responde às mensagens, sempre atende ao telefone, sempre vai até a mulher se esta expressar a necessidade de apoio presencial, independentemente do dia e do horário.

— *Estabelecer parcerias*: mas e quando a doula adoece? E se uma mulher entrar em trabalho de parto enquanto a doula está acompanhando o parto de outra mulher? E se acontecer um acidente? Esses questionamentos, para uma profissional autônoma como a doula, são essenciais. Deixar a mulher sem acompanhamento simplesmente não é uma alternativa. Por isso, a grande maioria das doulas estabelece parcerias com outras doulas, que se disponibilizam a substituí-la em caso de necessidade. Essas parcerias em geral envolvem uma remuneração da substituta, caso ela seja acionada, arcada pela própria doula.

§ Que diferença faz ter uma pessoa ao seu lado fazendo isso tudo?

O trabalho da doula é vínculo, é afeto, é carinho. A doula cria com a mulher grávida uma relação de confiança tão forte que sua mera presença acalma, tranquiliza e ameniza os medos... Sua presença é um bálsamo!

Além desse vínculo forte, a doula traz informações e dicas que são absolutamente preciosas para as mulheres grávidas e suas famílias. Informações baseadas em evidências científicas; informações novas das quais as mulheres e seus familiares nunca tinham ouvido falar. A doula abre portas para novos mundos, coloca a mulher em contato com opções que ela sequer sabia que poderia vir a ter e a estimula a pensar, questionar e elaborar críticas às opções que lhe são dadas. A doula incita à discussão e à reflexão sobre novos caminhos, sobre novas alternativas. A doula é um agente reforçador do processo de empoderamento da mulher que está se tornando mãe. A doula também é alguém que tem conhecimento da realidade obstétrica da região em que atua, é alguém que conhece de perto a conduta de diversos profissionais, que tem experiência circulando em diversos hospitais, que compreende a logística de um parto domiciliar planejado e que portanto pode dar dicas valiosas para as mulheres que nunca estiveram nessas situações e se preparam para vivenciá-las, ou que já passaram por situações não muito legais e desejam evitar passar por isso novamente.

A doula alia experiência e conhecimento, sem perder o olhar caloroso e amoroso de uma acompanhante sem função técnica, já que seu trabalho na gravidez, no parto e no pós-parto não é avaliar, é apenas confortar a mulher usando de informações e recursos não farmacológicos e evitando intervir no seu processo natural; melhor apoiando-a para que ela possa decidir por si mesma o que deseja para si e seu bebê, de maneira informada e sem interferências externas.

§ Alguns dos mitos mais comuns sobre o papel da doula

– *Doula é igual parteira: ela substitui o obstetra em partos fora do hospital – MITO!* Doulas não exercem nenhuma função técnica: não avaliam a mulher nem o bebê, não fazem diagnósticos nem intervenções. Seu foco é com a satisfação da mulher com a experiência vivida. A função da doula é oferecer suporte emocional e amparo físico, e para isso, elas fazem uso de recursos não farmacológicos exclusivamente. Doulas podem acompanhar o parto em qualquer ambiente, pois trabalham harmoniosamente em equipe com qualquer profissional, seja o médico, a enfermeira obstétrica ou a parteira.

– *Para evitar uma cesariana desnecessária, basta contratar uma doula e chegar parindo ao hospital – MITO!* De acordo com as recomendações da Organização Mundial da Saúde (OMS) e do Ministério da Saúde, a mulher em trabalho de parto ativo deve ser monitorada de maneira intermitente por um profissional habilitado para assegurar seu bem-estar físico e o de seu bebê. A doula não pode fazer esse monitoramento, portanto ela sempre orientará a mulher a se deslocar para o hospital ou chamar um profissional habilitado para monitorá-la quando perceber que esta se encontra na fase ativa do trabalho de parto.

– *Doula só é útil em parto normal – MITO!* Por oferecerem um suporte focado no vínculo e no apoio emocional, a presença das doulas se torna essencial em situações que fogem do planejamento original da mulher, gerando ansiedade e medo. Partos que necessitam de intervenções, cesarianas de urgência e emergência e perdas gestacionais são situações em que o suporte de uma doula se mostra um diferencial muitas vezes não antecipado.

– *O acompanhante pode fazer papel de doula – MITO!* A doula é uma acompanhante profissional de parto com treinamento e experiência que, apesar de criar um forte vínculo com sua cliente, mantém uma postura profissional e é capaz de não se deixar abalar pelos momentos mais difíceis do trabalho de parto. A doula interpreta os sinais apresentados pela mulher de forma diferente do acompanhante e sua experiência e conhecimento específicos permitem que transmita segurança tanto para a mulher quanto para o acompanhante. A doula trabalha em conjunto com o acompanhante da mulher, muitas vezes acalmando-o e ajudando-o com dicas de como auxiliar efetivamente a mulher durante a gestação, o parto e o puerpério.

– *Qualquer profissional pode fazer o papel de doula além do seu próprio durante o acompanhamento do parto – MITO!* A doula exerce uma função muito específica de cuidado, que muitas vezes é comparada aos cuidados de uma mãe e que se mostra particularmente importante nos momentos em que acontecem intercorrências graves que exigem intervenções importantes, como uma cirurgia cesariana ou um óbito fetal. A doula possui um olhar de suporte, confiança e acolhimento isento de avaliações técnicas em todos os momentos e é aquela cujo foco está exclusivamente no bem-estar emocional da mãe. O profissional que possui função técnica pode exercer a função de doula apenas nos intervalos das avaliações, o que transforma a sua relação com a mulher que está em trabalho de parto. No caso de uma intercorrência, o profissional com função técnica precisará focar integralmente na sua atuação técnica para controlar a situação, e a mulher ficará sem doula, no momento em que mais precisa.

§ Depoimentos de mulheres e homens que tiveram o acompanhamento de uma doula

"Minha doula foi como um filtro onde passavam meus medos e minhas angústias e se transformavam em tranquilidade e paz." (Relato de K.T.)

"Minha doula foi essencial na minha gestação: ajudou a me fortalecer, ser dona das minhas decisões, confiar em mim e não ter medo do processo. Me transformou. Minha doula é luz." (Relato de A.K.M.)

"Minha doula foi meu porto seguro, a pessoa que me transmitiu confiança. Com ela ao meu lado me senti super segura. Viveu comigo cada momento. Sempre serena, calma e me fazendo acreditar que eu conseguiria. Me animando o tempo todo, cuidando de mim. Minha doula foi além de seu ofício, foi mais que uma profissional, foi irmã, foi amiga, foi uma mãe... mesmo sendo tão nova me passava a coragem e garra de uma pessoa bem vivida. Que sabedoria! Que calmaria! Que doce voz me falando palavras de incentivo! Que mãos delicadas e ao mesmo tempo tão fortes pra aliviar a minha dor. Minha doula foi a base pra concretização do meu sonho. Minha doula se resume em uma palavra: sucesso." Relato de A.S.

"Foi um anjo que veio trazer a segurança, coragem, tranquilidade, conhecimento e aprendizado." (Relato de D.M.)

"Nossa doula foi fundamental para desmistificar a crença dos perigos que eu, pai, tinha sobre o parto natural humanizado. Também foi muito positivo as aulas que ela ministrava de yoga para gestante ao casal, como parte da preparação ao parto." (Relato de F.T.)

"Minha doula chegou ao hospital no fim da tarde da véspera do réveillon e me deu segurança, sabia onde estava tudo naquele hospital, parecia que eu estava na casa dela! [risos] Foi a pessoa que me conduziu naquele início da carreira da maternidade e me auxiliou a receber meu bebezinho como se já tivesse feito aquilo muitas vezes na vida!" (Relato de H.G.)

"Minhas doulas foram um renovo em minha vida, divisoras de águas, antes achava que era imperfeita, que ser respeitada em minhas escolhas na gestação, no parto e puerpério era coisa surreal. Elas foram mulheres que pegaram em minhas mãos e me levaram para um lugar que pensava não existir, eu renasci e me encontrei. Duas lindas, meus anjos!" (Relato de M.A.A.)

"Foi conforto no meio da dor, segurança no meio da dúvida e me trouxe para o que eu mesma queria. Um carinho em um momento tão delicado e importante." (Relato de F.G.)

"A calma, a serenidade e a firmeza de que eu precisava." (Relato de A.M.)

"Ela foi a mão amiga q sempre esteve pronta pra me amparar." (Relato de V.B.)

"Minha doula foi firmeza, dedicação e inspiração." (Relato de G.T.)

"A força, a sensação de segurança e o incentivo de que precisava!" (Relato de L.D.)

"Minha doula foi segurança, afeto, conforto e firmeza." (Relato de F.N.)

"Minha doula?

Foi minha amiga

Foi minha companheira

Foi quase uma mãe.

Às vezes irmã.

Cuidou de mim

Segurou em minha mão." (Relato de P.S.)

"A criatura mais paciente e acolhedora que esteve ao meu lado." (Relato de A.M.)

"Minha doula foi sem sombra de dúvidas, o que me fez não desistir de parir! Foi meu porto, minha força, meu estímulo." (Relato de E.)

"Quem ficou junto comigo e com a minha família quando perdi minha filha no parto!" (Relato de G.G.)

"Minha doula foi meu porto seguro, minha fortaleza, me ajudou a aceitar tudo o que passei, foi simplesmente amor." (Relato de N.B.)

"Minha doula foi... a força que ajudou a passar por um momento marcante na minha vida, foi meu porto seguro, foi uma mão amiga que me segurou quando eu pensei em fraquejar, foi a pessoa que passou a madrugada inteira fazendo massagem nas minhas costas durante contrações intensas... Foi simplesmente maravilhosa e essencial na minha gestação e no meu trabalho de parto. Puro amor..." (Relato de C.R.)

"Minha doula foi resposta de oração! Quando eu não encontrava caminhos para conseguir um parto respeitoso, cheguei até ela, que me orientou, me incentivou, me indicou a minha médica... No nascimento do meu filho minha doula foi incentivo, calmaria, analgesia... Minha Doula Amor, doce, sábia, serena!" (Relato de R.D.)

§ Referências

BRASIL. Ministério da Saúde. Secretaria de Políticas de Saúde. Área Técnica de Saúde da Mulher. *Parto, aborto e puerpério*: assistência humanizada à mulher. Brasília (DF), 2012.

BRASIL. Ministério do Trabalho e Emprego. *Classificação Brasileira de Ocupações – CBO*. Brasília, 2002. CBO 3221-35 – Doula. Disponível em: http://www.ocupacoes.com.br/cbo-mte/322135-doula. Acesso em: 1 mar. 2022.

ORGANIZAÇÃO Mundial da Saúde. *Maternidade segura*: assistência ao parto normal - Um guia prático. Genebra: OMS, 1996.

Assistência ao parto do ponto de vista pediátrico

Inicio este capítulo convidando você, leitora, para uma reflexão. Imagine que você está agora na sua casa, lendo este livro, em seu ambiente de tranquilidade e conforto. Inesperadamente, ocorre uma invasão alienígena e você é abduzida para outro planeta. E, de uma hora para outra, você se encontra em um ambiente hostil, desconhecido. Tudo ali é diferente: atmosfera, temperatura, linguagem, alimentação. Como você se sente? Só de imaginar, eu me sinto, no mínimo, desconfortável, para não dizer desesperada! E é exatamente isso que irá ocorrer com o seu bebê no momento de seu nascimento!

> **Bianca Cesário Cavichiollo**
>
> Médica pediatra e neonatologista, com certificação em Atuação Consciente e Educador Parental. Consultora de sono com ênfase em apego seguro.
> E-mail: drabicavichiollo@gmail.com
> Instagram: @drabicavichiollo

O bebê está vivendo no que eu chamo de "Planeta Útero". Lá ele encontra-se protegido, tranquilo, confortável. Ele mora dentro da água. Seus movimentos são contidos, ao mesmo tempo que existe um balançar. A temperatura é constante, entre 36 a 37°C. Os sons que ele escuta são sons contínuos e altos e, por vezes, ele ouve uma voz abafada. Não existe luz, apenas escuridão. O alimento vem de forma contínua e passiva, ele não precisa se esforçar. Tudo é calmo!

Durante aproximadamente 40 semanas é isso que o seu bebê irá conhecer. E um dia, um terremoto irá acontecer. Sua "casa" começará a fazer movimentos de contração, tentando expulsá-lo. A calmaria se torna uma tormenta. E por fim, ele aterrissa no planeta Terra. Ao chegar aqui, a primeira coisa que esse bebê tem que fazer é RESPIRAR! Não existe mais água. Existe ar. Seus pulmões precisam expandir e se adaptar a essa atmosfera. Não existe mais calor constante, existe frio. Ele precisa se aquecer. Não existe mais escuridão, existe luz, e seus olhos estranham. Seus movimentos não estão mais contidos. Estão amplos e descoordenados. Esse bebê nasceu!

Difícil, não? Quando nos colocamos no lugar deste bebê e tentamos entender o que significa um nascimento, do ponto de vista físico e emocional, podemos traçar estratégias para que essa chegada ao planeta Terra não seja tão difícil e se torne uma experiência de transformação para todos. E é sobre isso que conversaremos aqui! Sobre como receber esse bebê de uma forma tranquila, pacífica e respeitosa!

Sabemos que o momento do nascimento irá repercutir por toda a vida. Física e emocionalmente. Por mais que você pense que não, que você nem se lembra do momento em que nasceu, tudo está gravado na sua memória celular e no seu subconsciente.

Uma vez atendi uma mãe que foi explícita em seu plano de parto ao dizer que preferiria uma cesárea a ter que usar fórceps ou vácuo extrator em seu bebê. Questionei-a sobre essa decisão, e ela me disse que não sabia explicar. No decorrer da conversa, ela me disse que ela havia nascido com o auxílio de um fórceps. Naquele momento ficou claro o motivo. Mesmo sem conscientemente ela recordar seu nascimento, essa memória estava ali, mais do que presente. Seu receio era legítimo. Ela não queria que a filha passasse pelo que ela passou. Falamos mais sobre o assunto e conseguimos em um momento ressignificar o nascimento dela. Apesar do fórceps (que provavelmente a feriu física e emocionalmente), talvez fosse graças a ele que ela estava ali, agora gerando sua bebê. Ela acabou retirando essa cláusula do plano de parto. E por fim, sua filha nasceu de um parto natural, sem qualquer auxílio! No momento desse nascimento, as duas nasceram, e uma história foi reescrita.

E é sobre isso que aqui falaremos. Ao nascer, o bebê merece respeito! Não precisamos sair fazendo nada "às pressas". É claro que se um bebê tem uma dificuldade ao nascimento e não nasce bem, ele deve ser atendido imediatamente, mas não é sobre isso que trataremos aqui. Iremos falar sobre os bebês que nascem de forma saudável. Irei abordar em tópicos as estratégias que usaremos para fazer desse momento ainda mais especial para vocês.

§ Preparando o ambiente do nascimento

O local onde seu bebê irá nascer é muito importante. Vocês precisam estar confortáveis e sentirem-se "em casa". Idealmente o local deve estar em penumbra, sem muito barulho ou com músicas agradáveis e que vocês costumavam ouvir na gestação. A temperatura ambiente deve estar em torno de 24°C. Tragam para o local do parto coisas que os agradem. Criem uma egrégora de paz e tranquilidade. Um ambiente favorável irá facilitar muito o processo do parto, tanto para a parturiente, quanto para o bebê que ali irá chegar.

§ Contato pele a pele

Imediatamente após o nascimento, o bebê DEVE ser colocado em contato direto com a pele e o colo de sua mãe! Isso trará para ele inúmeros benefícios! Lembra que dentro do útero a temperatura era de 36-37°C? Quando colocado em contato direto com a mãe, ele volta a ter essa temperatura. Ou seja, o contato reduz a perda de calor pela pele do recém-nascido. Além disso, ao ter contato com a pele da mãe, esse bebê começa a ser colonizado com microrganismos da microbiota materna. Microrganismos saudáveis e que irão protegê-lo de doenças. O contato pele a pele também irá promover a liberação de neurotransmissores e hormônios relacionados ao vínculo, conexão, relaxamento, prazer. Ocitocina, serotonina, dopamina! Seu bebê ficará menos estressado. Seus batimentos cardíacos irão se regularizar e ele irá oxigenar de forma mais eficaz. Ele escutará seus batimentos cardíacos e sua voz. Ele se sentirá novamente "em casa".

§ Clampeamento oportuno de cordão umbilical

Enquanto o seu bebê está em contato com você, ele ainda está recebendo o sangue proveniente da placenta. Órgão que o alimentou e nutriu durante todo o tempo intraútero. O fato dele receber mais sangue da placenta via cordão umbilical irá ajudá-lo na transição cardiovascular e respiratória. Enquanto ele estiver conectado à placenta, ela "respirará" por ele e ele continuará a receber oxigenação materna. Além disso, ele irá receber uma quantidade maior de ferro, hemácias e micronutrientes, o que irá prevenir deficiências micro nutricionais no futuro (especialmente anemia). A Sociedade Brasileira de Pediatria preconiza um tempo mínimo de clampeamento de cordão umbilical entre 1 e 3 minutos, mas temos benefícios se esperarmos o cordão umbilical parar de pulsar para então cortá-lo.

§ Amamentação na primeira hora de vida

O reflexo de sucção é um dos reflexos primitivos do bebê. Ele aprende a sugar desde o início de sua formação. Dentro do útero o bebê suga suas mãos, seus pés, o cordão umbilical. É um aprendizado para a amamentação. Logo que nasce, o bebê para de receber o seu alimento por meio do cordão umbilical e precisa buscá-lo. No seio materno, ele encontrará sua fonte de nutrição e de acalento, aconchego e segurança. Sugar transmite para o cérebro do recém-nascido inúmeras mensagens. Ele não suga apenas para alimentar-se, mas também para acalmar-se, sentir-se seguro, adormecer, aliviar dores e desconfortos. Ao ser colocado em contato pele a pele com a sua mãe, logo ele iniciará o reflexo de busca ao seio. A aréola irá atrair o bebê, pois ela é um círculo escuro (os bebês só enxergam contrastes nessa fase), e suas glândulas produzem secreções com odores próximos aos odores do líquido amniótico. Com o movimento de *breast crawl*", ele irá se arrastando até o seio e iniciará o processo de amamentação.

Colocar o bebê, logo que nasce, para realizar a amamentação tem inúmeros benefícios. Promove conexão entre mãe e bebê, estimula a liberação de hormônios relacionados ao prazer, como ocitocina e serotonina, em ambos. Ajuda a reduzir sangramentos maternos, ao promover a contração uterina, prevenindo hemorragia pós-parto. Reduz muito os insucessos da amamentação. Estimula a descida precoce do leite. É alimento para o corpo e para a alma.

§ A famosa *golden hour*

Mas, afinal, o que é essa tal de *Golden Hour* que tanto falam? A hora dourada representa a hora que sucede o nascimento do bebê. Esse momento tão importante de transição do ambiente intrauterino para o extrauterino. Nessa hora, temos as principais transformações físicas, bioquímicas e emocionais, tanto para o recém-nascido, quanto para a família que ali também nasce. É o momento em que devemos respeitar o tempo, no qual tudo deve desacelerar, apenas para receber esse novo ser. A *Golden Hour* é composta pela tríade que anteriormente mencionei: contato pele a pele precoce, clampeamento oportuno de cordão e amamentação na primeira hora de vida. Nada mais precisa ser feito. Peso, medidas, vacinas são procedimentos secundários e sem necessidade alguma de pressa para serem realizados. Toda a avaliação física e de vitalidade do bebê o pediatra consegue realizar no colo da mãe.

§ Avaliação do bebê

Assim que o bebê nasce, o pediatra deve avaliar sua vitalidade, ou seja, se ele está realizando a transição para o ambiente extrauterino de forma adequada. Existem três principais fatores que observamos: frequência cardíaca, respiração e tônus motor.

A frequência cardíaca é avaliada por meio da palpação do cordão umbilical ou da ausculta do precórdio. Idealmente ela deve estar acima de 100 batimentos por minuto.

O tônus muscular deve estar em flexão, ou seja, o bebê deve estar com movimentos firmes dos membros e sempre mais flexionado, assim como ele estava no intraútero.

A respiração é observada usualmente por meio do choro. Mas há bebês que nascem tão tranquilamente, que não choram avidamente. Isso não é um problema. A observação dos movimentos respiratórios pelo pediatra já será suficiente para a verificação de uma boa vitalidade fetal. Além disso, bebês que estão ventilando bem gradualmente passarão da coloração de pele arroxeada para uma coloração rosada. Isso mostra que ele está oxigenando. Os bebês nascem em sua grande maioria cianóticos ("roxos"). Isso porque a saturação de oxigênio intraútero é mais baixa.

Conforme eles nascem, os alvéolos pulmonares vão se expandindo por meio dos movimentos respiratórios e a oxigenação vai aumentando, até chegar acima de 95% após o 10.º minuto de vida.

Por meio da observação rápida do pediatra desses três elementos, ele poderá atestar que o bebê está bem, e nenhuma outra manobra ou intervenção por parte dele será necessária.

Em um segundo momento, após a *Golden hour*, o pediatra irá realizar um exame físico completo do recém-nascido e realizará sua pesagem e medidas.

§ O papel do pediatra

O pediatra que acompanha o nascimento de um bebê deve ser segurança, afinal, caso esse recém-nato não nasça bem, ele tem cerca de 1 minuto para realizar as medidas de reanimação neonatal. Mas, acima de tudo, o pediatra deve ser apoio e proteção a esse recém-nascido e sua família, garantindo uma recepção humanizada e respeitosa desse ser, sem intervenções precoces e desnecessárias.

Se você tiver a oportunidade, escolha o pediatra que a acompanhará no momento do nascimento de seu(sua) filho(a). Assim como o obstetra cuidará de você, o pediatra cuidará de seu(sua) filho(a). Todas as condutas referentes a ele serão dadas pelo pediatra. Um vínculo de confiança fará toda a diferença nesse momento. Facilitará a travessia, e você poderá curtir a paisagem, ao invés de se preocupar com os "buracos" que poderão aparecer pelo caminho. Além disso, o pediatra acompanhará vocês durante muitos anos. Será quem os guiará e os auxiliará na criação dessa criança. Escolher um profissional que você se identifica é crucial nesse processo.

Devemos lembrar que o parto é um evento fisiológico e natural e regido de transformações enormes para mãe e bebê. O protagonismo desse momento deve ser da família e de ninguém mais. Quanto menos os acompanhantes forem percebidos, melhor e mais completa será essa transformação. Esse recorte do tempo, esse "pequeno" momento do nascimento, será crucial para toda a vida desses pais e, principalmente, desse bebê. Ali começa a ser escrita a história da vida dele.

Termino este capítulo com uma frase que gosto muito, de Michel Odent: *"Para mudarmos o mundo, primeiro precisamos mudar a forma de nascer"*.

nasce um bebê

Ela dança as fases da lua
tece vento e o ar rodopia
põe no colo os bichos das ruas
põe no chão quem quer correria
põe as mãos de alguém entre as suas
e é o nascer de um sol, mais um dia
Do aroma rosa da arte
ela extrai a cor da alegria
do lilás do olhar de quem parte
faz o azul de quem ficaria
do vermelho ardor do estandarte
o nascer de um sol, mais um dia
Tem a solidão do poeta
a paixão da chuva tardia
escultora da linha reta

que a luz percorre e esta via
salta do seu olho, é uma seta
o nascer do sol, mais um dia
São brilhos de estrelas na perna
e a noite que a estrela anuncia
a paixão é estranha caverna
quem tem medo e amor já sabia
uma noite nunca é eterna
é o nascer do sol, mais um dia
Ela pisa as ruas do tempo
já foi louca, princesa e Maria
faz de azul mais que cor, sentimento
mina d'água, azul, poesia
faz soar as rimas que invento
e é o nascer do sol, mais um dia

(Música: A Fada Azul
Compositor: Oswaldo Montenegro)

O período pós-parto: do nascimento ao primeiro ano de vida do bebê

Para que a mãe consiga dedicar toda a sua energia e amor ao bebê, ela passa por mudanças psíquicas, hormonais, cerebrais e físicas, sendo adaptada para essa tarefa.

Puerpério. Esse é o nome dado à fase logo após o nascimento do bebê. Diz-se que a mulher "está no puerpério" ou "é uma puérpera". Em termos técnicos, o puerpério é divido em três fases: puerpério imediato, que, durando 10 dias, inicia assim que nascem o bebê e a placenta; puerpério tardio, do 11.º dia ao 45.º dia pós-parto; e o puerpério remoto, que inicia no 45.º dia pós-parto e não tem data definida para acabar. Há mulheres que se sentem no puerpério por muito tempo.

O puerpério, assim como a gravidez, é um período bastante vulnerável à ocorrência de crises, devido às mudanças intra e interpessoais desencadeadas pelo parto. Kitzinger (1977) considera o puerpério como o "quarto trimestre da gravidez", considerando-o um período de transição que dura aproximadamente 3 meses após o parto, particularmente no primeiro filho. Neste período, a mulher torna-se especialmente sensível, muitas vezes confusa, até mesmo desesperada; a ansiedade normal e a depressão reativa é extremamente comum. (MALDONADO, 1984, p. 65).

Talia Gevaerd de Souza

Psicóloga perinatal, doula, instrutora de yoga e parto ativo, educadora perinatal. Coordena o Centro de Parto Ativo e a Iniciativa Parto Ativo Brasil. Cocriou e coministrou, de 2013 a 2018, o Curso de Formação de Doulas do Grupo Doula Curitiba. Atualmente, reside em Auckland, Nova Zelândia, onde atua ministrando aulas de educação perinatal e preparação para o parto junto ao serviço de saúde pública da Nova Zelândia (Te Whatu Ora/Health New Zeland).
Site: www.centrodepartoativo.com.br
Instagram: @ talia_gevaerd_de_souza

Aqui, vamos considerar todo o primeiro ano de vida do bebê para acomodar com folga a recuperação da mulher após dar à luz. Também, porque o bebê humano demora em torno de um ano para ter um pouquinho de autonomia — como na locomoção e na alimentação, por exemplo. Além disso, a relação mãe/bebê, que é muito especial e única, acontece com a mãe num estado hormonal e psíquico específico, fazendo com que ela fique diferente do que era antes, e permanece assim, pelo menos, ao longo de todo o primeiro ano de vida do bebê. Vale salientar ainda a relevância do que Michel Odent chama de "período primal", que vai da concepção ao primeiro ano de vida, como sendo crucial para todo o desenvolvimento de uma pessoa a curto, médio e longo prazo.[2]

§ A mulher mãe

Uma mãe é alguém exercendo uma função extremamente importante para toda a humanidade. Joseph Chilton Pearce, no livro A *criança mágica* (1989), definiu muito bem esse papel:

> A palavra *matrix* equivale a útero, em latim. Daí temos também os vocábulos matéria, material, *mater*, mãe, e assim por diante. Todos se referem à matéria básica, a substância física de onde se origina a vida.
> O útero oferece 3 coisas a uma nova vida que está em formação: uma fonte de possibilidades, uma fonte de energia para explorar essa fonte de possibilidades, e um lugar seguro em que tal exploração pode ocorrer. Toda vez que estas 3 necessidades são satisfeitas, temos uma matriz. E o desenvolvimento da inteligência ocorre pelo uso da energia oferecida à exploração das possibidades dadas enquanto se está no espaço seguro fornecido pela matriz.
> Uma matriz é sempre essencialmente feminina por natureza. O espermatozóide masculino deve abrigar-se logo no óvulo feminino ou então perecer. Ao óvulo-matriz é dada a energia, a possibilidade e o lugar seguro do útero-matriz, que está dentro da mãe-matriz (que se situa no interior da Terra-matriz). Depois que o bebê sai do útero, a mãe torna-se a fonte de energia, a possibilidade e o lugar seguro onde ficar, razão porque mãe, apropriadamente, significa matriz. Mais tarde no desenvolvimento, a própria Terra deveria tornar-se a matriz, como sempre nos referimos à Mãe Terra. A natureza sempre foi considerada o espírito universal da vida na Terra, e era chamada de mãe natureza ou matriz. (PEARCE, 1989, p. 33)

O pós-parto imediato — ou seja, aqueles primeiros 10 dias após o nascimento do bebê — é uma

---

2 Para mais informações, visite: Michel Odent — Instituto Michel Odent e Primal Health Research Databank – Definition (base de dados relacionada ao tema, criada por Odent).

experiência muito delicada, porque a mulher está se recuperando do processo de dar à luz enquanto a amamentação/alimentação do bebê está se estabelecendo, o vínculo mãe/bebê (também, a formação e o vínculo familiar) e a responsabilidade dos pais por aquele pequeno ser, florescendo. A mulher está física e emocionalmente muito sensível. Seu corpo, que gestou durante meses um ser humano e depois o fez nascer, arcando com todos os esforços que isso gera, agora entra numa fase de recuperação e imensa adaptação para sustentar a vida do bebê extraútero, tanto por meio da amamentação quanto com todo o cuidado que a mãe precisa oferecer, alterando seu psiquismo, emoções e papel social para que possa colocar o bebê, inclusive, como prioridade além dela própria. Dar à luz, seja por parto vaginal, seja por cirurgia cesariana, é um evento grandioso fisicamente, assim como foi a gravidez. Exige esforço corporal e tempo para a total recuperação. Para a maioria das mulheres, o puerpério é uma etapa difícil — às vezes, dificílima. De certa forma, sente algo parecido com um luto nessa fase, não reconhece mais seu corpo. Sua vida de antes se foi, e agora lida com um cenário totalmente novo, no qual seus papéis mudaram, perdendo sua liberdade e identidade. A situação mais favorável e benéfica, que pode servir como referência quando pensamos num contexto favorável para o puerpério, é que a mãe tenha um ambiente tranquilo e com privacidade, seguro e acolhedor para descansar e recompor-se. Nessas condições, ela pode conhecer seu bebê, fortalecer o vínculo e estabelecer a amamentação/alimentação do recém-nascido sem ter que se preocupar com mais nada. Um espaço em que, para elaborar seus sentimentos e sua nova vida, ela seja acolhida e cuidada também.

O puerpério pode variar bastante de mulher para mulher e, na mesma mulher, de filho para filho. Às vezes, a recuperação é difícil, e os ajustes com o bebê também. A saúde mental da mãe, o ambiente familiar, o acolhimento (ou falta dele) que a mãe encontra, entre outros fatores podem tornar o puerpério mais ou menos desafiador e delicado. Porém, mesmo quando tudo caminha bem, o momento é delicado. Os primeiros meses repercutirão nas fases que vêm a seguir, além de serem importantes para o desenvolvimento do bebê e fortalecimento da família. Sendo assim, entender esse período especial — e principalmente a mãe receber cuidados — é essencial.

A mulher no puerpério está passando por duas experiências distintas, igualmente importantes e intensas: de um lado, a chegada do bebê, trazendo variados sentimentos e responsabilidades a ela, que se torna mãe dessa criança e modifica seu papel social e familiar; de outro, a repercussão da experiência física e emocional de ter dado à luz, que pode ter sido sentida pela mulher desde muito satisfatória e incrível até a outra ponta do espectro de possibilidades: como péssima e/ou traumática. Normalmente, quando é respeitada e bem assistida ao dar à luz, com uma equipe competente e atenta, uma mulher se sente protegida e cuidada. Sua satisfação e alegria com a experiência tende a ser bem maior. Entretanto, em mulheres que sofreram violência obstétrica, que passaram por procedimentos desnecessários e indesejados e/ou quando o processo de parir não se completou como esperavam, pode surgir fortes sentimentos de tristeza, raiva, frustração, incompreensão, arrependimento e culpa. Como é uma vivência única, sem possibilidade de ser revivida, pode gerar uma dor emocional muito forte e profunda na mulher. Tais sentimentos não têm absolutamente nada a ver com o amor e a alegria da mãe pela chegada de seu bebê, são relacionados à experiência vivida pela mulher, pelas marcas que ficam em seu corpo e psiquismo, que, em casos graves, podem gerar ou reativar estados de depressão e ansiedade, ou serem percebidos pela mulher como traumas e abusos. E claro, podem afetar a disponibilidade de a mulher cuidar de seu filho, além da qualidade e do tempo necessários para a formação do vínculo.

Atualmente, já existem inúmeras pesquisas comprovando que a forma com que o nascimento acontece, o tipo de assistência que a mulher recebe e sua satisfação com a experiência influenciam na formação do apego entre mãe e bebê (KLAUS; KENNEL, 1993, p. 42-51; 149-156). Para diminuir a incidência desse tipo de situação, é essencial continuar batalhando por uma ampla revisão da assistência obstétrica vigente[3], porque, além de termos uma mãe e um bebê vivos ao final do processo de nascimento, precisamos lembrar que também é importantíssimo que estejam bem e que tenham sua integridade emocional e física protegida e respeitada. A mãe puérpera está sensível, muitas vezes fragilizada, emotiva e sob a ação de hormônios. Ela vive o processo de recuperação física após dar à luz e está aprendendo a cuidar de seu bebê e a conhecê-lo. É um contexto que demanda tranquilidade, privacidade e acolhimento para a dupla mãe/bebê; demanda tempo e espaço para se conhecerem. Para uma puérpera, deparar-se com um contexto de amorosidade e respeito, ser ouvida e legitimada em sua função materna pode ser uma experiência, inclusive, curativa. Pode-se dizer que a mulher puérpera ter suas necessidades atendidas é condição básica, pois favorece o bem-estar materno e, portanto, a sobrevivência do bebê e a boa qualidade do cuidado que este recebe de sua mãe.

O puerpério tem aspectos imprevisíveis, sacode toda a ordem estabelecida na vida da mulher ou casal, traz cansaço e falta de sono; traz novos sentimentos e maneiras de ver o mundo. Por outro lado, nesse

---

3 Com a chegada da internet e das redes sociais, profissionais da atenção materno infantil, mães, pais e simpatizantes dos assuntos ligados ao nascimento conseguiram uma comunicação sem precedentes. A divulgação das recomendações de grandes autoridades nacionais e mundiais de saúde, da pesquisa científica e da medicina baseada em evidências vem provocando mudanças positivas e questionamentos na assistência obstétrica brasileira. Ainda há muito por fazer, mas os progressos já são visíveis. Para mais informações sobre o assunto: BALASKAS, J. *Parto Ativo* — Guia prático para o parto natural. A história e a filosofia de uma revolução. 3. ed. São Paulo: Ground, 2015; www.partoativobrasil.com.br; www.centrodepartoativo.com.br; www.cientistaqueviroumae.com.br; www.estudamelania.com.br; a trilogia dos filmes "O Renascimento do Parto"; o documentário "Violência obstétrica — a voz das brasileiras", disponível no YouTube e em www.cientistaqueviroumae.com.br; a Rede pela Humanização do Parto e Nascimento (Rehuna): https://rehuna.org.br.

mesmo caldeirão, surgem sensações e momentos de amor, paz, plenitude e descobertas tanto como fruto da interação com o bebê quanto pela própria experiência do puerpério.

Há uma riqueza intrínseca nesse evento. Socialmente, porém, é comum haver uma expectativa muito superficial sobre ele. Espera-se a chegada de um bebê como sendo aquele serzinho lindo e calmo, que só mama e dorme. O período da licença-maternidade é quase que entendido como "férias" para a mãe. Frequentemente, a atenção durante a gestação vai toda para as gostosas tarefas de escolher roupinhas, enxoval, quarto e decoração. Escolher as lembrancinhas e enfeite de porta de maternidade, realizar celebrações, como chá de bebê e chá revelação. Depois, quando a realidade do puerpério realmente chega, pode ser um choque. O bebê imaginado nem sempre corresponde ao real. Muitos bebês só dormem se for no colo, e aquele lindo bercinho escolhido com esmero quase nunca é ocupado por eles, que choram e choram, mesmo depois de cumpridos todos os cuidados que aqueles livros sobre bebês listam. Durante a gravidez, seguindo um passo a passo, parecia tão simples cuidar de um bebê. Na prática, a mulher se vê no meio do caos. Parece não haver nenhuma lógica, e muitas vezes ela é pega de surpresa.

A mulher puérpera está sob o efeito de inúmeras mudanças internas — psíquicas, emocionais e hormonais —, que a adaptam para cuidar de seu bebê com qualidade, porque um bebê é um ser indefeso e totalmente dependente, e ter a responsabilidade de cuidar de um bebê exige muito trabalho e dedicação, o tempo todo. Dia e noite. Domingos e feriados. Não há folga jamais. A mãe (ou a pessoa cuidadora) precisa se adaptar e se colocar em segundo plano muitas vezes, porque as necessidades do bebê são urgentes. É comum que uma mãe passe o dia de pijama ou sem pentear o cabelo, coma seu prato de comida frio e em etapas. Seu sono ajusta-se ao bebê, ficando mais leve e picado — justamente porque bebês têm ciclos de sono mais curtos que os nossos, costumam acordar várias vezes à noite e não sabem voltar a dormir sozinhos, como nós fazemos — sendo essa, inclusive, uma característica importante para a sobrevivência do bebê. Aliás, este nem sabem que existe noite e dia, acabou de chegar; precisa de muito tempo para a adaptação a este mundo. Seu cérebro, ao nascer, é pequenino. Pense no tamanho do cérebro de um bebê de um ano e de um bebê recém-nascido. Percebe a diferença? Repare no tanto que ele cresce em um ano. Ou seja, bebês não estão prontos para realizar inúmeras coisas que, para nós, adultos, parecem tão simples e fáceis, simplesmente porque não têm desenvolvimento cerebral suficiente ainda. Bebês precisam de colo, leite, calor e amor de mãe/cuidador.

Para que a mãe consiga dedicar toda a sua energia e amor para seu bebê, ela passa por mudanças internas que a adaptam para essa tarefa contínua. A prolactina, hormônio responsável pela produção de leite, é o hormônio da maternagem amorosa e carinhosa e ajuda a mulher a relaxar. A ocitocina, hormônio que foi tão fundamental no trabalho de parto, agora atua na amamentação, provocando a ejeção do leite materno. É chamado de "hormônio do amor, da calma e da conexão" e está por trás da vinculação entre mãe e bebê. Isso posto, entendemos a ligação entre o bem-estar materno e o bom fluir do processo de parto e do puerpério. A mãe que se sente amada, cuidada, respeitada vai produzir mais ocitocina, o que vai contribuir enormemente para que a fisiologia dos processos de nascer e maternar possam funcionar com mais eficiência. Aqui, vemos a importância do papel do(a) companheiro(a) e da família (BALASKAS, 2015, p. 77-86).

A formação do apego/vínculo entre mãe e bebê pode ser instantânea ou demorar um pouco para acontecer. Sabemos que o processo fisiológico e natural de parto, onde a mulher se sente segura e não há separação entre mãe e bebê após o nascimento, favorece muito a formação do vínculo. Do ponto de vista da mulher, ela está vivendo duas experiências distintas: a experiência física de dar à luz e a chegada do bebê em si. Muitas mulheres, logo que o bebê nasce, precisam de um tempo para digerir a intensa experiência de dar à luz para, então, estarem prontas para o bebê. Outras estão prontas para seus bebês assim que eles saem de seus corpos. Seja como for, ali está acontecendo o nascimento e o primeiro contato entre mãe e bebê. Permanecerem juntos, em contato pele a pele, sem interrupções, beneficia a formação do vínculo, a adaptação do bebê ao mundo externo e os processos fisiológicos do terceiro estágio do parto (saída da placenta, controle do sangramento e vitalidade uterina pós-parto). Esse primeiro contato é tão importante e tem tanta repercussão a curto, médio e longo prazo, que protegê-lo faz parte da Iniciativa Hospital Amigo da Criança (IHAC), lançada pelo Unicef e OMS em 1991 e presente em mais de 156 países. É uma diretriz que visa cuidar dos bebês, promover e encorajar o aleitamento materno. Preconiza os "10 passos para o sucesso do aleitamento materno". Dentre eles, estão o passo quatro, "Ajudar as mães a iniciar o aleitamento materno na primeira meia hora após o nascimento", e o passo sete: "Praticar o alojamento conjunto – permitir que mães e recém-nascidos permaneçam juntos 24 horas por dia".[4]

Socialmente, há uma cobrança estratosférica para que a mulher esteja completamente apaixonada pelo bebê desde a gestação, ou no instante que ele nasce, e que saiba exatamente como maternar desde o início — o que pode gerar sentimentos fortes de inadequação e confusão na mãe caso ela se sinta diferente e/ou perdida/insegura para cuidar do bebê. Há mães que não sentem o "amor incondicional" logo de cara, como era a sua expectativa. A medida do amor materno não deve utilizar essa régua, pois, como vimos, não o representa. O amor pelo bebê tende a crescer com o passar dos dias e semanas, por isso é salutar se permitir vivenciar um momento de cada vez, com calma e respeitando o próprio tempo diante de tantos acontecimentos grandiosos, o que facilita a adequação da mulher à sua nova realidade.

De acordo com Penny Simkin (2012, p. 13), não se pode falar em puerpério considerando apenas a mãe OU o bebê, pois a dupla é como uma unidade e é mutuamente dependente. Ainda, acontece uma

---

4 Iniciativa Hospital Amigo da Criança: revista, atualizada e ampliada para os cuidados integrados: Módulo 1: Histórico e Implementação (saude.gov.br).

regulação mútua entre eles, ou seja, a influência que cada um tem sobre a fisiologia e o comportamento de um e de outro, o que favorece enormemente ambos. Em termos psíquicos, a mulher está num estado de alta sensibilidade, definido pelo médico pediatra e psicanalista Donald Winnicott como "preocupação materna primária":

> Esta condição gradualmente se desenvolve e se torna um estado de sensibilidade aumentada durante, e especialmente, no final da gravidez; continua por algumas semanas depois do nascimento da criança. Não é facilmente recordada, uma vez tendo a mãe se recuperado dela. Eu iria mais além e diria que a recordação que a mãe tem desse estado tende a ser reprimida.
>
> A mãe que desenvolve o estado que chamei de "preocupação materna primária" fornece um setting no qual a constituição do bebê pode se mostrar, suas tendências de desenvolvimento podem começar a se revelar e o bebê pode experimentar um movimento espontâneo e dominar as sensações apropriadas a esta fase inicial da vida. (WINNICOTT, 1993, p. 493; 494; 495).

A psicoterapeuta familiar argentina Laura Gutman usa outros termos, mas que expressam a mesma condição:

> Quando pensamos no nascimento de um bebê, nos parece evidente falar de separação. O corpo do bebê que estava dentro da mãe, alimentando-se do mesmo sangue, se separa e começa a funcionar de maneira independente [...] No entanto, se elevarmos nossos pensamentos, conseguiremos imaginar que este corpo recém-nascido não é apenas matéria, mas também corpo sutil, emocional, espiritual. [...] De fato, o bebê e sua mãe continuam fundidos no mundo emocional. Este recém-nascido, saído das entranhas físicas e espirituais da mãe, ainda faz parte do entorno emocional no qual está submerso. Pelo fato de ainda não ter começado a desenvolver o intelecto, conserva suas capacidades intuitivas, telepáticas, sutis, que estão absolutamente conectadas com a alma da mãe. Portanto, este bebê se constitui de um sistema de representação da alma materna. Dito de outro modo, o bebê vive como se fosse dele tudo aquilo que a mãe sente e recorda, aquilo que a preocupa ou que rejeita. Porque, neste sentido, são dois seres em um. (GUTMAN, 2013, p. 17).

Por conseguinte, a mulher puérpera fica muito concentrada em seu bebê e alheia ao resto. Afinal, disso depende a sobrevivência desse pequenino ser. Tal comportamento materno é esperado, necessário e saudável. O bebê depende disso. O papel de pai/companheiro(a) ou familiares próximos, importantíssimo aqui, é "facilitar a fusão mãe/bebê, permiti-la e defendê-la" (GUTMAN, 2013, p. 129). Obviamente, cada mulher tem sua história de vida, contexto, necessidades e personalidade. Há a realidade das mães que já têm filhos maiores a cuidar. A riqueza do comportamento humano é vasta, e as mães lidam de modos variados com cada situação. Mas, em geral, mães de bebês têm grande tendência a manter os olhos em seus bebês. Tê-los no colo ou bem próximos, mesmo que isso seja cansativo. Chegará a hora em que pequenas separações começarão a ser possíveis, e o ideal seria que esse momento não fosse forçado: que se espere que mãe e filho estejam prontos para tal. Tal cuidado beneficia o bebê, pois respeita suas necessidades de desenvolvimento e a formação de sua estrutura interna de segurança emocional. Beneficia, também, a mãe, pois, quanto mais ela mergulha nas emoções do puerpério, na vinculação com o bebê e regozija-se nessa relação amorosa tão única, mais fácil e, naturalmente, sairá dela depois, à medida que seu filho cresce, tendo, em si, o registro da plenitude deste amor fusional tão bem vivido.

A mãe humana também é mamífera e tem comportamentos e impulsos instintivos com sua cria tal qual qualquer outra fêmea de mamífero. Ela quer, e precisa, manter seu filhote junto a si e tem o instinto de defendê-lo do mundo externo até que ele mesmo possa fazê-lo por conta própria. É perfeitamente normal que a puérpera tenha comportamentos e pensamentos que possam ser estranhos até mesmo para ela, mas que são adequados ao contexto de uma mãe mamífera, protegendo e cuidando de seu filhote indefeso e dependente. No contexto do nosso mundo humano, o que cada mãe humana no puerpério percebe como ameaçador ao seu bebê? Bem, a resposta é: quase tudo e quase todos. Por exemplo, não querer que ninguém, ou apenas pouquíssimas pessoas, pegue seu bebê no colo; ter medo de sair com o bebê, pelo receio de, por exemplo, ele ser roubado, ou por sentir que o trânsito é muito acelerado e perigoso, ou por achar que há gente demais, barulho demais na rua; romper ou prejudicar vínculos emocionais com pessoas que façam comentários ou tenham atitudes que ela, com sua psique adaptada de puérpera, considere ameaçadores ao bebê; ter pensamentos e fantasias de catástrofes — às vezes, coisas quase impossíveis de acontecer e que, depois que essa fase passa, causam até risos ao serem lembradas — ligados à saúde e integridade do bebê, ou à separação da mãe e do bebê.

A mulher puérpera, por conta dessa situação especial e delicada, está psiquicamente mais vulnerável, porque está "aberta" psiquicamente para que seu bebê possa se vincular a ela. Um bebê não tem nenhuma noção de individualidade. Ele não sabe que é um indivíduo, um ser único, um "eu". Ele se sente parte da mãe e se nutre da identidade materna para viver e desenvolver-se. Com o tempo — toda a infância e adolescência — esse ser humano vai, pouco a pouco, se individualizando até se formar um adulto. Podemos pensar que uma mãe puérpera está não só cuidando de seu bebê, mas também doando todo o seu ser. Esse processo a deixa vulnerável e sensível e pode, claro, ser bem exaustivo.

Fica fácil entender o papel crucial do(a) companheiro(a) e da família. O(a) companheiro(a) representa a base segura, a cerca amorosa e protetora na qual mãe e bebê podem encontrar espaço e tempo para se conhecerem e se amarem, para que a mãe possa ser a melhor mãe possível. Assim, o bebê é bem cuidado. Em suma: **quando cuidamos da mãe, estamos cuidando do bebê.**

Num mundo ideal, mãe e bebê têm a possibilidade de estarem bastante tempo juntos. A mãe tem privacidade e tranquilidade e é tratada com respeito e legitimidade em sua função materna. Tem acesso às informações atualizadas e bem embasadas e recebe suporte para alimentar o bebê e descansar, além de ser acolhida em suas emoções, inseguranças e desafios. Outras pessoas assumem a maior responsabilidade dos cuidados com a casa, cozinham para ela e cuidam dela. E essa mulher bem-amparada pode dedicar sua energia, atenção e dedicação ao seu bebê. Ainda assim, ela ficará cansada. Ainda assim, ela terá privação de sono. Ainda assim, sua vida profissional, social e sua liberdade individual serão afetadas. Sabemos também que, no mundo real, é difícil encontrarmos essas condições tão perfeitas. Não obstante, faz-se necessário expor as condições favoráveis para um puerpério bem vivido e saudável; assim, há parâmetros para embasar condutas e decisões, pensando no melhor para a mãe e seu bebê.

Em meu trabalho, tenho contato com muitas mães. Percebo como pode ser danosa a falta de condições citadas neste texto. Mães que não conseguem amamentar por falta de apoio e informação de qualidade, por serem alvos de críticas, inclusive dos profissionais de saúde. Mães com dificuldade de fortalecer o vínculo com seu bebê por falta de privacidade e tranquilidade. Mães que não conseguem encontrar seu próprio jeito de cuidar de seus bebês porque terceiros colocam-se entre a dupla. Bebês que choram, nervosos, porque suas mães estão estressadas, inseguras, sobrecarregadas e não legitimadas em seus sentimentos e necessidades. Mães deprimidas e tristes porque não encontram alguém que as ouça, porque tiveram uma experiência traumática ou violenta no nascimento do bebê, mas não são acolhidas afinal "têm que estar feliz, já que o bebê está bem". Em todas essas situações, as mães sofrem. E se elas sofrem, os bebês sofrem.

Um puerpério bem vivido é tão importante porque influencia no bom desenvolvimento do bebê e é a base sólida na qual a próxima fase se firmará, e assim por diante. Sendo assim, o entendimento das sutilezas e peculiaridades que afetam mãe e bebê gera uma compreensão sobre o tipo de cuidado e abordagem necessário.

Com o passar das semanas após o nascimento, a comunicação e interação entre o binômio mãe/bebê vai se afinando até acontecer um tipo de "encaixe", onde mãe e bebê se ajustam e se entendem, aumentando a sensação de autoconfiança materna. Afinal, ela se sente capaz de entender e atender às necessidades de seu bebezinho. Eles estruturam uma forte e densa completude emocional, que tende a preencher plenamente a ambos. Este campo invisível de amor, entrega e adoração, que vai e vem entre mãe e bebê, é uma das grandes recompensas da maternidade, se não a maior. Essa vivência gera, claro, alegria e muito amor nos meses após o nascimento, muitas vezes sentidos pela mãe como se estivessem transbordando de seu coração. Para algumas mulheres, essa felicidade é majoritária. Há mulheres que relatam ter sido esse "o período mais feliz de suas vidas", mesmo com o imenso trabalho pelos cuidados com o bebê.

§ O bebê e a mágica interação mãe/bebê

Para nos aproximarmos do universo do bebê é necessário usar o conhecimento intuitivo, e não o conhecimento racional, pois se trata de um ser regido por necessidades e leis que escapam às previsões mentais dos adultos.
(Laura Gutman, *A Maternidade e o Encontro com a Própria Sombra*)

Bebês não são uma versão em miniatura de adultos. São sensíveis e imaturos, mas também fortes e resilientes.

Durante todo o período de gestação, o bebê não sente frio ou fome. Está imerso em líquido amniótico, contido pelas paredes orgânicas e macias do útero, sempre junto ao seu corpo. O universo inteiro do bebê é o corpo de sua mãe, com todos os seus ruídos e a vida que ele contém: batimentos do coração materno, funcionamento do intestino, voz materna, seu andar e movimentação corporal.

Ao nascer, o bebê instantaneamente encontra um novo mundo totalmente diferente e que exige infinitos ajustes. Do lado de cá, seu corpo vai sentir o contato com o ar. Sua pele sentirá frio, calor, o toque e a textura de roupas. Os sons passam a chegar de forma direta, assim como a luz, as vibrações que vêm das pessoas e todo o resto. Nós, adultos, já há tempos estamos adaptados a este mundo. Bebezinhos acabaram de chegar. Sua fisiologia precisa adaptar-se à vida extrauterina, e não terá mais a placenta para realizar uma infinidade de funções. A respiração, por exemplo, é uma das funções que o bebê passa a fazer por conta própria. Mamar e digerir o leite é outra imensa novidade. E o bebê sente.

O bebê sente.

Ademais, é completamente dependente, indefeso e vulnerável, e não consegue fazer nada em prol de seu autocuidado. Não consegue sair do lugar sozinho durante meses. Seu controle muscular vai chegar, bem de mansinho, semanas depois do nascimento, e leva muitos meses mais até o momento em que esse bebê maior consiga conquistar a habilidade de andar.

O único recurso concreto de um bebê é o choro, que serve para comunicar que algo não está bem, que tem fome, sono, medo, calor ou frio, insegurança ou qualquer outra situação.

Bebês também não têm noção alguma de tempo e espaço, e não conseguem relativizar nada. Seus cérebros são ainda muito pequenos e incapazes de realizar uma infinidade de funções e percepções. Por exemplo, um adulto com fome tem condições de suportar essa fome caso não possa comer naquele instante. O adulto, que tem noção de tempo e desenvolvimento cerebral suficiente para planejar seus afazeres, sabe que, digamos, dentro de três horas, terá um intervalo no trabalho e poderá almoçar. O adulto tem reservas energéticas e maturidade para esperar, e toda essa perspectiva alivia a situação dele. Já um bebê, não. Um bebê vai entrando em desespero. Sua sensação de fome vai tomando conta de seu ser de forma absoluta. Soma-se a isso o fato de que bebês não têm nenhuma capacidade de manipular; eles simplesmente reagem aos seus desconfortos, dores ou sensações chorando. É tudo o que seus pequenos cérebros conseguem fazer, já que estão, nos primeiros meses de vida, basicamente programados para sobrevivência.[5] Citei o exemplo da fome, porém a mesma lógica aplica-se a qualquer outra necessidade do bebê, inclusive a necessidade de colo, calor humano, contato pele a pele e olho a olho, que é tão vital quando o alimento.

Por isso, é importante tentar atender às necessidades do bebê o mais rápido possível. Seu choro é a maneira mais concreta que o bebê tem de comunicar algo. Quando chora e é atendido, está registrando que é cuidado, que está seguro e pode confiar, que é amado. Seu corpo não entra em estado de estresse — ou, se entra, é por pouquíssimo tempo. Estados de estresse e tensão provocam liberação de hormônios do estresse, tensão muscular e prejudicam o bom funcionamento de processos fisiológicos, como digestão, respiração e sono. É isso que acontece num bebê quando este é deixado a chorar. Ele registra abandono, o que talvez seja a pior e mais danosa referência para um bebê.

As necessidades de um bebê são poucas. Ser alimentado, limpo, vestido. Estar seguro. Calor humano, colo e comunicação/interação com a mãe ou cuidador(a). Entretanto, são necessidades que precisam ser atendidas o tempo todo, dia e noite, durante muito tempo.

---

5 "Getting the brain you need for the world you find yourself in. Why early brain development matters.". Tradução: "Ter o cérebro que você precisa para o mundo em que vive. Por que o desenvolvimento inicial do cérebro importa." (Sue Younger). Extraído de Brainwave, nov. 2022, *Getting the Brain You Need for the World You Find Yourself* (em *Why Early Brain Development Matters, Brainwave Trust Aotearoa*).

Na relação com a mãe, ambos vão se conhecendo e aprendendo juntos. Nessa unidade, o bebê "se nutre" da pessoa da mãe para desenvolver seu próprio eu. A doação que a mãe faz vai muito além de prover alimento e cuidados ao bebê, portanto. Com o passar das semanas e meses, é comum surgir uma comunicação não-verbal entre a díade. Um alinhamento silencioso que aparece de várias maneiras, como: a mãe acorda à noite segundos antes do bebê; o leite começa a vazar das mamas um pouco antes da hora que o bebê costuma mamar, ou quando a mãe apenas pensa no bebê; a mãe consegue interpretar exatamente o que seu bebê precisa apenas ao olhar para ele ou ouvir um pequeno som que ele faz; a mãe já sabe o que funciona para fazer seu bebê dormir; o bebê pode reagir às emoções ou às falas da mãe... Os exemplos são variados. Tal interação é, claro, benéfica ao bebê, pois tem suas necessidades atendidas, inclusive a intrínseca necessidade de estar conectado emocionalmente a alguém. Também beneficia a mãe, que se sente capaz e confiante para cuidar de seu bebê, além de fomentar o relacionamento mãe/filho que está começando e pode ter bases sólidas na confiança, honestidade, escuta acolhedora e apoio.

O primeiro ano de vida é importantíssimo para toda a vida de qualquer um de nós. A qualidade do cuidado que o bebê recebe afeta sua saúde, emoções, construção de personalidade, a forma com que se relaciona com o mundo e com as pessoas durante toda a sua vida. Quando a família organiza-se para oferecer o melhor ao bebê — amor, atenção, contato e carinho —, faz um investimento incalculável na vida e saúde desse novo ser. Assim, ao sonharmos com um mundo melhor, devemos colocar como prioridade a recepção pacífica e amorosa ao recém-nascido e um cuidado atento, próximo e carinhoso aos bebês e às crianças. Para conseguirmos tal feito, precisamos cuidar da mãe para que ela entre em sua jornada na maternidade se sentindo bem cuidada, feliz, amparada.

§ Algumas diretrizes para um puerpério saudável e proteção da saúde mental materna

• Durante a gestação, buscar informações de qualidade sobre o puerpério, amamentação e desenvolvimento do bebê. Com base nisso, criar um plano de pós-parto, pensando em como gerir a casa, estar disponível para o bebê e assegurar cuidados para a mãe. Esses cuidados envolvem muitas coisas básicas, como a alimentação. Quem cozinha para ela? Quem vai no supermercado? Quem lava a louça? Será que preparar comida para congelar durante a gestação pode facilitar? Um bom parâmetro para pensar num plano de pós-parto é considerar que a mãe praticamente não estará disponível para cuidar da casa durante um período.

• Ainda durante a gestação, participar de rodas de gestantes e mães e outras atividades de apoio. Nos últimos anos, tem sido cada vez mais difundido o "pré-natal psicológico", em que a saúde mental materna é a prioridade. É um serviço realizado pela psicologia e tem como objetivo prevenir doença mental materna e ajudar a mulher a atravessar os desafios da gestação e do puerpério, podendo continuar após o nascimento do bebê.

• O pai está presente? Quem está presente no dia a dia da mulher? Estruturar um trabalho de equipe com essa pessoa, criando canais de comunicação, pensando em quais valores embasar a criação da família e como vivenciar o puerpério de modo a atender às necessidades da mãe e do bebê.

• Já no puerpério, assim que possível — geralmente semanas após o nascimento do bebê —, assegurar que a mãe tenha ao menos uma hora por dia de tempo dedicado só para ela, em que ela não precise cuidar do bebê. Um tempo para fazer uma caminhada, tomar um banho mais demorado, dormir e comer sem ser interrompida, fazer as unhas...

• O pai está presente? É participativo? Também, sua saúde mental e bem-estar são importantes. Pesquise quais os recursos disponíveis para o desenvolvimento, suporte e fortalecimento dos pais. Rodas de homens/pais, terapias, atividade física.

• A experiência de dar à luz é importantíssima — seja ela um parto vaginal ou uma cesariana. Receber uma assistência de qualidade, ser respeitada durante todo o processo, ter sua integridade física e emocional protegida e manter mãe e bebê juntos favorecem a recuperação da mulher, a vinculação com o bebê, o estabelecimento da amamentação e a saúde mental materna. Depois, em algum momento do puerpério, é benéfico e curativo para a mulher fazer uma avaliação de seu processo de dar à luz. Pensar sobre o que aconteceu, como ela se sentiu. Aconteceu algo que a incomodou, ou algum momento em que teve sentimentos de preocupação, medo, ou qualquer outro? Muitas mulheres beneficiam-se quando fazem um relato de seu parto para alguém que ouça atenta e acolhedoramente, sem julgar, comparar experiências ou silenciar a mulher. Revisitar a experiência, reconhecer e validar sentimentos em relação a ela nada tem a ver com os sentimentos em relação ao bebê. É parte da jornada da mulher.

• Que a mãe tenha ao seu redor pessoas que a apoiem, a cuidem e reconheçam seu papel de mãe. Pessoas que protejam e favoreçam o vínculo da mãe com seu bebê ao invés de se colocarem entre eles. Atitudes como criticar a mãe, impor formas de cuidar de seu bebê, tentar separá-los são danosas ao puerpério. Há mães puérperas que preferem ficar mais isoladas, com o mínimo de pessoas ao seu redor. É importante que cada mãe possa perceber qual é a sua necessidade para que possa favorecer essa realidade.

• Estruturar uma rede de apoio. Você tem pessoas que pode contar? Pessoas que são de confiança e respeitosas da sua maternagem? Que tal deixar combinado formas de ter apoio ainda na gravidez? Rede de apoio também é feita de profissionais de confiança, recursos *online*, como websites ou redes sociais de profissionais interessantes, livros e artigos, atividades em grupo para mães e bebês.

§ Leitura recomendada

BALASKAS, J.; GORDON, Y. *The Encyclopedia of Pregnancy and Birth*. New York: Little, Brown Book, 2004.

FREEDMAN, L. H. *Birth as a healing experience* – The Emotional Journey of Pregnancy through Postpartum. New York: Harrington Park Press, 1999.

GONZÁLEZ, C. *Bésame Mucho*. Madrid: J. A. Diseño, 2004.

JACKSON, De. *Three in a Bed* – the benefits of sleeping with your baby. London: Bloomsbury, 2003.

LEACH, P. *Os seis primeiros meses* – como cuidar do seu bebê. Rio de Janeiro: Record, 1986.

LIEDLOFF, J. *The continuum concept* – in search of happiness lost. Cambridge: Da Capo Press, 1985.

MONTAGU, A. *Tocar* – O Significado Humano da Pele. 4. ed. São Paulo: Summus, 1986.

§ Referências

BALASKAS, J. *Parto Ativo* — Guia prático para o parto natural. A história e a filosofia de uma revolução. 3. ed. São Paulo: Ground, 2015.

GUTMAN, L. *A Maternidade e o encontro com a própria sombra*. 4. ed. Rio de Janeiro: Best Seller, 2013.

KLAUS, M.; KENNEL, J. *Pais/Bebê* – a formação do apego. Porto Alegre: Artes Médicas, 1993.

MALDONADO, M. T. *Psicologia da gravidez*. 6. ed. Petrópolis: Vozes, 1984.

PEARCE, J. C. *A Criança Mágica* – a redescoberta da imaginação na natureza das crianças. 4. ed. Rio de Janeiro: Francisco Alves, 1989.

SIMKIN, P. First hours after birth: Family Integration and Mutual Regulation. *Midwifery Today*, n. 102, Summer 2012, p. 13.

WINNICOTT, D. *Textos Selecionados* — da pediatria à psicanálise. 4. ed. Rio de Janeiro: Francisco Alves, 1993.

O que é exterogestação?

O termo exterogestação foi criado pelo antropólogo inglês Ashley Montagu no século passado e significa "gravidez fora do útero". O termo foi popularizado há poucos anos pelo famoso pediatra Harvey Karp que viralizou na internet com vídeos fazendo bebês dormir de forma rápida e fácil, com poucos movimentos e sons.

Porém, antes de aplicar qualquer método que surge na internet, é preciso entender o que significa a teoria da exterogestação e como isso pode ser aplicado no dia a dia com o bebê, ou seja, na vida real.

Para o antropólogo todo nascimento humano de certa forma é prematuro, pois uma gestação deveria durar 12 meses, porém, seria impossível o bebê passar pelo canal vaginal devido ao tamanho da sua cabeça. Então, como a natureza é perfeita, o bebê nasce aos 9 meses e termina seu desenvolvimento fora do útero.

> ## Ana Paula Colli
>
> Psicóloga, escritora e produtora de conteúdo digital, especialista em Saúde Mental e Coletiva, pós-graduanda em Neurociência e Comportamento, pós-graduanda em Psicologia Infantil, pós-graduanda em Psicologia do Sono, pós-graduanda em Psicologia da Aprendizagem, do Desenvolvimento e da Personalidade.
> Instagram: @sobre_maternidade
> www.anapaulacolli.com.br
> www.sobrematernidade.com.br

É como se o nascimento não fosse é o início da vida, e sim um período para preparar o bebê para a vida fora do útero, é como se fosse uma transição lenta para a vida extrauterina. É uma adaptação a diversas mudanças orgânicas e sociais que ocorrem e servem para preparar o recém-nascido para o novo mundo.

Segundo a teoria, para os recém-nascidos se sentirem bem e seguros os pais precisam recriar nesses três primeiros meses o máximo de sensações que o bebê sentia quando estava no útero materno. E antes de falarmos sobre essas sensações, irei explicar rapidamente um pouco sobre o último trimestre da gestação para entendermos como o bebê vivia e como passará a viver.

Vou focar essa explicação em duas coisas essenciais nos primeiros três meses, o sono e a alimentação, pois geralmente se tornam a maior dificuldade dos pais e são essenciais para o desenvolvimento do recém-nascido.

Antes do nascimento, o bebê dormia quase todo o dia em um estágio muito parecido com o sono REM[6] e ligamos isso ao grande e intenso desenvolvimento que essa fase exige. Então, os famosos chutes e socos que os bebês dão são muito parecidos com os movimentos cerebrais que marcam o sono REM. Segundo diversas pesquisas feitas sobre o sono na vida intrauterina (e no primeiro mês de vida), há grande possibilidade de o bebê estar dormindo profundamente enquanto chuta a mamãe e não reagindo a comportamentos (observando que ele ainda não tem maturidade para interpretar tais situações).

Obviamente que os adultos não chutam e dão socos enquanto dormem, pois existe um mecanismo no sono REM do adulto que paralisa o corpo enquanto dormimos. No útero o cérebro do bebê ainda não desenvolveu esse sistema que inibe esses movimentos, devido à sua imaturidade, porém outros sistemas que geram o sono já foram desenvolvidos.

E isso ocorre mais ou menos por volta da 23.ª semana de gravidez (mas se iniciam mais ou menos entre a 10.ª e a 15.ª semana), nesse estágio já se desenvolveram todos os sistemas necessários para "produzir" o sono REM e Nrem, mas os inibidores de movimento ainda não. Após o desenvolvimento desses inibidores, os chutes ocorrem devido à falta de espaço e maior movimentação do bebê, entre outros motivos.

Enfim, nesse estágio da gravidez, os bebês passam a maior parte do tempo dormindo, mais ou menos 6 horas em sono Nrem (sem os chutes) e 6 horas em sono REM (com os chutes) e mais ou menos 12 horas em estado de sono intermediário, que não é nem REM, nem Nrem, mas também não é plena vigília (que seria totalmente acordado). É apenas no último trimestre da gestação que o bebê começa a ficar realmente acordado, pouco tempo, mas ele fica, digamos, umas duas ou três horas.

---

6 Sono REM (Movimento Rápido dos Olhos) e Sono Nrem (Movimento Não Rápido dos Olhos) são ciclos de sono, um processo biológico natural e ocorrem em todos os seres humanos. Esses ciclos são breves despertares que ocorrem de forma alternada (sono Nrem – REM – Nrem...) e acontecem mais ou menos a cada 90 minutos. Nos recém-nascidos inicialmente pode haver ciclos menores de 30, 40 a 60 minutos. Os ciclos de sono estão ligados diretamente a qualidade da nossa saúde física e mental, aprendizagem e a limpeza de informações e processamento de memória. O sono Nrem, o sono quieto, organiza as informações adquiridas ao longo do dia para os locais corretos de armazenamento, mas é o sono REM que pega essas memórias e começa a ligá-las às nossas experiências, desenvolvendo novas emoções, realmente consolidando as memórias. O Sono REM está ligado intimamente a nossa criatividade e é durante o sono REM que sonhamos, é um sono mais agitado. Ambos são fundamentais para o desenvolvimento das crianças.

Nas últimas duas semanas de gestação também ocorre um grande aumento de sono REM, mais ou menos de 6 para 9 horas por dia. Por isso, que naturalmente bebês prematuros dormem mais horas. Aliás, é por isso que os recém-nascidos dormem bastante.

O nosso cérebro é o último a se desenvolver detalhadamente, a formação em si se inicia desde o primeiro trimestre, mas intensamente, de forma acelerada após o segundo trimestre de gestação. E isso ocorre justamente quando a janela de sono REM dispara. O sono REM é como se fosse um nutriente altamente eficaz nessa fase intensa de desenvolvimentos, estimulando o crescimento neural e de todos os sistemas importantes.

O cérebro é responsável por controlar, digamos assim, todos os nossos sistemas, mas, usando um exemplo simples, é muito importante que já exista toda uma estrutura criada (o corpo e órgãos) para ele se desenvolver corretamente. Durante os últimos dois trimestres da gravidez é que isso ocorre.

Nos primeiros três meses, o sono é mais agitado e mais leve, pois é nesse período que o cérebro do bebê está passando pelo maior desenvolvimento e construção de toda sua vida. Aliás, também é por esse motivo que um RN dorme várias vezes ao dia e sente sono de 1 a 1 hora e meia, ficando poucas horas realmente acordado.

Privar um recém-nascido de dormir por achar que ele não precisa de tanto sono ou por achar que irá dormir melhor se for dormir quando estiver desmaiando de sono é privar um bebê de se desenvolver adequadamente. Inclusive, existem diversas pesquisas realizadas exclusivamente avaliando essas questões.

E se isso é tão natural, por que os bebês nessa idade têm dificuldades para dormir?

o Devido a toda essa explicação sobre o sono ser mais agitado e mais curto nos primeiros meses (maior porção de sono REM) devido ao desenvolvimento acelerado;

o As mães ainda têm dificuldade para entender as necessidades dos bebês, quando estão com sono, com fome e acabam confundindo algumas coisas, o que é supernormal até para a mãe mais experiente nos primeiros momentos;

- Os bebês nessa idade são muito sensíveis e passar sono, mesmo que seja pouco tempo, os deixam irritados e exaustos influenciando na qualidade do sono noturno e diurno;

- Nessa fase os bebês ainda estão se adaptando a amamentação e o seu corpo ao alimento, consequentemente isso pode causar alguns desconfortos, cólicas, trocas de fraldas extras na madrugada. E isso ocorre, pois nessa fase o bebê segue um ritmo interno (intradiano, sem influências externas) e é apenas no final do segundo mês que o organismo começa a desenvolver um ritmo biológico. Então, nesse período o corpo também começa a se ajustar e o bebê para de fazer cocô na madrugada (ou já diminui a quantidade) e passa a dormir melhor sem tantas trocas de fraldas na madrugada;

- Alguns bebês mais alérgicos têm dificuldade para respirar, pois eles ainda não sabem respirar muito bem pela boca e qualquer coisa que atrapalha a respiração os acorda;

- Bebês se irritam muito com o calor e nessa fase as mães ainda estão aprendendo o quanto de roupa devem vestir a cada estação. E por mais bobo que pareça, isso é algo que realmente influencia na qualidade do sono do bebê nessa fase.

Em resumo: ao nascer o bebê precisa dormir muito, praticamente o dia todo para continuar esse desenvolvimento cerebral acelerado. Também, o bebê não está acostumado a se alimentar, pois no útero ele não passava nenhuma necessidade, tudo era perfeitamente feito para ele.

Reflita comigo: o bebê não nasce condicionado aos nossos hábitos, ele não sabe que existe dia e noite, fome, cede, calor, frio, nada. No útero, ele recebia alimento constantemente pelo cordão umbilical, obviamente, quando nasce precisará mamar com frequência também e não "com hora marcada", como de três em três horas.

Então, é durante os três primeiros meses que todas essas adaptações serão feitas, de forma leve e transitória. O bebê dormirá o dia todo e, aos poucos, passará a ficar mais tempo acordado. O bebê mamará a cada hora, o dia todo e depois que se adaptar a alimentação, seu estomago aumentar e ele adquirir mais força naturalmente espaçará as mamadas.

Porém, esse é um período muito delicado para as mães também, elas vivenciam o puerpério e muitas quebras de expectativas. É como se fosse "um luto" (desculpe o termo pesado, mas é o que descreve melhor a situação) da pessoa e da vida que ela tinha antes, para alguém que ela precisa ser. A mulher se sente exausta e ao mesmo tempo perdida com a nova realidade. É uma doação constante e muitas mulheres não estão preparadas para isso.

Observe: antes do primeiro filho nascer a mulher tinha escolhas, dormia quantas horas queria, a hora que desejava, assistia ao que tinha vontade, tomava banho e comia quando sentia fome e demorava o tempo que precisava no banheiro. Quando o bebê nasce ela não consegue fazer nem as coisas mais básicas que fazia antes. No segundo filho tudo ocorre também, porém ainda existe mais uma criança buscando atenção e com necessidades que precisam ser atendidas.

Então, imagine essa mulher ficando praticamente o dia todo fazendo o bebê dormir e amamentando no resto do tempo em que ele está acordado. Ao mesmo tempo lidando com mudanças hormonais e rotineiras, sono, cansaço, choros constantes do bebê que ela não compreende e não sabe lidar. O bebê está bravo de sono, muitas vezes com cólica por ter mamado demais ou devido à adaptação de seu intestino a alimentação. Resultado: bebê e mulher exaustos.

Por isso, na teoria da exterogestação a ideia é tentar amenizar todos esses problemas e situações delicadas tornando o mundo do bebê mais seguro, fácil e próximo ao que ele vivia no útero. Consequentemente, essa adaptação gradativa do bebê influenciará de forma positiva na vida de toda família. Mas como fazer isso?

§ Como criar o ambiente ideal e seguro para o bebê após o nascimento:

A importância do toque:

Um dos primeiros sentidos que o bebê desenvolve é o toque, então, abraços, mamar sem roupa (em contato direto com a mãe) ficar no colo, massagens, abraços acalmam o bebê e o ajudam a desenvolver confiança.

Movimento e colo:

Como esses primeiros meses causam muitos desconfortos, o colo (devido ao toque e ao movimento) ajudam muito. Então, quanto mais colo o bebê receber melhor.

Para tornar esse momento menos cansativo para a mulher e mais satisfatório para o bebê, não é necessário ficar balançando e caminhando com o bebê pela casa até ele dormir. A mulher pode aconchegar seu bebê no colo e sentar-se confortavelmente em uma cadeira ou na cama, segurar o bebê no colo e dar leves batidinhas no bumbum ou balançá-lo levemente com a mão em seu bumbum até ele dormir.

Mais tarde isso fará muita diferença na qualidade do sono da mulher e nos hábitos do bebê, quanto menos estressantes esses momentos forem, mais fácil serão depois também. Nos primeiros meses, o foco é a adaptação, a segurança, o conforto, o colo, dormir na hora que sente sono e muita tranquilidade.

A mamãe pode segurar o bebê no "sling" durante algumas sonecas e enquanto estiver acordado fazer suas atividades com ele lá. Esse caminhar da mãe com o bebê grudadinho no colo auxiliará nas adaptações ao novo ambiente. O "sling", para quem não conhece, é um carregador de tecido que ajuda a mamãe a carregar o bebê de uma forma mais confortável, tanto para ela quanto o bebê.

Adaptação a gravidade:

Observe que dentro do útero os bebês ficam 24h por dia flutuando e quando nascem, a sensação é totalmente diferente, pois fora do útero existe gravidade. Então, ao ser colocado de costas, o bebê estranha, por isso, muitos preferem dormir de lado ou de bruços. Porém, até que o bebê não desenvolva uma a movimentação/coordenação motora adequada para se virar e desvirar não é seguro dormir dessa forma (ao não ser que seja no colo e a mãe fique o tempo todo olhando para o bebê).

É importante ressaltar que a Organização Mundial da Saúde (OMS) não recomenda que bebês durmam de barriga para baixo ou virados para o lado, apenas de barriga para cima, devido ao risco de morte súbita. E aqui já sentimos um primeiro impacto, o que o bebê prefere e o que é seguro.

O ideal é aos poucos ir deitando o bebê no berço, ao carrinho e fazendo essa adaptação de forma gradual, afinal, se ele não conhecer esses locais, não se sentirá confortável e seguro para dormir neles mais tarde.

Alimentação em livre demanda e o que ela representa:

Nos primeiros meses, é essencial permitir que o bebê mame quantas vezes pedir. Geralmente, o sinal de fome é quando ele fica procurando o seio mesmo longe dele (abrindo a boca e mexendo a cabeça de um lado para o outro), geralmente esse movimento vem acompanhado de alguns resmungos leves e logo se torna um choro intenso.

Nessa idade, a amamentação não está apenas ligada a alimentação, mas também a conforto. E algo importante a destacar, no mundo real muitas mulheres não conseguem amamentar e não devem se culpar por isso, pois a culpa, essa emoção dolorosa acaba a consumindo. Os bebês são sensíveis as emoções dos pais e/ou do ambiente em que vivem, pois a parte do cérebro ligada às emoções já nasce bem desenvolvida, diferente das funções ligadas à lógica e à racionalidade que começarão a ser desenvolvidas aos 2 e 3 anos. Enfim, o bebê sente que algo não está bem, mas não compreende o que está ocorrendo e não sabe lidar com isso, ele pode chorar mais, ficar irritado, sentir que não é um momento prazeroso, recusar a mamadeira e ter várias outras reações.

Se você não conseguiu ou não consegue amamentar, relaxe e torne o momento da alimentação na mamadeira tão gostoso quanto se fosse no seio, se possível tire a roupa do bebê (deixe-o de fralda) e faça contato pele a pele (tirando ou abaixando sua blusa). Sente-se em um lugar reservado, deixe o bebê sentir seu toque, olhe nos seus olhos e faça carinho enquanto oferece a mamadeira.

Acredite, esse momento é muito especial e não mamar no seio não mudará o amor que seu bebê sentirá por você. O afeto é construído pela atenção, dedicação, cuidado, carinho, respeito e o amor que você dedica ao seu bebê e não a forma que ele mama ou dorme.

Observação: após o segundo/terceiro mês, a maioria dos pediatras indica que as mães mantenham um intervalo mínimo entre mamadas (por exemplo, mínimo de 2 em 2 horas) para evitar que o bebê mame além do limite e comece apresentar incômodos de refluxo como: irritação, vômitos, azia (choro intenso), dificuldade para dormir (dia e noite), tosse noturna, nariz trancado, dificuldade para mamar, entre outros. Lembrando que isso depende de cada criança, histórico, peso e nascimento, o pediatra avaliará cada situação dentro do seu contexto. Caso seu filho apresente algum desses sintomas relate ao pediatra.

Isso é comum e pode ocorrer quando a mãe confunde com frequência os sinais de sono (puxar o cabelo, coçar o olho, se esconder, ficar parado olhando para uma direção apenas, e o mais fácil, bocejos) e amamenta o bebê em todos os choros sem analisar o que ele realmente está pedindo/precisando. Por isso, nesses três primeiros meses é importante se dedicar a conhecer o bebê e entender o que ele está tentando comunicar em cada situação.

Muitos bebês desejam ficar o dia todo no seio e isso é natural, pois nos primeiros anos os bebês descobrem o mundo levando os objetos a boca, chamamos esse período de fase oral. Imagine o quanto é incrível para ele mamar, "chupetar" e ainda ter o contato e amor da mamãe, nos primeiros meses isso ocorrerá com frequência.

No primeiro ano, todo o bebê levará os objetos a boca, provará os brinquedos, se chupar chupeta pedirá várias vezes, chupará os dedos (dos pés e das mãos, aliás, os dedos dele e de todos que o tocarem), morderá as fraldinhas, tudo irá na boca e causará satisfação, isso é natural e faz parte do desenvolvimento.

Gosto de destacar algo que não é muito comentado (o que é uma falha), mas que é fundamental para a saúde mental da mulher e, consequentemente, do bebê também: a mulher precisa respeitar seus limites, pois muitas vezes ela está exausta, cansada, precisa de duas horas de sono e não se permite, pois pensa que não está sendo uma boa mãe. Ela deseja espaçar a amamentação e não tem coragem (mesmo o pediatra indicando), deseja voltar a fazer um exercício, mas tem medo de que uma pequena separação prejudique o bebê, entre diversas outras situações que ocorrem todos os dias.

Se esse for o seu caso, preste atenção, a sua saúde mental DEVE VIR EM PRIMEIRO LUGAR, pois sem ela você não conseguirá ser a mãe/mulher que seu filho precisa de verdade, uma mãe saudável, paciente e feliz. Não importa o que você leu, o comentário que te machucou ou como os filhos da sua amiga são. O que importa é a sua vida e seu contexto familiar, não devemos nos comparar com outras mães, pois a experiência de cada uma é diferente. A comparação e a culpa materna são armadilhas e te impedem de ser uma mulher completa e feliz. Faça primeiro por você e todo o resto funcionará muito bem!

Sons contínuos que imitem os sons do útero:

No útero materno, o bebê ouvia diversos barulhos constantemente e ao nascer nasce ele está adaptado a esses sons. Por isso, sons como "shiiiiiiiiiiiiiii, shiiiiiiii" ajudam a acalmar o bebê. Existem vários desses sons disponíveis gratuitamente para baixar ou em aplicativos de música, como sons de útero, ruido branco, sons de secador de cabelo, de ar-condicionado, sons de avião e sons de chuva.

E algo importante a destacar, apenas a voz da mãe cantando ou fazendo esses sons acalma o bebê. Aliás, é um "superpoder materno", teste e verá o quanto seu bebê é capaz de se conectar com você e ama a sua voz.

Choro não é birra, é expressão, é comunicação:

Os bebês não sabem falar, pois eles ainda não têm maturidade e capacidade para racionalizar e expressar em palavras o que estão sentindo ou pensando. Então, como eles fazem para expressar suas necessidades? CHORANDO, obviamente.

Toda vez que um bebê chora significa que ele realmente está precisando de algo, seja dormir, comer, brincar, sentindo tédio, carência, calor ou frio, por não conseguir alcançar um brinquedo ou por não conseguir rolar/desvirar na cama na madrugada.

Bebês não choram por "manha", como dizem, eles não fazem birras, eles choram apenas para comunicar suas necessidades. Observe que geralmente choros longos e resistentes são de sono, superestimulação/cansaço excessivo. Um bom exemplo: o bebê está com sono e está em uma festa ou em casa com diversas pessoas falando e o pegando, brincando e estimulando-o.

Uma simples situação para um adulto como essa descrita pode gerar duas horas de choro no final do dia e diversos despertares noturnos com ou sem choro. Então, lembre-se: seu bebê acabou de chegar a este mundo e você já está aqui há anos, cheia de hábitos e vontades, mas ele não, RESPEITE O TEMPO DELE, pois logo as coisas mudarão e se organizarão e você voltará a fazer o que gosta.

Para a mãe entender o que seu bebê está comunicando por meio do choro, ela precisa se conectar profundamente com ele, observar o seu comportamento em cada situação e não apenas usar a mesma resposta para todas as situações. E para fazer isso é preciso "ouvir" o que o bebê está tentando pedir com atenção e respeito. Estudar sobre rotina, necessidades fisiológicas (sono, fome etc.) ajuda verdadeiramente a mulher a se localizar e entender o que está acontecendo, a informação é essencial na maternidade.

Banho e a estimulação sensorial:
Um grande aliado dos pais nessa fase é o banho, o contato com a água quente acalma os bebês, pois além de relaxar o corpo, os faz lembrar do tempo que estavam no útero materno. Porém, esse banho calmante geralmente precisa ser em um balde especial para bebês, pois a posição que o bebê fica em banheiras tradicionais pode causar certo estranhamento inicialmente. O banho no balde pode aliviar as cólicas e ajudar a dormir quando o bebê está muito cansado e não consegue relaxar (nesse caso, ao sair do banho ele irá chorar, mas será mais fácil acalmar depois).

Uma observação: tente programar o banho noturno do seu bebê sempre ao acordar da última soneca do dia, pois o bebê está sem sono e dará tempo de colocar a roupa e mamar. Assim, ele sentirá sono quando tudo estiver terminado e dormirá tranquilo, na hora que necessita organicamente, evitando irritação, resistência e choro para dormir.

Hora do sono:
Um dos momentos mais importantes para um recém-nascido é a hora do sono, por isso, é um momento que merece atenção. Lembrando que recém-nascidos geralmente sentem sono uma hora a uma hora e meia após acordar de uma soneca. E esse sono vai espaçando conforme o bebê for crescendo. Aos 4/5 meses, esse espaço já será de 2 a 2 horas e meia. Aos 8/9 meses, 3 a 3 horas e meia e aos 12/13 meses, 5 horas. Aos 2 anos, 5 a 8 horas e finalmente dos 3 a 4 anos, 12 horas (momento em que geralmente não ocorrem mais sonecas diurnas).

Nos primeiros meses do bebê, passar da hora de dormir 10 minutos é como se fossem 3 horas para uma criança de 1 ano (isso é apenas um exemplo), pois causa uma estimulação cerebral excessiva e atrapalha toda noite de sono. Por isso, rotina de sono para bebês é essencial e isso não significa hora programada de sono, e, sim, respeito aos pedidos do bebê para dormir, na hora que ele precisa e não que você deseja. Banho programado e hora para dormir a noite programada também, por exemplo, banho após a última soneca (18h00) e dormir até às 19h00 todos os dias.

A hora de acordar irá variar até os 9 ou 10 meses, pois apenas nesse momento o relógio biológico do bebê se equilibra/organiza (caso a família desenvolva bons hábitos e rotina desde cedo). O sono é fundamental na infância e merece atenção, ter expectativas reais sobre como ocorre em cada idade também, fique atenta a isso!

Casulinho ou manta:

A maioria dos bebês se sentem mais seguros nos primeiros meses quando dormem enrolados em uma manta, pois ela imita a sensação que sentiam no útero e evita que os bebês despertem pelos movimentos involuntários (reflexo de moro).

Porém, não é recomendado que o bebê passe a noite toda enrolado em uma manta, pois precisará se movimentar, espreguiçar-se e sentir seu próprio corpo. Outro ponto importante, essa manta precisa ser do tamanho correto e estar presa da forma adequada, pois se ficar solta pela cama pode ser perigosa (devido ao risco de morte súbita que está presente até os 12 meses).

Enfim, para finalizar este capítulo, é importante ressaltar que essa teoria é bem aceita no universo científico e alinha-se ao estudo do desenvolvimento humano, que ressalta a importância que os primeiros meses apresentam no desenvolvimento neurológico dos bebês e nos demais sistemas, digestivo (processamento dos alimentos, remédios etc.), respiratório (respiração fora do útero) endócrino e circulatório.

Como também o impacto que toda infância tem na formação da personalidade, na formação emocional e física de todo ser humano. Bebês e mães precisam de um tempo para se adaptar um ao outro, o bebê ao mundo todo (família, sons, necessidades orgânicas, emoções, enfim, tudo), a família a nova rotina, a nova vida que terão e, claro, as necessidades do bebê!

Não é um momento fácil, mas é extremamente importante, então, prepare-se, leia, informe-se, estude, mas tenha paciência, aceite ajuda e curta o máximo que puder!

Meu bebê nasceu e conheci a privação de sono

Quando engravidamos, especialmente se existe planejamento e o bebê é desejado, passamos muito bem durante a gestação. Claro, existem os hormônios que desencadeiam uma série de sentimentos e pode haver casos de complicações.

De qualquer forma, geralmente a gravidez é um momento muito gostoso. Além disso, a preocupação normalmente é de estar saudável, organizar o quarto do bebê, o enxoval, fazer o plano de parto e o pré-natal. Há mães que já se antecipam e fazem cursos para o parto, de amamentação, participam de grupos de mães, leem livros sobre como será a mudança da rotina e da vida da família, fazem cursos para pais etc. Inicialmente, a preocupação maior é em relação ao tipo de parto, como será cuidar do bebê e especialmente em relação à amamentação. Contudo, dificilmente as mães se preocupam em como será o sono do bebê.

> **Caroline Trentini**
>
> Consultora de sono infantil capacitada por meio do método Sosseguinho e educadora integrativa de sono infantil capacitada pela Family Wellness International Institute. Atua como consultora de sono há mais de três anos e é criadora do método Aconchego de Mãe e curso de sono Infantil HELP – para bebês e mães que precisam dormir.
> E-mail: c.aconchegodemae@gmail.com
> Instagram: @carolltrentini

Isso ocorre porque ninguém fala da dificuldade do sono do bebê. A única coisa que todos falam é: "aproveite para dormir enquanto podem", "sua vida nunca mais será a mesma". Mas nunca ninguém diz: "leia sobre como facilitar o sono do seu bebê".

Então, o bebê nasce. A família fica muito feliz, na maternidade ele dorme o tempo todo. Chora basicamente para mamar e logo se acalma. No entanto, quando vão para casa, os problemas começam a aparecer. Primeiro porque independentemente se os pais estão doentes, a mãe com dores pós-parto ou estão cansados, possuem alguém que depende totalmente deles. Nem todos possuem rede de apoio.

Aí começam as noites mal dormidas, pois os bebês acordam bastante de madrugada, seja para mamar, por desconfortos, por não conseguir voltar a dormir. Os pais, mas especialmente as mães, ficam exaustas. Acordam cansadas, passam o dia cansadas. O choro do bebê começa a estressar cada vez mais. Muitas se perguntam por que queriam tanto ser mães. Outras são otimistas e têm paciência, dizendo que vai passar.

Algumas mães inclusive começam a ter depressão, o que é muito comum. A vida muda completamente. Como o bebê é muito frágil ainda e em decorrência das vacinas, dificilmente elas saem de casa. Então, antes eram acostumadas a sair com os amigos, trabalhar, ver pessoas. Agora ficam em casa o tempo todo com o bebê e em função do bebê.

Existe a questão da amamentação que também é muito desafiadora. Às vezes há falta de apoio ou ajuda de familiares ou do próprio parceiro. Isso tudo junto, somado a privação do sono, vai fazendo com que a mulher se sinta anulada.

Aliás, além de se sentir anulada, muitas vezes se sente culpada no caso de querer ter um tempo só para ela ou querer dormir melhor. E isso não é errado. Pelo contrário. A partir do momento que a mãe começa a descansar mais, consegue ter mais disposição para outros afazeres, seja da casa ou do trabalho e até mesmo tempo para o lazer. Essa mãe consegue ter um momento dela e isso com certeza torna-a mais feliz. Mães felizes têm mais facilidade para acalmar seus bebês, para analisar e atender suas necessidades. Passam mais segurança em todo processo do sono e tornam a maternidade muito mais leve.

Então, não há por que se sentir culpada por querer ter momentos sozinha, tomar um banho mais demorado, ter uma noite ininterrupta de sono ou quem saber passear um pouco no shopping e se encontrar com as amigas. O importante é estar bem e tranquila para poder cuidar de seu filho com plenitude.

Quando uma mãe está cansada, ela transmite isso para seu filho e fica muito mais difícil conseguir acalmá-lo.

O bom sono do bebê está diretamente ligado à qualidade de vida de toda família. A privação de sono pode trazer indisposição, mau humor, tristeza, sentimento de culpa, falta de produtividade, problemas de memória, prejuízo da capacidade de julgamento, queda de imunidade, diminuição da libido, transtornos de ansiedade, estresse, obesidade etc.

A privação do sono no bebê pode estar diretamente ligada em seu humor, desenvolvimento, consolidação de memória, crescimento e até diabete e hipertensão no futuro.

§ Entendendo o sono do bebê

1. Ciclos do sono

Quando dormimos, alternamos nosso sono em ciclos que vão de leve a pesado e são alternados repetidamente. Isso também ocorre com os bebês, porém seus ciclos são ainda mais curtos, durando cerca de 40 a 50 minutos.

Durante o ciclo do sono, transitamos do sono REM (Rapid Eye Movement) — considerado sono leve — e NREM (non-Rapid Eye Movement) — considerado sono profundo. No sono leve temos alguma consciência e sonhamos. Já no sono profundo não temos muita consciência e é quando o corpo descansa.

É em decorrência desses ciclos que os bebês costumam acordar várias vezes à noite. Nós adultos também acordamos, pois temos ciclos de sono de 90 a 120 minutos, mas seguimos de um ciclo de sono ao outro sem perceber.

Entre 6-8 semanas, os bebês começam a produzir sua própria melatonina, sendo que aos 4 ela se intensifica. A produção é maior no início da madrugada e por isso o primeiro sono da noite do bebê normalmente se estende em mais horas. Após esse pico, eles começam a acordar e ter mais dificuldade para voltar a dormir sozinhos.

As mães também produzem melatonina e passam para o bebê por meio do leite materno. Logo, aí está um grande benefício da amamentação para o sono do bebê.

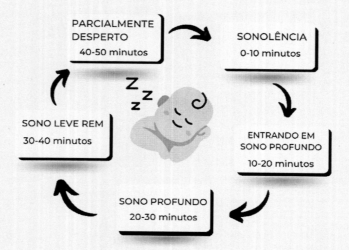

2. Ciclo Circadiano – Preciso deixar meu bebê dormir na claridade durante o dia?

O ciclo ou ritmo circadiano é o nosso relógio biológico. Esse relógio segue um dia de 25 horas, por isso precisamos acertá-lo continuamente, especialmente em relação aos horários que dormimos e acordamos e à exposição à luz e à escuridão.

É por conta desses horários que temos organizados em nosso dia a dia que quando mudamos de fuso horário o organismo demora para se acostumar.

Por isso também é mais difícil acordar na segunda para aqueles que têm uma rotina totalmente diferente no domingo (acordar outro horário, almoçar mais tarde etc.).

É por conta do ritmo circadiano que nossas percepções se alteram ao longo do dia (momentos de sono e de alerta). Os padrões de sonolência mudam ao decorrer da vida e é por isso que o padrão de um bebê é diferente do de um adulto.

O ciclo circadiano é influenciado especialmente pelas variações de luz. Por isso que de dia ficamos mais alertas (produção de cortisol) e a noite com sono (produção de melatonina). Por isso também a importância de deixar tudo bem claro durante o dia (exceto sonecas) e diminuir as luzes à noite para que o ciclo circadiano do bebê vá se ajustando.

Isso tudo não significa que seu bebê precise fazer as sonecas na claridade. A seguir, explicarei mais sobre como evitar que seu bebê troque o dia pela noite.

3. Como evitar que o bebê troque o dia pela noite

O bebê fica 9 meses na barriga. Lá não existe diferença entre dia e noite. Quando ele nasce, seu organismo ainda não estabelece o ciclo circadiano (período marcado por 24 horas). Nele nosso organismo vai criando hábitos. Por isso temos fome ou sono nos horários que temos essas necessidades.

A transição do ritmo dos bebês depende de fatores neurológicos, endócrinos etc. Logo, é com o tempo que seu bebê vai começar a diferenciar o dia da noite. Contudo, existem algumas coisas que podem ser feitas para ajustar isso:

o Deixe a casa iluminada de dia e diminua a luminosidade à noite (por volta das 18h00). Isso ajuda a produção de melatonina pelas mães que é passada ao bebê por meio do leite e após os 4 meses ajuda o bebê na produção da melatonina (ele começa a produzir em torno de 6-8 semanas, mas se intensifica aos 4 meses). Isso não significa que seu bebê tenha que fazer as sonecas na claridade.

o Evite acordar o bebê para amamentar ou dar mamadeira de madrugada. Se seu filho chora, amamente ou dê mamadeira. Se ele não acordar, amamente apenas se tiver indicação médica por baixo ganho de peso ou nos primeiros dias por conta da glicemia.

o Durante o dia, faça brincadeiras mais estimulantes e, quando for anoitecendo, faça brincadeiras leves, leituras, música para evitar produção de adrenalina e até cortisol.

o Atenda seu filho de madrugada apenas se ele chorar. Às vezes seu filho resmunga, conversa sozinho, mas volta a dormir. Se você entrar no quarto dele pode despertá-lo.

o A fralda da madrugada só deve ser trocada se realmente necessário. Normalmente, quando eles são recém-nascidos temos a tendência de fazer a seguinte ordem durante o dia: bebê acorda, trocamos, damos mama e brincamos. Ou: bebê acorda, brincamos, damos mama e trocamos. Na madrugada é importante evitar fazer a troca em cada despertar, pois isso também pode estimular o bebê.

o Quando for atender seu filho não acenda luzes fortes e evite interagir com ele. Durante o dia é o momento de interações e a noite é para dormir ou se alimentar quando necessário.

4. Formas de indução para dormir

É importante verificar a forma que os bebês são colocados para dormir, uma vez que isso influencia diretamente no tempo das sonecas e do sono noturno. As formas mais comuns de indução dos bebês são a sucção no seio, da chupeta, mamadeira, embalo e balanço do carrinho. Mas há também balanço de rede, batidinhas no bumbum, carinho até dormir etc.

Assim que o bebê nasce, ele tem uma necessidade muito grande de sucção, sendo ela nutritiva ou não. Nesse primeiro momento, é muito difícil impedir que eles adormeçam no seio e não há que se falar em evitar isso. A sucção ajuda o bebê a ativar o nervo vago, responsável por acalmá-lo.

Porém, após 40 dias, o bebê começa a enxergar melhor e sofre mais com os estímulos, o que dificulta na hora do sono. Dessa forma, quando o bebê adormece no seio nessa fase, é mais fácil ele acordar quando é retirado do seio e colocado em outro lugar. Fica um ciclo após o outro nessa tentativa de fazer o bebê dormir no seio e colocar em outro lugar. Ainda que seja colocado com sucesso em outro lugar, quando acorda necessita do peito (ou outra ajuda) para voltar a dormir.

Muitas vezes as mães que amamentam são estimuladas a fazer o desmame noturno ou a dar complemento antes de os bebês dormirem com a falsa ideia de que o leite é que não está sustentando o bebê. A verdade é que todos os bebês acordam durante a noite após cada ciclo de sono. A diferença é que um bebê que tem autonomia para dormir consegue ligar um ciclo de sono ao outro.

Por isso, mesmo que essas mães deem complemento antes de dormir, se continuarem fazendo seus bebês dormirem com indução durante o dia, de nada adiantará. Ou seja, a amamentação é totalmente compatível com o bom sono do bebê. Não devemos falar em desmame para fazer com que os bebês durmam melhor.

Outra forma de indução é por meio da chupeta. A chupeta é um bico artificial que vem como substituto do seio na função da sucção não nutritiva. Muitos pais acham que estão fazendo um favor ao bebê ao dar a chupeta, mas, na verdade, ela apresenta muitos malefícios.

A chupeta, assim como qualquer outro bico artificial, pode causar confusão de bicos e, portanto, o desmame precoce, prejudica a dentição e, por fim, o processo natural de diminuição da necessidade de sucção e do sono.

Nos primeiros meses, o bebê se acalma sugando. Contudo, com o tempo, se a mãe vai distraindo a criança de outras formas, ela aprende a se acalmar por conta própria. Já o uso da chupeta impossibilita que o bebê aprenda a se acalmar sozinho, sempre precisando desse instrumento.

Além disso, toda vez que o bebê chora pode ser acalmado por meio da chupeta, mas isso não significa que a real necessidade daquele bebê foi suprida. Os pais precisam observar melhor seus bebês e serem responsivos. Ex.: bebê chora porque está com a fralda suja, mas pais dão a chupeta. Possivelmente aquele bebê vai parar de chorar, mas terá sua necessidade suprida?

Por último, existe a indução do sono por meio de movimentos. Eles ocorrem quando a sucção não é mais suficiente ou outras pessoas cuidam da criança. De todas as formas, ela é a mais fácil de ser reduzida.

5. Dormir num lugar e acordar em outro

Um fator muito importante para que o bebê consiga ligar um ciclo ao outro é dormir no mesmo local que irá acordar.

Isso ocorre porque os ciclos do sono são um mecanismo de defesa para que consigamos ver se está tudo bem ao nosso redor. O que você sente quando acorda num hotel, na casa de outra pessoa? Não fica meio desnorteado até lembrar onde está? Isso também ocorre com os bebês. Então, ao acordar de seu ciclo do sono, caso eles tenham dormido no colo ou no peito, por exemplo, e acordem no berço, vão olhar ao redor e ficar assustados. Há descarga de adrenalina como forma de defesa e o bebê chora requisitando ajuda.

É importante que o bebê adormeça diretamente no local onde vai acordar.

6. Estabelecendo um Ritual

Os rituais podem ser estabelecidos a partir do primeiro dia em casa. Lembrem-se que ritual é diferente de rotina. Os horários que a criança vai dormir, mama, alimenta-se etc. acabam se estabelecendo no decorrer dos dias e sempre vai alterar conforme vão crescendo. Tentem não ficar tão preocupados com horários específicos para não se frustrar.

Sobre os rituais, façam um para as sonecas e outro para o período noturno. Nas sonecas, podem levar o bebê para o quarto, colocar no berço, fechar as cortinas, trocar a fralda, cantar alguma música específica, fazer o chiado shhh. Quando o bebê começar a enxergar melhor, podem adotar sinalizações para esse momento como colocar a mão ao lado do rosto mostrando é hora de dormir ou dar tchau.

Já à noite, podem iniciar o ritual com o banho, levar para o quarto, colocar o pijama, fazer massagem, dar mamadeira ou amamentar, fazer arrotar, colocar no berço acordado, cantar uma música ou fazer o chiado shhh, fazer oração, contar história e fazer a sinalização de hora de dormir. É importante que o ritual seja sempre finalizado no quarto. Então, nada de dar banho, levar para o quarto, trocar de roupa e ir passear na sala, ok?

Todos esses exemplos de elementos de rituais são SUGESTÕES. A ordem e o que vocês decidirem fazer fica a critério de vocês. Porém, é importante fazer a mesma ordem

TODOS OS DIAS. Essa constância que vai ajudar o bebê a entender que está chegando a hora de dormir. Isso que vai ajudá-lo a relaxar com o tempo.

Podem utilizar ruídos brancos (tem aplicativos próprios para isso). Evitem o uso de móbiles com o intuito de fazer dormir, pois eles podem acabar estimulando ao invés de relaxar.

Sempre ao final da tarde, façam atividades leves com o bebê e diminuam a luz da casa. Primeiro porque ao final do dia a criança está mais irritada e cansada, segundo porque a redução das luzes e atividades ajuda na produção da melatonina (o pico da produção ocorre após duas horas do pôr do sol). Atividades agitadas podem propiciar a produção de adrenalina e ela se sobrepõe a melatonina.

Não esqueçam que os bebês precisam dormir bastante à noite, então não fiquem com receio de colocá-lo para dormir entre 18h00 e 20h00, caso consigam por conta do horário que estão em casa. Quando mais cedo eles dormem, melhor por conta da produção da melatonina e hormônio de crescimento. Outra vantagem é um tempo livre para vocês à noite.

§ **Exemplo de ritual de soneca:**

Sinais de sono -> levar para o quarto -> fechar a janela -> colocar no berço -> fechar a cortina -> cantar, contar história, colocar música.

§ **Exemplo de ritual noturno:**

Banho -> levar para o quarto -> colocar o pijama -> amamentar normalmente -> fazer arrotar -> colocar no berço -> ler uma história -> fazer uma oração (caso sejam religiosos) -> cantar uma música -> dar tchau, apagar a luz e sair do quarto -> soninho.

7. Melhor horário para o bebê dormir

Pensando na produção de melatonina que aumenta e tem seu pico no decorrer da noite e vai baixando durante a madrugada, quanto mais cedo seu bebê dormir, melhor. Além disso, é enquanto dormem que produzem o hormônio de crescimento.

O horário recomendado é entre 18h00 e 20h00. Porém, cada caso é individualizado, porque sabemos que muitos pais voltam mais tarde do trabalho e precisam ter um tempo com a criança. Então, temos que levar em consideração essas circunstâncias. Ainda assim, quanto mais cedo melhor.

8. Utilizando o *Sling*

Nos primeiros três meses, o *sling* é um grande aliado, tanto por conta das cólicas, quanto por conta do sono. Quando os bebês dormem no *sling*, acabam fazendo sonecas mais longas por dormirem no mesmo local onde vão acordar de cada ciclo de sono e por estarem junto do cuidador.

Além disso, se o bebê dormir dentro do *sling*, sem quase nenhum embalo, já vai ajudar muito quando for dormir diretamente no berço.

Para que seu bebê adquira o hábito de usar o *sling*, é importante colocá-lo após mamar e arrotar, pois quando está com fome ou com muito sono, ele poderá estar muito nervoso e agitado.

9. Constância, paciência e persistência

Seja os rituais, uso de *sling*, seja evitar que o bebê durma com alguma indução, para tudo deve-se ter CONSTÂNCIA, PACIÊNCIA e PERSISTÊNCIA.

Constância porque é importante manter os rituais e planos todos os dias, mesmo que às vezes pareça que não está funcionando. Bebês se sentem seguros quando há previsibilidade.

Paciência porque o bebê chora muito, especialmente nos primeiros meses (seja por fome, sono, desconforto, dor). Além disso, tem que ter paciência, porque a evolução do sono pode ser lenta, ainda mais quando são mais novos, afinal, seu bebê está se desenvolvendo, pode ter dores, desconfortos etc.

E persistência porque é importante NÃO DESISTIR. Em muitos momentos, vocês não vão ver resultado, vão se perguntar se o que estão fazendo está certo, mas tentem persistir no plano.

10. Seu bebê não chora só por fome

Especialmente nos primeiros três meses, o bebê vai chorar mais que o habitual. O choro é para demonstrar suas necessidades, já que é o único meio de comunicação que tem. Não ache que seu bebê chora sempre por fome ou que está tentando te manipular.

Um dos choros mais frequentes é o do próprio sono, mas ele também pode chorar por frio, calor, desconforto, cólicas, gases, arroto que não saiu, dores etc. Então, fique sempre atenta antes de ficar amamentando ou dando a mamadeira o tempo inteiro, pois de nada adiantará mamar, se não for solucionado qualquer outro problema.

Em relação à fome, pratique a livre demanda (dar mama quando a criança solicitar, especialmente nos primeiros 3 meses). Mas, ainda assim, leve em conta o tempo de mamada. Se seu filho mamou 1 hora atrás, desconfie que o choro é por algum desconforto que mencionei ou sono. Então, tem que levar para o quarto e facilitar o sono dele.

11. O que fazer quando o bebê acorda de madrugada?

Nos primeiros dias, caso seu filho durma ao seu lado, vai notar que ele faz pequenos barulhos, balbucios. Sempre espere ele chorar para atender. Evite ficar intervindo, mesmo que pareça que ele vai acordar. Aguarde ele realmente despertar e chorar.

Ele chorando, vá atendê-lo. Se ver que está com a fralda com cocô, faça a troca. O truque é não trocar se for apenas xixi. Isso, acredite, faz toda diferença mais para frente.

Assim que trocá-lo (provavelmente vai chorar muito, porque quer mamar), amamente ou dê a mamadeira, coloque para arrotar e aqui não se preocupe se ele acabar adormecendo. Na madrugada, principalmente até os quatro meses, eles acordam mais para mamar por fome.

É importante também não acender luzes fortes no quarto e não interagir com o bebê. É isso que vai fazê-lo entender a diferença da noite e do dia. No dia tem atividades, conversa com os pais, claridade durante os momentos que não estiver dormindo. À noite, tudo é escuro e silencioso e não há interação.

12. Como colocar o bebê no berço sem acordar

o   Evite movimentos bruscos ao colocá-lo no berço. Nesse caso a própria cadeira de amamentação prejudica quando levantamos e ela faz barulho ou saímos desengonçadas.

o   Forre o local que o bebê vai dormir com um lençol que tenha o cheiro da mãe.

o   Deixe o local quentinho (pode usar bolsa térmica) para que ele não perceba uma grande diferença de calor quando sai do colo para o berço.

o   Coloque o bebê na mesma posição que estiver nos braços, da maneira mais calma possível.

o   Mantenha contato com ele e vá tirando aos poucos uma mão e depois a outra. Qualquer coisa, faça um pouco mais de carinho ou dê batidinhas no bumbum.

o   Persista. Se ele acordou quando você o colocou, tente várias vezes, porque ele precisa criar o hábito de que está tudo bem, que é ali que ele vai dormir.

o   Use um objeto de transição. Bichos de pelúcia, cobertinhas ou paninhos são excelentes para que eles se acalmem com esses itens de conforto. Porém, é importante verificar a segurança em relação à idade do bebê.

o   Enrole o bebê num charutinho ou *swaddle*. Eles ajudam o bebê a ficar bem preso como ficava na barriga da mãe e amenizam os reflexos de moro. Porém, é importante usar apenas até os três meses ou até o bebê rolar. Além disso, tomar cuidado para não prender as pernas e quadril do bebê.

o   Peça para outro cuidador colocar o bebê no berço. O cheiro da mãe é um atrativo que torna mais difícil a transição. Por isso até, às vezes, os papais têm mais facilidade em fazer os filhos dormirem.

o   Aprenda a identificar o *golden minute*. Esse momento é aquele que o bebê entra em sono profundo. Em recém-nascidos varia de 15 a 30 minutos, mas após os 4 meses, pode ser de 5 a 10 minutos. O corpo do bebê amolece. A respiração fica mais leve e contínua. Alguns até fazem aquela respiração de alívio. Esse momento é muito importante para a transição do colo para o berço.

Saltos de desenvolvimento

§ Existem crises no sono do bebê/criança?

Muitas pessoas utilizam o termo "crises do sono" para descrever os saltos de desenvolvimento, aliás, a maioria das mães conhece o tema devido a isso. Porém, os saltos de desenvolvimento não são crises no sono, pois não existe essas crises durante o sono infantil.

O que existe são períodos em que o desenvolvimento da criança apresenta maiores mudanças e transformações e consequentemente prejudicam o sono e os demais momentos do dia. Então, neste capítulo vamos entender em detalhes o que são esses saltos, o que ocorre no sono, se eles existem mesmo e como identificá-los.

Quando os pais estão cientes do que está acontecendo com seu bebê e quando conhecem

> ### Ana Paula Colli
>
> Psicóloga, escritora e produtora de conteúdo digital, especialista em Saúde Mental e Coletiva, pós-graduanda em Neurociência e Comportamento, pós-graduanda em Psicologia Infantil, pós-graduanda em Psicologia do Sono, pós-graduanda em Psicologia da Aprendizagem, do Desenvolvimento e da Personalidade.
> Instagram: @sobre_maternidade
> www.anapaulacolli.com.br
> www.sobrematernidade.com.br

as suas necessidades orgânicas, o dia a dia se torna mais fácil. Isso gera menos ansiedade e menos tentativas frustrantes de mudanças sem estrutura. Após essa breve apresentação, vamos entender em detalhes essas primeiras informações.

O que são saltos de desenvolvimento e por que ocorrem?

Os saltos de desenvolvimento foram descritos pela primeira vez em 1992 pelos doutores Holandeses Dr. Frabs Plocij e pela Dr.ª Hetty Van de Rijt no livro *As semanas mágicas*.

Porém, não existem comprovações científicas sistemáticas que comprovem essa teoria. Os doutores compararam os dados que coletaram em seus resultados sobre as capacidades dos bebês nos diferentes estágios de desenvolvimento aos níveis de percepção demonstrada pela Teoria de Controle Perceptivo Hierárquico (PCT), criada por William T. Powers. Diversos estudiosos gostam e aprovam a sua teoria, como John Richer (PhD formado em Psicologia e chefe do departamento de psicologia pediátrica do hospital John Radcliffe em Oxford) e outro não aprovam.

Os autores da pesquisa descrevem que os saltos são períodos de mudança em que muitos bebês começam a desenvolver novas habilidades cognitivas, e devido ao bebê ser muito sensível a quaisquer mudanças, ele sentiria e reagiria com certo estranhamento, é como se o organismo avisasse que novos desenvolvimentos estão chegando.

Segundo a teoria, o bebê sente que algo está mudando e isso o deixa inseguro, mas antes de continuar explicando a teoria, vamos falar sobre como as crianças sentem a mudança em si.

Toda mudança de hábito causa estranhamento em todas as fases da vida, explicando de forma simples: nosso cérebro gasta muita energia para realizar uma mudança, pois o objetivo é sempre poupar energia e fazer o que já conhece. Então, algo novo ativa todos os sistemas, pois eles precisam ficar em alerta para entender e aprender o que e como realizar a novas atividades. Depois de um tempo de prática, esse novo aprendizado se torna automático e passa a gastar pouca energia.

Isso acontece porque a quantidade de informações que o nosso cérebro precisa processar todos os dias é muito grande. As coisas precisam se tornar automáticas para que ele possa poupar energia e dar conta de tudo. Para o bebê e para as crianças, esse processo é mais difícil devido à baixa maturidade emocional e cognitiva.

Existe muitas discussões sobre a veracidade dos saltos de desenvolvimento, alguns profissionais que atendem bebês e crianças (pediatras, psicólogas etc.) concordam e outros não, pois diferem de teorias já comprovadas. Muitos pais conseguem identificar esses períodos, pois causam uma mudança repentina no comportamento do bebê e coincidem com os marcos de desenvolvimentos típicos da idade.

Segundo a teoria, durante os saltos, o bebê demonstra naturalmente uma intensa necessidade de treinar as novas habilidades e isso o deixa empolgado. O bebê busca por mais atenção, fica irritado e tem mais variações de humor. Muitas mães relatam que do dia para a noite os bebês mudam e não parecem os mesmos.

O que sabemos é que quando um bebê sente alguma necessidade, quando se sente inseguro, sente dor ou está chateado, ele busca, sim, pela sua base, a mãe, ele precisa do contato e do afeto para se sentir melhor, isso é científico, mas não é algo exclusivo ao salto, é parte do desenvolvimento natural de toda criança.

Então, não existe como ter certeza de que o bebê realmente sente que os desenvolvimentos estão chegando e como isso o afeta. Essa irritabilidade e mudança podem ser resultados de uma maturação cognitiva, o bebê apenas está ficando mais consciente do seu ambiente e demonstrando suas vontades.

Lembrando que nessa fase as crianças ainda não têm o lado do cérebro responsável pela lógica e racionalidade bem desenvolvido, quando sentem alguma necessidade, as demostram imediatamente, por isso, muitas ficam mais irritadas ou mudam rapidamente de humor.

Também, essas "crises" podem ser resultado de uma desestrutura emocional na família, na rotina, consequentemente afetando o sono e todo comportamento da criança. Isso tudo justificaria essas mudanças que as mães sentem claramente nos dois primeiros anos e coincidem com os períodos descritos de salto. Porém, estão ligadas ao desenvolvimento em si da criança.

Voltando à teoria, um salto apresenta dois momentos:

1. **PERÍODO DIFÍCIL:** os bebês choram mais e parecem mais apegados à mãe, mais irritados e com o humor instável. Acordam mais à noite (geralmente chorando).

2. **DOMÍNIO DE HABILIDADES:** a segunda fase consiste em dominar as novas habilidades ou usar as antigas de forma diferente. Os bebês desenvolvem novos interesses e com o passar dos dias (depois de muito treinamento) acabam dominando as novas habilidades. Acordam à noite para treinar o que estão aprendendo, por exemplo: no 6.º mês o bebê começa

a acordar várias vezes à noite tentando sentar-se na cama, ele dorme em uma posição e acorda chorando em outra. Durante o dia, ele não aceita mais ficar deitado e fica o tempo todo tentando sentar-se.

Voltando ao desenvolvimento, no primeiro ano, ele é extremamente acelerado, observe: os bebês nascem sem conseguir sustentar a própria cabeça e, quando completam 12 meses, aprendem a caminhar (ou quase). E nesse caminho, alguns meses são mais intensos, cheios de evoluções e outros mais estáveis.

É importante entender que os bebês e as crianças não param de se desenvolver quando estão fora desses saltos, as crianças continuam evoluindo de forma gradativa e, a cada mês, amadurecerão mais e aprendendo com suas experiências. Cada novo desenvolvimento da criança depende do anterior, primeiro ela rola, depois ela se senta, depois aprende a engatinhar e depois a caminhar.

Porém, tudo isso depende do estímulo, algumas crianças caminham com 10 meses e outras com 1 ano e meio, algumas caminham antes de engatinhar, novamente, tudo depende do ambiente e da forma que a família estimula o bebê. O desenvolvimento é sempre uma evolução, porém, em alguns meses, a mudança é mais perceptível aos olhos dos pais e muitos relacionam ao salto.

A meu ver, essa teoria dos saltos coincide com os marcos de desenvolvimento em alguns pontos, mas não considero a maioria das alegações reais, pois vão contra a alguns estudos realmente científicos sobre o desenvolvimento infantil. Por um lado, pode ser positivo e, por outro, negativo, o ideal, como sempre, é usar esse conhecimento com bom senso.

O lado negativo seria os pais se basearem totalmente nos saltos para entender o que está ocorrendo com seus filhos, pois isso pode causar ansiedade e diminuir o foco naquilo que realmente importa. Por exemplo, os pais deixarem de educar o bebê ou ensinar hábitos realmente importantes por pensarem que logo vai passar, afinal, é só um salto.

O lado positivo seria que os pais que não têm conhecimento técnico em relação a teorias complexas sobre o desenvolvimento humano têm a oportunidade de observar de forma fácil e mais próxima as mudanças, desenvolvimento ou a falta deles. Se as tabelas forem usadas com equilíbrio e em conteúdos relevantes (como este) podem ajudar e tranquilizar os pais e isso é algo positivo.

É importante conhecer os marcos de desenvolvimento e procurar ajuda quando sentir que algo está errado com o seu bebê, mesmo que seja apenas para tirar dúvidas. Os bebês se desenvolvem de formas diferentes e isso é normal, porém é preciso estar alerta quando o atraso é considerável e, se necessário, iniciar precocemente a estimulação necessária. Observe a sequência do desenvolvimento:

Quadro 1 – Sequência do desenvolvimento

SEQUÊNCIA DO DESENVOLVIMENTO		
IDADE	HABILIDADES LOCOMOTORAS (GROSSEIRAS)	HABILIDADES MANIPULATIVAS (MOTORAS FINAS)
1 a 3 meses	Reflexo de passo, levanta a cabeça, sem com apoio.	Segura objetos se colocados na mão, começa a golpear objetos.
4 a 6 meses	Rola sobre o corpo, senta-se com autoapoio aos 6 meses, rasteja.	Estende a mão e segura objetos, usando uma mão.
7 a 9 meses	Senta-se sem apoio.	Transfere objetos de uma mão para outra. Pode segurar com polegar e indicador ("pinça") aos 9 meses.
10 a 12 meses	Dá impulso para levantar, caminha agarrando a mobília, então caminha sem ajuda, agacha-se e inclina-se.	Segura uma colher atravessada na palma da mão, mas tem pouca pontaria para colocar a comida na boca.
13 a 18 meses	Caminha para frente e para trás. Corre (14-20 meses).	Empilha dois blocos, coloca objetos em pequenos recipientes e os despeja fora.

2 a 4 anos	Corre com facilidade, sobe escadas usando um pé por degrau, pula com os dois pés, pedala e dirige um triciclo.	Pega objetos pequenos. Segura o lápis com os dedos (2-3 anos), então entre o polegar e os dois primeiros dedos (3-4). Cortar papel com a tesoura.
4 a 6 anos	Sobe e desce escadas usando um pé por degrau, caminha sobre uma linha fina, pula, atira e já pega razoavelmente bem.	Coloca linha em contas (brinquedos alinhavos), mas não em agulhas (4-5 anos). Enfia linha na agulha (5-6 anos). Segura o lápis naturalmente, mas escreve ou desenha com rigidez e concentração.
6 a 9 anos	Chuta, bate e pega em objetos parados (como bola) com força, intercepta objetos em movimento correndo, mas precisa parar para bater, chutar ou pegar.	Usa pressão madura ao escrever ou desenhar, usa movimento descendente para bater em objetos com instrumentos (por exemplo, martelo). Rebate objeto com uma mão com controle limitado.
9 a 12 anos	Chuta, bate e pega objetos em movimento correndo. Aumento significativo no pulo vertical.	Usa movimento descendente ou horizontal para bater em objetos com instrumento quando apropriado (Ex., martelo X beisebol). Rebate objeto com uma mão com bom controle.

Fonte: Capute *et al.* (1984), Connoly e Dalgleish (1989), Den Ouden *et al.* (1991), Fagard e Jacquet (1989), Gabbard (2008), Gallahue e Ozun (1995), Hagerman (1996), Needlmanm (1996), Overy (2002) e Thomas (1990)

E sobre o desenvolvimento da linguagem, algumas observações do Ministério da Saúde:

Quadro 2 – Desenvolvimento da linguagem

IDADE	DESENVOLVIMENTO DA LINGUAGEM
1 a 3 meses	Presta atenção aos sons e se acalmam com a voz da mãe. Chora, faz alguns sons, dá gargalhadas, observa o rosto, som quando alguém fala com ele.
4 a 6 meses	Procura de onde vem o som. Grita, faz alguns sons como se estivesse conversando e imita sua voz.
7 a 11 meses	Encontra de qual lado vem o som. Faz alguns sons. Repete palavras. Bate palmas, aponta o que quer, dá "tchau".

12 meses	Começa a falar as primeiras palavras. Imita a ação de outra pessoa.
18 meses	Pede as coisas usando uma palavra. Já sabe falar umas 20 palavras.
2 anos	Consegue dizer frases curtas com duas palavras. Já sabe falar umas 200 palavras.
3 anos	É possível entender tudo o que ele fala, mas, às vezes, ele conjuga errado. Conhece cores.
4 anos	Inventa histórias. Compreende regras de jogos simples.
5 anos	Forma frases completas, fala corretamente.
6 anos	Aprende a ler e a escrever.

Fonte: Ministério da Saúde

Esses marcos ocorrem em todas as crianças saudáveis e aproximadamente na mesma idade, algumas antes e outras depois. Essa diferença está ligada ao ambiente em que vivem, contexto social, questões orgânicas do bebê, a estimulação que o bebê recebe e a forma que os pais lidam com a situação.

Podemos observar que em alguns desses períodos acontecem variações de humor e mais despertares noturnos, por exemplo: no quarto mês muitos bebês passam a acordar na noite, pois começam a rolar e não conseguem retornar para a posição que estavam e, claro, precisam de ajuda para desvirar. Quanto mais acordam, pior dormem e, ao longo do dia, demonstram mais irritação, é como se fosse uma "bola de neve".

No sexto mês, os bebês começam a se movimentar melhor e muitos acordam e se sentam na cama. Outros começam a rolar mais e acabam parando nos pés da cama pedindo ajuda para voltar. Isso não significa uma regressão de sono, apenas significa que o bebê desenvolveu uma nova habilidade e está aprendendo a usar.

O bebê, obviamente, precisa de ajuda para desvirar na cama enquanto ainda não aprende perfeitamente a fazer isso no quarto mês, o que não significa que acordou por causa do salto.

Então, falar que os bebês "treinam" o que estão aprendendo na noite pode ser aceitável, se observarmos que essa movimentação noturna é natural em todos os seres humanos, mas nos bebês é mais intensa, pois seus ciclos de sono são diferentes, eles apresentam uma maior porção de sono REM o que causa mais agitação noturna.

E durante esses ciclos, as crianças rolam, falam, movimentam-se, algumas acordam e voltam a dormir sozinhas, outras precisam de ajuda e naturalmente farão as novas habilidades adquiridas nesses momentos também. Segundo a ciência que estuda o sono, é durante os ciclos de sono que as crianças se desenvolvem, crescem e aprendem. Aliás, todos os seres humanos durante o sono fazem os principais processamentos de memória e efetivação de novos aprendizados.

Enfim, os saltos e os marcos de desenvolvimento podem ser apenas uma coincidência, mas esses períodos podem afetar o sono devido aos processos de mudanças, mas não causam crises no sono e não fazem as crianças dormirem pior por esse motivo.

§ Como fica o sono durante esses períodos?

Como expliquei na questão anterior, as crianças não passam a acordar na madrugada por causa dos saltos ou possíveis regressões, e sim demonstram esses despertares de formas diferentes devido aos desenvolvimentos e habilidades. Vamos imaginar o seguinte, quanto mais se desenvolve um bebê, mais consciente do que ocorre ao seu redor ele fica, por exemplo, muitas crianças aos dois anos mudam o seu padrão de sono, os despertares diminuem e o sono vai se tornando mais parecido com o padrão do adulto.

Porém, como ocorrem mudanças na maturação cerebral da criança, ela começa a perceber que consegue levantar-se sozinha da cama e ir para a cama dos pais e muitas passam acordar na madrugada ou chamar por ajuda, demorando em média 1 hora para voltar a dormir (devido ao despertar e agitação que a situação em si causa). Nesse caso, a família precisa trabalhar o ambiente de sono e as questões relacionadas à segurança. Isso não é culpa de um salto e não vai passar naturalmente, a criança precisará dos estímulos corretos e suporte emocional.

Como aos quatro meses o bebê se torna mais consciente do que ocorre ao seu redor e começa a perceber que precisa da ajuda dos pais para dormir, passa a chorar mais na madrugada. Também, o padrão de sono muda, pois antes o ritmo interno do bebê era intradiano (o que ocorre fora do organismo não interfere no ritmo interno). Depois desse período, ele passa a desenvolver o ritmo circadiano como todos os demais seres humanos. E barulhos, luzes e outros estímulos externos passam a atrapalhar o sono.

Unindo tudo isso a um bebê tentando rolar e não conseguindo voltar à posição, temos mais despertares noturnos. Isso tudo está ligado ao desenvolvimento do bebê, e não aos saltos ou crises em si. Ou seja, em muitos desses períodos o sono é, sim, afetado, mas pelas questões ligadas ao desenvolvimento, e não a crises e regressões.

Enfim, os bebês que já dormiam bem, uma parte continuará dormindo igual e outra sentirá alguns incômodos na noite. Aqueles que não dormiam bem continuarão não dormindo, mas pode ser ainda pior devido ao incomodo em cada ciclo de sono, por exemplo: o bebê que acordava 3x para mamar pode passar a acordar 8x, em todos os ciclos de sono tentando rolar.

Minha conclusão é esteja sempre ciente dos marcos reais de desenvolvimento, respeitando o processo de aprendizado da criança, estimulando-a da forma correta, mas não siga ao pé da letra essa teoria.

§ Quando os saltos ocorrem?

Segundo a teoria e o livro *As semanas mágicas*, os saltos ocorrem de acordo com um período determinado, mas, na realidade, avaliando os marcos de desenvolvimento, são diferentes para cada bebê, alguns iniciam mudanças algumas semanas antes e outros algumas depois das datas sugeridas, ou seja, novamente, isso está ligado ao desenvolvimento particular de cada bebê.

Lembre-se: as habilidades não serão adquiridas todas no mesmo dia, é um processo de desenvolvimento e evolução. Cada dia seu bebê estará mais alerta e perceberá mais o mundo ao seu redor, **crescer nada mais é do que um processo constante de evolução! E a cada crescimento novas mudanças e desafios surgirão.**

A rotina é muito importante durante todos os processos de desenvolvimento, pois as crianças não têm relógio, elas entendem o que ocorre em seu dia pelas suas rotinas, pelas atividades que realizam em sequência. A rotina nessa idade é traduzida em segurança emocional, que é fundamental no desenvolvimento emocional saudável de uma criança.

A seguir, os períodos aproximados:

1.º Mês *(a partir de 5 semanas):*	**Reações da criança:** • Chora mais do que o habitual; • O apetite diminui; • Dorme mal e acorda várias vezes (mais que o habitual); • Demanda mais atenção e colo da mãe e chora quando colocado em outro local; • Parece entediado ou irritado (como se nada estivesse bom). **Desenvolvimento nessa fase:** • Início do mundo das sensações, o bebê começa a perceber o mundo de forma diferente; • Percebe os cheiros de forma diferente; • Surge o primeiro sorriso social (geralmente entre 6 e 12 semanas); • Se torna mais sensível aos sons, escuta e vira a cabeça rapidamente quando alguém fala; • Começa a prestar mais atenção nas coisas e nas pessoas, começa a seguir com os olhos objetos simples, sua visão melhora; • Se torna mais sensível ao toque dos pais, por isso, pede mais colo, abraços e massagens tendem a acalmar.
2.º Mês *(a partir de 8 semanas):*	**Reações da criança:** • Chora com mais vigor do que no mês anterior; • Diminui o apetite; • Pode começar a dormir mal e acordar mais várias vezes na noite; • Necessidade de chupar o dedo ou chupeta com mais intensidade; • Vontade de ficar apenas no colo ou parece entediado, parece irritado; • Busca intensa pela mãe. **Desenvolvimento nessa fase:** • Começa a erguer a cabeça e controlá-la; • Começa a emitir pequenos sons que não fazia antes (pequenos gritos); • Começa a tentar pegar os objetos que estão ao alcance (geralmente só bate, ainda não pega); • Quando virado de cabeça para baixo tenta virar o pescoço; • Vira a cabeça para olhar quando percebe algo que o interessa (segue com o olhar). Intensifica a visão, começa a olhar e perceber mais formas e nesse ponto surge o interesse pelas imagens rápidas da TV; • Começa a perceber que as suas mãos e pés fazem parte do seu corpo e começa a tentar controlá-los.

3.º Mês *(a partir de 12 semanas):*	**Reações da criança:** • O bebê começa a querer brincar mais com os pais; • O bebê acorda no meio da madrugada (entre 3/4 horas) e fica quieto no berço "brincando"; • Perde o apetite ou se distrai mais para mamar; • Dorme mal a noite e acorda várias vezes (chorando ou demora para voltar a dormir); • Dificuldade e irritação durante as sonecas. **Desenvolvimento nessa fase:** • Já consegue balançar um chocalho com as mãos; • Descobre barulhos novos e fica o tempo todo tentando praticá-los. Consegue fazer sons altos e baixos e gosta de ficar variando a intensidade; • Começa expressar quando gosta de algo, fica feliz e sorri animado; • Faz movimentos mais suaves ao virar a cabeça ou acompanhar um objeto com os olhos; • Começa a fazer bolhas de saliva com a boca e acha isso muito engraçado, prática muitas vezes durante o dia; • Começa a perceber e ficar mais atento ao ambiente e enxerga distâncias mais longas; • Começa a brincar por mais tempo.
4.º Mês *(a partir de 19 semanas):*	**Reações da criança:** • O bebê chora com mais facilidade (para tudo) e parece mal humorado; • Dorme mal a noite e acorda várias vezes chorando ou demora para voltar a dormir (lembrando que nesse mês ocorre uma transição no padrão de sono devido ao desenvolvimento do bebê); • E todos os demais sinais dos saltos anteriores. **Desenvolvimento nessa fase:** • Nesse mês o bebê começa a fazer coisas mais complexas e muitas vezes várias ao mesmo tempo, é um momento marcado por diversos desenvolvimentos e as mais marcantes são as motoras; • Nesse mês o bebê começa a aprender a rola; • Quando o bebê é colocado no chão é possível perceber que já consegue movimentar todo seu corpo; • Já consegue segurar os brinquedos com as duas mãos; • Quando ouve a sua voz ou te vê, já consegue se virar para olhar e se você o chamar pelo nome ele irá te olhar; • Demonstra irritação/nervosismo quando está ficando ansioso ou impaciente; • Começa a colocar as mãos e objetos na boca para conhecê-los e identificar as texturas; • Começa a fazer o som dah, dah, começa a gritar com mais intensidade, emitindo vários sons; • Já começa a brincar e gostar de estar em um tapete com brinquedos; • Nessa fase o bebê pode começar a firmar a cabeça sem ajuda dos pais.

6.º Mês (a partir de 26 semanas):

Reações da criança:

- O bebê não quer mais trocar de roupa e após o banho se torna uma missão vesti-lo;
- O bebê começa a rejeitar estranhos e em alguns casos chora com a presença de quem não conhece;
- Os pais relatam mudanças na alimentação, mamar mais ou perder o apetite (lembrando que é nessa fase que a introdução alimentar se inicia e mudanças assim podem estar relacionadas a isso e não ao salto);
- Se não chupa chupeta pode começar a chupar o dedo;
- E todos os demais sinais dos saltos anteriores.

Desenvolvimento nessa fase:

- Nesse mês o bebê começa a (ou já consegue) sentar (ainda escorado);
- O bebê começa a demonstrar interesse e prestar atenção a pequenos detalhes, como etiquetas e adesivos. E já consegue desamarrar os seus cadarços caso tenha acesso a seu tênis.
- O bebê começa a jogar os objetos no chão para entender o que acontece (inicia-se a fase do pequeno cientista, que se intensificará perto dos 9 meses);
- Começa a levantar os tapetes para entender e ver o que tem embaixo;
- Nesse salto algo muito significativo acontece, o bebê começa a perceber que a mamãe não faz parte dele, que eles são seres individuais e assim se inicia a ansiedade da separação. Isso gera insegurança no bebê e isso o faz querer estar sempre perto da mãe;
- Nesse processo os bebês começam a entender coisas como: estar em cima, ao lado, embaixo (por isso olha embaixo do tapete). Ele irá tirar os brinquedos ou coisas das prateleiras e começará a esvaziar caixas;
- Nessa fase o bebê aprende a assoprar.

Reações da criança:

- O bebê não quer mais trocar a fralda e vestir a roupa;
- Dificuldade e irritação durante as sonecas e todos os demais sinais de que algo está o incomodando;
- O bebê chora com mais facilidade parece se magoa com mais intensidade;
- Mudanças repentinas de humor (feliz sorrindo e sem motivos começa a chorar);
- O bebê parece mais impaciente que nos outros meses e precisa trocar de atividade constantemente;
- Algo curioso, nesse salto muitos bebês parecem ter pesadelos à noite. Acordam chorando e gritando e só se acalmam com a presença dos pais (e logo isso passa).

8.º Mês (a partir de 37 semanas):

Desenvolvimento nessa fase:

- O bebê começa a entender que as coisas podem ser classificadas, ele está entrando no famoso "mundo das categorias", como, por exemplo, o que é alimento e o que é para brincar. Um animal grande é diferente de um animal pequeno, a vaca faz um som e o porco faz outro;
- Os bebês começam a expressar mais as suas vontades, ficam "temperamentais", choram se não ganham as coisas. Choram para ganhar colo, começam a gritar, não querem mais trocar a fralda;
- O bebê pode começar a testar algumas palavras e imitar você, por exemplo: quando lhe fazem uma pergunta: "você gosta de águaaaaa?" ele fala "aaaa". Também, pode imitar as suas expressões faciais, exemplo: quando algo tem um cheiro forte ou ruim ele pode mudar a sua expressão e fazer uma careta;
- Alguns bebês começam a tentar engatinhar, a levantar, firmar as pernas e outros já conseguem algumas dessas coisas, por exemplo: ficar firme se segurando no berço.
- Quando encontram algo sujo já mostram, como se falassem "olha, isso está sujo" com expressões faciais;
- Esse é o mês do teatro: geralmente nesse mês os bebês começam a perceber com mais intensidade que quando choram ou gritam eles chamam a atenção das outras pessoas. Então, começam a exagerar na forma que expressam as suas emoções, por isso, gritam e choram mais;
- Nessa fase eles começam a adorar cantar músicas e até pedem (da sua forma) para os pais colocarem;
- Fase em que gostam e sabem brincar de se esconder e achar, pois nessa fase o bebê começa a tentar entender esse fenômeno de "presença e ausência", está aqui e não está mais. Ele começa a jogar as coisas com mais intensidade, chupeta fora do berço, o prato, a colher, o que tiver na mão vai para o chão..

10.º Mês (*a partir de 46 semanas*):	**Reações da criança:** • Dificuldade e irritação durante as sonecas e todos os demais sinais de que algo está o incomodando; • O bebê parece mais carinhoso e começa a demonstrar mais afeto; • Começa a demonstrar nitidamente quando fica triste; • O bebê parece mais tímido e começa a demonstrar ciúme. **Desenvolvimento nessa fase:** • Nessa fase o bebê consegue ficar em pé se segurando sozinho e com firmeza no sofá, no berço e já consegue caminhar sem ajuda se segurando nesses locais; • Começa a dar o impulso para levantar-se sozinho, por exemplo, se segura no sofá e se levanta sozinho do chão. Depois, se agacha e volta para o chão. Alguns bebês até caminham sem se segurar nessa fase (mas, não é o habitual); • Os bebês já conseguem juntar 3 peças de um quebra-cabeça grande e simples; • Nessa idade livros como sons de animais e texturas são ótimos e os bebês adoram. Começam a imitar todos os sons (alguns bebês já conseguem fazer isso desde o 8.º mês); • Quando você fala "levanta os braços" ele já consegue entender e fazer isso. Entender o "não" e instruções simples; • Começa a expressar sons ou gestos quando quer comer o que você está comendo, como "humm hummm"; • Começa a brincar de forma mais simbólica, finge que está falando no telefone ou imita as suas brincadeiras. Começa a fingir que está cozinhando (por exemplo, bate ou gira uma colher em um prato); • Começa a apontar para os brinquedos para você falar o que é, por exemplo, aponta para a vaca no livro e espera você falar "vaca"; • O bebê começa a perceber que existe uma ordem para as coisas e atitudes, uma sequência por exemplo: colocar as chaves na porta ou no carro, que se colocam sapatos nos pés e os brinquedos nas caixas; • Desde os 9 meses já pode começar a apontar os objetos com o dedo para demonstrar a sua vontade; • Nesse momento você perceberá que o bebê começará a encaixar os brinquedos (blocos, anéis etc.) ele começará a construir; • Nessa fase os bebês que ainda não começaram a engatinhar provavelmente iniciarão. Os movimentos motores do bebê já estão bem desenvolvidos. O bebê muitas vezes já consegue engatinhar e carregar 1 ou 2 brinquedos pela casa; • Os gritos voltam com intensidade e muitos bebês além de falarem palavras mais definidas já emitem diverso sons para palavras como "a" para água, "be" para bebê.
12.º Mês (*a partir de 55 semanas*):	**Reações da criança:** • Todos os incômodos dos saltos anteriores; • O bebê faz mais birras e em algumas situações começa a não obedecer, pois deseja explorar mais o ambiente. **Desenvolvimento nessa fase:** • O bebê começa a querer realizar tarefas diárias (programas diários) como lavar a louça, construir uma torre (tudo que achar colocar um em cima do outro); • Entende a função de cada objeto, por exemplo, quando vê uma caneta começa a desenhar, rabiscar em papéis; • Se você esconder algo de forma simples ele já irá procurar; • Nessa fase o bebê aprimora a habilidade para segurar a colher e pode começar a comer sozinho (derrubando ainda alimentos); • O bebê começa a sentir vontade de fazer as coisas sozinho; • Geralmente é nessa fase que os bebês começam a caminhar, aprimorando até os 14 meses, conseguindo até correr; • Começa a falar mais palavras; • Começará a solicitar mais atenção para brincar.

Esses são os saltos mais famosos, mas ainda existem relatos de saltos aos 14 e aos 17 meses.

§ Como ajudar o bebê a enfrentar esses períodos?

Primeiramente, identificando a situação, após isso, avaliando o que seu bebê está desenvolvendo no momento. Segundo, comece a incentivá-lo durante o dia a praticar as novas habilidades. Por exemplo: o bebê está tentando rolar, então, deite-o no tapete de atividades, coloque brinquedos ao seu redor e incentive-o a pegar.

Terceiro, os pais, principalmente a mãe, "a base", a segurança do bebê, precisa ter e agir com muita paciência e empatia. Esse momento pode ser difícil para o bebê, é algo novo, ele não está agindo assim por "birra" (como muitos confundem), é apenas um processo natural do seu desenvolvimento. Ele quer sentar-se ou rolar, quer pegar os brinquedos ou engatinhar, ele quer evoluir! O que o bebê precisa é amor, compreensão, carinho e muito colo.

É preciso ter em mente que **essas fases são importantes e necessárias para o desenvolvimento do bebê** e podem alterar e modificar a rotina e o sono da família (pelos motivos que já citei). Porém, é um momento passageiro e o segredo é ser consistente e prestar atenção no que seu bebê está tentando comunicar.

Porém, se o seu bebê nunca dormiu bem, seja no seu colo, no berço, na cama observe o que pode estar atrapalhando-o, pode estar ligado à saúde, ao emocional ou aos hábitos. Não interprete que sempre é um salto e vai passar, pois geralmente não é.

Lembrando: amor, colo, carinho, empatia, independentemente da fase que o bebê/criança está vivendo é essencial para sua a sua educação e desenvolvimento. Aproveite o tempo que você passa com o bebê para criar uma relação afetiva saudável e cheia de vínculos fortes. Não existe presente e nada nesse mundo que se compare a isso, é algo que ficará e definirá a relação de vocês para a vida toda!

Introdução alimentar neuroconsciente

§ O mar desconhecido e o medo

Você acaba de embarcar numa aventura pelos sete mares da Introdução Alimentar Neuroconsciente e promovida a comandante da embarcação. Naturalmente, deve estar temerosa com a notícia, afinal, navegar por um grande mar de dúvidas e desafios, conduzindo esse barquinho valioso (o bebê), com o auxílio de sua tripulação (família e rede de apoio), pode assustar até o mais experiente dos comandantes com toda sua expertise. Cuidar da alimentação do bebê deve ser coletivo, todos remando alinhados na mesma direção. Coerentemente, a pedagogia do medo, sob a qual muitos foram criados, pode dificultar o levantar da âncora (início) que libera esse barquinho para navegar sobre as impetuosas ondas (desafios) desse mar. O medo, a fim de proteger ("desça daí, você vai cair!"), evitando até de forma inconsciente o confronto saudável com os reveses da vida, capazes de promover novas habilidades e respostas adaptativas, pode sobressair à orientação para autonomia ("preste atenção ao pisar, pois pode se machucar"), podendo exacerbar ao ponto, de paralisar-lhe traumaticamente diante de um cenário de engasgo com o próprio leite, ocorrido antes mesmo da introdução de sólidos ou ainda por, na fase de introduzi-los, deparar-se com quadros sintomáticos de reações alérgicas, afetando negativamente períodos pontualmente críticos para janelas que se abrem temporariamente de serem apreciadas em toda sua plenitude de beleza (janela do gosto e janela imunológica)

Larissa Machado Sena de Melo

Nutricionista materno-infantil e terapeuta alimentar com ênfase em dificuldades alimentares na infância. Especialista em Neurociências, Desenvolvimento Infantil e Terapia Cognitivo Comportamental na infância e adolescência. Habilitada em Arquitetura Cerebral do Bebê e Nutrição de Precisão.
E-mail: lsenanutri@outlook.com
Instagram: @larissasenanutri

durante essa viagem, podendo comprometer, por transferência de coordenadas inadequadas para a programação metabólica ideal, um momento tão valioso e simples, por medo ou desinformação, a saber, a introdução alimentar dessa e de futuras gerações.

O medo e insegurança do cuidador pode ser sentido pelo bebê. E o sistema de segurança desse barco é altamente sensível e pronto para captar (inconscientemente) todos os sinais de alerta repassados (expressão de insegurança) principalmente pelo seu comandante (figura de confiança), indo direto para seu registro de controle, a fim de preparar-se para próximas ocasiões similares que possam ameaçar sua sobrevivência. Porém, tranquilize-se, ainda que, por algum motivo, não possua efetivamente uma rede de apoio, acolha-se gentilmente e saiba que a natureza é sábia e encarregou-se de produzir uma interação potentemente suficiente (mãe-filho) para que funcione harmoniosamente, de modo a produzir aprendizados únicos (erros e acertos) para embelezar a vista.

Apenas curta essa curta viagem denominada: processo de aprendizagem, digo, introdução alimentar complementar. Agora, por alguns segundos, imagine seu bebê crescendo e levando lindas bagagens de aprendizado, que, em especial, você o ajudou a construir, fazendo o *check-in* dessas bagagens em sua infância, fazendo-o correr forte e saudável, cheio de disposição para brincar, ter excelentes rendimentos escolares e relacionando-se com todo tipo de alimento prazerosamente, sem seletividade alimentar, com a consciência e corpo saudáveis. Entrando pela adolescência com empoderamento alimentar suficiente para sentar-se com amigos, comer de forma funcional e com escolhas alimentares inteligentes, respeitando genuinamente seus sinais de fome e saciedade, comendo com prazer o que gosta sem traumas, sem restrições alimentares ou transtornos de autoimagem relacionados ao seu peso. E, finalmente, chegando à vida adulta com saúde, qualidade de vida e bem-estar, assumindo responsavelmente o leme de sua vida, como um exímio comandante para a sua própria tripulação (família), perpetuando um tesouro chamado programação metabólica ideal, que será entregue aos seus netos, como um legado de saúde.

Alegre-se com a boa notícia de que a chave desse baú do tesouro já está em suas mãos e o tesouro escondido nesse capítulo está acessível para ser conquistado. A viagem é sobre o bebê, mas não apenas sobre ele, antes, possibilita lançar um bote salva-vidas para resgatar o protagonismo familiar e elucidar seu fundamental papel enquanto potentes influenciadores dos hábitos e escolhas alimentares que serão construídos juntos, os quais perdurarão até o adultecer. Mas para influenciar e apontar o caminho certo é preciso ocorrer a calibragem da bússola. Essa etapa é crucial para preparar as coordenadas certas, alinhar as expectativas e corrigir possíveis danos (crenças limitantes) que podem impedir ou retardar a chegada ao destino almejado. Então, aponte para o local certo e direcione-se a um ambiente tranquilo, feche os olhos, respire fundo e mergulhe o mais profundo que conseguir no mar da sua consciência, saia intencionalmente de águas superficiais e rompa a barreira do lógico, chegando às águas profundas, estabilize sua respiração e lembre da sua viagem histórica pelos mares da sua rotina alimentar, tenha sido ela bem estabelecida ou não, e, sem pressa, visite suas memórias alimentares (boas e ruins) para calibrar sua bússola mental.

§ O comandante

O que sua criança interior diria para quem você é hoje a respeito da sua alimentação antiga e atual? Você passou por insegurança alimentar, escassez de alimentos ou sempre possuiu comida à vontade? Sofria com gritos e era forçada a comer? Como relacionava-se com seus pais à mesa? A hora da refeição remete a um momento triste ou feliz para você? Quais memórias sensoriais guarda da comida da família, da comida de sua avó? Você foi uma criança seletiva?

Enfim... junte todas essas coordenadas e categorize suas memórias alimentares e situações externas que possivelmente tenham influenciado para o resultado de como se relacionou e se relaciona com os alimentos nesse exato momento de vida, sobre o significado do ato de comer para você! Organize as boas lembranças dentro de um lindo baú dourado e mantenha-o seguro aí mesmo onde ele está nas profundezas da sua mente. Quanto às memórias dolorosas e disruptivas, elas também já possuem destino certo. Nesse exato momento, enxergue águas mais claras, iluminadas por um feixe de luz, esse é o mar da cura e da resiliência, uma vez que memórias ruins até podem não serem esquecidas; afinal, alguém que possivelmente foi reprimida ou silenciada em sua infância com um "para de frescura, come logo essa comida e cala a boca!", possa ter naturalmente sofrido fortes marcas culminadas em bloqueios mentais ou dificuldade em lidar com a recusa alimentar de seu filho; porém, que ao se acolher e recolher todo esse lixo emocional, criou com resiliência a capacidade de também acolher bem seu bebê, desautorizando a influência desse tipo de memória sobre o futuro alimentar do seu tesouro mais valioso, apenas lançando todo resíduo emocional negativo nas águas da resiliência, que, com o tempo, vai levando-o ao passo que promove cura. Siga calmamente para superfície com sensação de desafio cumprido e totalmente livre para seguir viagem com a segurança e clareza indispensáveis sobre a intencionalidade educativa da introdução dos melhores alimentos que permearão a rotina alimentar do seu bebê pelos próximos 12 meses. A mãe é a primeira educadora alimentar do filho! Por isso, partindo da ideia que tudo começa basicamente com um pensamento (mente), com a bússola mental calibrada e livre de bagagens desnecessárias, só falta agora o item indispensável ao enxoval da introdução alimentar: o conhecimento neuroconsciente. Bem-vinda a bordo!

§ COMERmorar

De que adiantam belos pratos servidos até com alimentos de qualidade, no entanto, "estragados" pelo estresse diário na rotina do bebê, desfavorecendo, assim, todo aprendizado saudável que o bebê poderia assimilar naquele momento? A abordagem que trago aqui visa conduzir as famílias ao autoconhecimento, possibilitando assertivas mudanças comportamentais, para propiciar o desenvolvimento cerebral integrado e adequado, considerando a saúde mental da criança durante essa fase, fomentando relações de inteligências inter e intrapessoais reforçadas pelo respeito, responsividade, persistência, paciência, conforto, segurança, consciência, resiliência, empatia e amor. E como toda boa relação social que se preze envolve comida... vamos "COMERmorar"! Comer é um ato histórico, cultural, social, geográfico, fisiológico, religioso, econômico e até político! Envolve valores e culturas que precisam ser respeitas e levadas em consideração na jornada alimentar da criança. Comer é um ato tão essencial à vida que é um dos primeiros tesouros entregues ao bebê, depois do fôlego de vida, por meio da hora dourada (*golden hour*) — a primeira hora do contato da mãe com o seu bebê, imediatamente pós-parto — indicada mundialmente. Um verdadeiro "COMERmorar" de anticorpos e benefícios à saúde (alimentando-se em sua moradia emocional de segurança). O leite (materno ou fórmula) sustentará o bebê como principal alimento até o 1.º ano de vida, conferindo, assim, tranquilidade e tempo hábil para a etapa de apresentação de alimentos. A introdução alimentar começa desde a primeira hora de vida do seu bebê (aleitamento exclusivo) e agora apenas ganhou um complemento (introdução alimentar complementar), cujo momento certo para iniciar, em condições normais, é a partir dos 6 meses de idade (prematuros deve contemplar a idade corrigida com ajuda do profissional de saúde que o acompanha) juntamente com todos os sinais de que seus sistemas (digestivo e imunológico) estão maduros o suficiente para iniciar a jornada de treinamento.

§ A introdução

Sinais de prontidão

Quando o bebê demonstra interesse pela comida do cuidador, sustenta a cabeça e tronco, senta-se sem apoio, segura objetos com as mãos e consegue levá-los à boca, levando, assim, à redução ou eliminação do reflexo de protrusão da língua e movimenta voluntariamente a boca e a língua, ratificando aptidão suficiente para mastigar, ainda que não tenha dentes em boca, sendo a gengiva capaz de realizar o amassamento dos alimentos oferecidos apropriadamente, de forma satisfatória.

Vale ressaltar que esse momento não é para aflição: se comeu, o que comeu, quanto comeu ou não, do contrário serão pelo menos 6 meses de pura aflição. Então, alinhe suas expectativas, pois a introdução alimentar não tem seu foco em "o bebê comer", e sim em o "bebê <u>aprender</u> a comer", explorar e se familiarizar com os alimentos e com o ambiente à sua volta, conferindo-lhe novos desafios e habilidades importantes ao seu desenvolvimento neurocognitivo. O bebê precisa sentir-se seguro e confortável para evoluir nesse treinamento do paladar para que possibilite boas experiências e não traumas ou desconfortos. Mantenha uma atitude positiva, com seu emocional voltado ao momento, sem pressa ou cobranças desnecessárias.

Para falar em método...

Existem três principais métodos (tradicional, BLW, BLISS) para introdução alimentar complementar. Basicamente, o **tradicional** envolve os alimentos amassados/raspados com utilização de talheres guiados pelos pais. Já o **BLW** (*Baby-Led Weaning*) ou "desmame guiado pelo bebê" ao ser adaptado deu origem ao **BLISS** (*Baby-Led Introduction to SolidS*) ou "introdução de sólidos guiado pelo bebê", ambos são baseados na autoalimentação do bebê, sem uso de talheres, papas, nem purês para a bebê, conferindo vantagens em relação ao tradicional, porque favorecem mais o desenvolvimento neuropsicomotor do bebê, familiaridade com diferentes consistências e autonomia.

A principal diferença entre o BLW e o BLISS (ênfase nas quantidades de calorias e fontes de ferro) está na seleção dos alimentos ofertados ao bebê, no entanto, independentemente do método escolhido pelo seu bebê, isso mesmo, o bebê quem escolherá o método que parecer-lhe mais confortável, apresente-os e permita sua adaptação a um método específico ou à junção de alguns deles, seja ele tradicional, BLW, BLISS ou misto.

Encarregue-se de oferecer a maior variedade de todos os alimentos *in natura* e minimamente processados, inclusive os potencialmente alergênicos: leite, ovo, oleaginosas, amendoim, trigo e glúten, soja, peixes e frutos do mar, gergelim e frutas como banana, kiwi e abacate, estas por possuírem proteínas similares ao látex podendo gerar reações em menor prevalência, desde o início da introdução alimentar. A janela imunológica já está aberta desde os sinais de aptidão bem estabelecidos até por volta de 1 ano de idade, então não retarde o oferecimento de todos os alimentos possíveis, evoluindo a quantidade (porções pequenas são mais seguras, adequadas à idade e suficientes), mantendo frequente a periodicidade da exposição[2]. O ovo (gema e clara) deve ser oferecido bem cozido e nunca cru ao bebê. Em caso de alergia ao ovo na família (parentesco direto), pode começar pela gema que é menos alergênica e siga evoluindo a clara.

Bebês com diagnóstico de alergia à proteína do leite de vaca (APLV) — reação imunológica adversa às proteínas do leite, por menor que seja a porção ingerida de leite ou derivados — <u>não</u> podem consumir leite, derivados ou quaisquer alimentos que tenham leite na preparação, nem mesmo sem lactose, pois esses alimentos são para quem possui algum grau de deficiência na produção da enzima que digere a lactose (lactase), incapacitando parcial ou completamente de digerir o açúcar existente no leite (lactose) e seus derivados, os chamados intolerantes à lactose, diferente dos bebês APLV[2]. Leia sempre os rótulos e atenção a lista de ingredientes de preparações alimentícias, produtos de higiene (lenços umedecidos, sabonetes líquidos, cremes hidratantes) e bulas de medicamentos, porque muitos deles incluem lactose e leite ou derivados em sua fórmula. Então, é importante conversar com o nutricionista e médico do seu bebê para diferenciar e separar a expressão intolerante à lactose que pode apresentar-se em algum grau (leve, moderado ou grave) de bebê APLV.

§ Como começar?

o Nesse momento que tudo é novo para o bebê, não existe um alimento específico, desde que seja in natura é válido para começar. Algumas famílias começam pelas frutas outras pelos legumes, até pela proteína animal, se for o hábito da família, basta analisar a rotina alimentar da casa e seguir adaptando.

o Tanto a parte alimentar (número de refeições), quanto os horários, que não devem ser rígidos[3], porém que possibilite intervalos coerentes para um bebê (não passar longos períodos em jejum), pois criança precisa ter e reconhecer sua rotina, isso traz previsibilidade e segurança.

o A rotina da família não deve gerar pressão para o bebê, ao ponto de praticamente "forçá-lo" a comer, porque chegou a hora pré-estabelecida para o jantar da família, por exemplo. Isso jamais deve ocorrer. Dedique-se a reconhecer e respeitar os sinais de fome e saciedade sinalizados pelo bebê. Ao passo que, se o jantar da família é um tubérculo com ovo cozido e o bebê demonstrou interesse pelo alimento, ofereça e quando não quiser mais, não insista; diferencie de um ponto importante, alguns bebês "cansam" desse mastigar e parece não querer mais; apenas dê uma breve pausa e ofereça novamente, em caso dele virar a cabeça ou o corpo, querer sair da cadeira de alimentação, brincar insistentemente com a comida, fechar a boca, empurrar o prato, inclinar-se para trás ou balançar a cabeça sinalizando que não, encerre o momento, respeitando seus sinais de saciedade.

- O bebê precisa se alimentar em local apropriadamente limpo e organizado; com a higiene das mãos e alimentos corretos, com adequada posição postural global (ideal é sentado em postura ereta, formando ângulos de 90° em seus membros superiores e inferiores) para se alimentar, para não afetar negativamente os estímulos que chegam à boca, quando na postura errada.

- Certifique-se de analisar os intervalos entre as mamadas e a hora da refeição oferecendo o alimento quando ele realmente estiver com fome. O bebê acabou de mamar (saciado), pode não ser o momento ideal para oferecer o alimento, reduzindo possivelmente o interesse em explorá-lo, o mesmo se estiver sonolento, com os dentinhos nascendo ou ainda distraído com uma brincadeira mais interessante. Possivelmente, irá virar o rosto, jogar o prato no chão tudo isso apenas porque quer brincar.

- A organização deve estar presente também no prato, desde o visual até o sabor (organizando temperos naturais com equilíbrio de forma a deixar a comida saborosa), então uma variedade de alimentos dispostos como uma mistura liquidificada, peneirada, amassadas excessivamente ou alimentos misturados, passados do ponto ideal de cocção, que mal possibilita ao bebê segurar, identificar e diferenciar os alimentos, não convida esse bebê à ação.

- Quanto aos utensílios, é necessário que sejam adequados à idade, de material resistente, num tamanho que caiba na boca e com pontas mais abauladas para não o machucar, no caso de talheres. A colher precisa passar primeiro pelo estágio da apresentação e depois pela fase de ensino, só não crie expectativa de que antes dos 18-24 meses seu bebê esteja usando-a de forma independente. Oportunize, mantendo os talheres apropriados para idade à disposição do bebê, estimule o uso e permita que o bebê presencie a família usando também.

- Ao oferecer líquidos, prefira em copo aberto (tipo copo pequeno de cachaça), sempre incentivando responsavelmente a autonomia do bebê e sob supervisão de um adulto. Evite copos com canudos ou com muitos detalhes em seu formato, pois dificultam a higienização.

- Ao colocar o bebê na cadeira de alimentação, a fim de conferir segurança, conforto e equilíbrio, certifique-se de que a cadeira além de bem apoiada ao chão, sem riscos de queda, o bebê esteja sentado em postura ereta, com os pés apoiados e sem inclinação para trás, com a trava de segurança não muito apertada permitindo a busca do alimento, com altura suficiente para deixá-lo livre para movimentar os braços e o corpo, na mesma altura e de frente para o cuidador, para que não precise ficar com a cabeça de lado ou levantando o queixo enquanto come, sem estar "afundado" na cadeira.

- Durante a introdução alimentar, nem todos os alimentos precisam ser cozidos, os naturalmente macios podem ser ofertados sem passar pela cocção, já os mais duros (fibrosos) precisam ser coccionados antes.

- Combine também um alimento de cada um dos grupos, nas refeições principais: feijões; cereais ou raízes ou tubérculos; carnes ou ovos; legumes e verduras, sendo que deste grupo permite-se colocar mais de um tipo. Acrescente ao prato 1 colher de sobremesa de óleo ou azeite de oliva após a preparação pronta. Complete as principais refeições, apresentando uma fruta (fonte de vitamina C), para assim facilitar a absorção do ferro proveniente da refeição, ajudando a diminuir o risco de anemia.

- A quantidade? É responsabilidade do bebê!

- O sal não precisa ser oferecido até 1 ano de idade, porém, se habitualmente a família pratica uma rotina de refeições saudáveis, com uso consciente de sal de cozinha e, hipoteticamente, foi preparada uma raiz com pouco sal para o jantar, neuroconscientemente, é mais saudável e prático oferecer essa raiz pontualmente e envolver o bebê na rotina à mesa família de forma participativa com essa raiz do que deixá-lo de "fora". É uma questão de bom senso atrelado à ciência e à consciência alimentar.

o Para hidratá-lo ofereça apenas água (própria ao consumo), entre os intervalos das refeições, atentando-se para evitar que seja oferecida durante ou muito próximo às principais refeições para não interferir no apetite do bebê. Recomenda-se 800ml por dia, considerando que o bebê está em uso de leite materno/fórmula, porém não deixe de observar os sinais de sede que o bebê demonstrar, confie e respeite também em sua autorregulação, avaliando ainda o número de fraldas trocadas de urina (comum entre 6 a 8) durante o dia.

o Sucos de qualquer tipo ou água de coco não devem ser ofertados antes de 1 ano de idade e o café não deve ser oferecido antes dos 12 anos de idade[5].

Observe seu filho, pois lindas e pitorescas paisagens surgirão ainda pelo navegar nas águas do **mar descobrimento**, fornecendo pistas que vem e vão como ondas de preferências e recusas, calmaria e por vezes agitação na rotina, cabíveis de ajustes, reajustes e adaptação.

Engasgo

Conforto e segurança não podem faltar no cardápio do bebê, por isso, independentemente do método praticado, ofereça os alimentos sempre em cortes seguros, consistência, tamanho, formatos e temperatura apropriados e confortáveis, o que diminui o risco de engasgo, sendo este diferente do reflexo de GAG.

O engasgo exige aplicação da manobra de *Heimlich* e socorro imediato, pois compromete as vias respiratórias do bebê, impedindo-o de respirar, já o GAG é um reflexo protetor desencadeado pelo estímulo que o alimento causa no palato mole, o qual estimula a "devolução" do alimento novamente à boca e o bebê decide se termina deglutindo ou não, sem o comprometimento de suas vias respiratórias.

Os cortes dos alimentos devem ser sempre no sentido do comprimento do alimento (longitudinal), com consistência macia, porém firme o suficiente para ser pego sem se desmanchar, mas com a consistência cujo ponto ideal é aquele que ao alimento ser empurrado contra o "céu da boca" (palato duro) seja capaz de facilmente ser amassado. Sempre com a espessura e comprimento de 1 dedo mínimo da mão de um adulto, inicialmente em tamanho grande para o bebê pegar com a palma da mão e, à medida que for desenvolvendo a coordenação motora fina, surgir o movimento de pinça, que o possibilitará comer tamanhos menores. Os cortes nunca devem ser abaulados ou em tamanhos que facilitem ficar presos inteiros na garganta, como uva inteira, antes, em cortes que favoreçam os formatos de tiras, palitos, iscas, bolinhos, como é o caso do arroz e feijão cozidos, picados, meia-lua ou quatro partes, pois são mais seguros.

Não tenha medo de evoluir a consistência dos alimentos do seu bebê, atente-se para sua tolerância e em caso de método tradicional, amasse cada vez menos, respeitando o desenvolvimento do seu bebê, mas oferecendo-lhe novos desafios para que, por volta dos 10 meses, ele sinta-se confortável suficientemente com pedaços maiores para integrar-se logo mais à mesa da família.

Famílias vegetarianas

Para bebês vegetarianos, independentemente do motivo para escolha ou tipo de vegetarianismo praticado (ovolactovegetariano, lactovegetariano, ovovegetariano, vegetariano estrito ou vegano) trata-se de um estilo alimentar seguro para o bebê, quando praticado da forma correta, atentando-se à estrutura básica do prato, da qualidade do que é oferecido e da suplementação adequada à idade, necessárias tanto quanto aos bebês onívoros, sempre respeitando a individualidade neurobiológica.

A proteína de origem animal, exceto nos cardápios ovolactovegetarianos (admite ovo, leite e derivados) e ovovegetarianos (admite-se ovo), não estará presente na rotina e não deve existir a sensação de obrigatoriedade em substituí-la por algo similar no prato, que será composto apenas das fontes de origem vegetal em 3 estruturas com quantidade de ⅓ para cada um dos grupos a seguir[4]: legumes e verduras cozidas que devem ser oferecidas nas 2 refeições principais, oferecidos frequentemente (mínimo 4 vezes por semana), com atenção especial, à acelga e ao espinafre, ricos em ácido oxálico (potente inibidor de cálcio) e aos vegetais alaranjados (cenoura, abóbora etc.) que podem estar presentes até 3 vezes por semana para atingir as necessidades de betacaroteno. Para o grupo da leguminosas, devem ser ofertadas 2 porções ao dia, nas refeições principais, não sendo obrigatório mais de uma variedade desse grupo ao dia e, por ser um grupo com alguns alimentos mais fibrosos, a fim de reduzir fatores antinutricionais (como o ácido fítico), melhorar a absorção de nutrientes e digestibilidade é remolho em água limpa por 12 horas, sendo em seguida desprezada e substituída por outra limpa para cocção. Em relação ao grupo dos cereais, raízes e grãos, recomenda-se 1 porção por refeição. Adicione após a montagem do prato o azeite de oliva e o óleo de linhaça (2,5 gramas de óleo de linhaça oferece 1,35 gramas de ômega 3 – ácido linolênico), para atingir a recomendação diária de lipídios (gordura) com qualidade. Além disso, junto à refeição principal é interessante oferecer uma porção de fruta fonte de vitamina C para auxiliar na absorção do ferro presente nos vegetais.

O açúcar

Em relação aos açúcares e doces, não devem ser oferecidos até 2 anos de idade e isso inclui o mel. As frutas ou bebidas não devem ser adoçadas para o bebê, com nenhum tipo de açúcar. É contraindicada a oferta de preparações mesmo caseiras que contenham açúcar como ingrediente, no entanto, vale salientar que famílias que praticam receitas sem nenhum tipo de açúcar ou farinha branca, e fazem com total ciência de todos os ingredientes ali presentes, a exemplo de um pão 100% integral caseiro (o industrializado tem sódio e açúcar), seguiria a linha de raciocínio citada sobre o sal refinado.

Na dúvida, sempre relembre os pilares da introdução alimentar: alimentos *in natura* ou minimamente processados, sem sal até 1 ano e sem nenhum tipo de doce ou açúcares até 2 anos, mantendo sempre a distância dos ultraprocessados (aqueles produtos alimentícios com quase nenhum alimento *in natura* e com nomes estranhos, cheios de corantes, conservantes e aditivos), como: achocolatados, refrigerantes, sucos de caixinha, farinhas instantâneas com açúcar, biscoitos de qualquer tipo, bolos, pães do tipo bisnaguinha, dentre outros que estão intimamente ligados ao aumento do risco de ganho excessivo de peso, cáries e placas bacterianas entre os dentes, doenças crônicas não transmissíveis e suas complicações associadas.

Não caia na armadilha de associar o açúcar ao afeto, oferecendo ou permitindo que ofereçam o açúcar antes dos 2 anos de idade ou na "justificativa" de que a criança vai "aguar".

Pais de primeira viagem, em especial, podem sofrer com os "conselhos" iniciados por "quando meus filhos eram pequenos...". Entenda que eles não fazem por mal, mas é essencial alinhar com os avós, tios e toda rede de apoio que tendem a disseminar conselhos antigos, até por estarem entusiasmados com a chegada do novo membro na família, na tentativa de "ajudar", muitas vezes podem prejudicar hábitos saudáveis da criança, então alinhe qual será o modo de criação que a sua família acordou, as recomendações médicas e nutricionais prescritas ao seu bebê. Isso ajudará a estabelecer os limites e a manter o vínculo saudável com todos.

§ Os filhos espelham seus pais

Estar à mesa em família e a forma como essa se relaciona com os alimentos ressoa no bebê, facilitando ou dificultando seu processo de aprendizagem, que não é instantâneo, é um processo construído que exige paciência e persistência. Pais com relações ruins com os alimentos e com práticas parentais muito autoritárias, muito permissivas, que usam de expressões faciais que remetem ao nojo ou à recusa diante dos alimentos, disparando narrativas negativas do tipo "eu odeio rúcula", "que brócolis mais sem graça" ou expressões relacionadas ao momento da refeição como "nossa, vai começar a bagunça", em tom pejorativo, "não suporto cozinhar", entre outros, fornecem pistas visuais que serão captadas e podem marcar, se por muitas vezes repetidas, como hábito, inconscientemente, o cérebro do bebê. Isso dificulta seu aprendizado, favorecendo mais à frente um comer disfuncional em seus filhos, que passam a ser comedores mais exigentes, podendo afetar negativamente seu estado nutricional e, por conseguinte, sua vida social, principalmente quando em fase pré-escolar, na qual comumente estão mais expostos a um maior risco para seletividade alimentar.

Por outro lado, pais que elogiam a comida, agradecem pela refeição, que investem tempo de qualidade em observar e identificar o tipo de temperamento predominante demonstrado por seus filhos e investem no estímulo apropriado, respeitando sua individualidade neurobiológica, usando de expressões positivas diante do alimento, comendo com prazer e satisfação, incentiva o bebê a processar e conferir a sensação de prazer, desejo pela comida.

O bebê está apenas explorando, sentindo, integrando, porém com o passar do tempo abrirá caminho para um mar de novas possibilidades. Vocês estão agora navegando **pelo mar do desenvolvimento** e passar pelas ondas do brincar é essencial. A brincadeira é uma forma lúdica de conhecer, explorar, autoconhecer-se, evocar o imaginativo criativo e expressar os sentimentos. Exercitar a criatividade é crucial à sobrevivência, então deixe-o viver e curtir à vontade esse momento que casa perfeitamente com esta fase da vida: a introdução alimentar.

Sendo assim, é hora de descer âncora e conquistar o tesouro nessa reta final da viagem! Enfim, chegamos à grande ilha da Introdução Alimentar Neuroconsciente, local que o convida a pensar. Seu bebê hoje é uma página em branco, dependente de seu ensinamento. Os pais precisam realmente de um olhar mais amplo, criterioso e consciente sobre o que oferecem aos seus filhos, uma vez que as experiências alimentares ou a falta delas e o aprendizado nos primeiros 2.200 dias de vida (que compreende da pré-concepção aos 5 anos de idade) de uma criança — quando seu cérebro normalmente já atingiu aproximadamente 90% do tamanho comparado ao de um adulto — configura um período extremamente importante para o desenvolvimento do seu cérebro social (o córtex orbitrofrontal), que configura a programação metabólica ideal, para o futuro adultecer e para próximas gerações. Por isso, a condução de forma responsiva e neuroconsciente para o empoderamento e a autonomia alimentar das crianças, respeitando sua autorregulação, conforto, empatia e estimulando novas habilidades com amor, perpassa inevitavelmente pela introdução alimentar.

O bebê (ser humano) nasceu para relacionar-se (socializar) e a introdução alimentar oportunizará criação de habilidades e fortalecimento de vínculos (inclusive consigo mesmo), sociais e ambientais, de modo que essa fase trará a base, para que seu cérebro tenha estrutura suficiente ao longo dos anos para ser construído sob fortes alicerces. E assim, como num edifício bem alicerçado, o bebê segue, com sua arquitetura sendo bem planejada e conduzida com a solidez necessária em seus primeiros anos de vida com fortes chances desse prédio durar por muitos e muitos anos (longevidade) com desfechos positivos (qualidade de vida e bem estar), ao passo que uma estrutura rachada, com rupturas em uma sua base (estresse tóxico), enfraquecerá toda estrutura (baixa expectativa de vida) e as chances de desabamento (falta de inteligência emocional) e dificuldades posteriores (problemas de saúde) são praticamente inevitáveis.

Deixe seu barquinho navegar livre, apoie e propicie espaços de cuidados que permeiam a infância do seu filho. Agora que conquistou todo tesouro deste capítulo, siga viagem, amando, brincando e "estando", estando inteiramente presente para cuidar do barquinho que, antes mesmo que você perceba, terá seu leme assumido por um novo comandante. Desligue o "piloto automático" e crie consciência de que nunca mais navegará pelos mares da introdução alimentar do seu bebê, construam juntos uma fase memorável rumo ao futuro saudável almejado por toda mãe para seu filho! Afinal, filhos são criados para o mundo, para vida... Não perca tempo, a primeira infância é um tesouro valioso demais para ser desperdiçado.

§ Referências

1. HETHERINGTON, M. *et al*. A step-by-step introduction to vegetables at the beginning of complementary feeding. The effects of early and repeated exposure. *Appetite*, v. 84, p. 280-290, jan. 2015. DOI: 10.1016/j.appet.2014.10.014. Epub 2014 Oct 18. PMID: 25453593. Disponível em: https://pubmed.ncbi.nlm.nih.gov/25453593/. Acesso em: 1 set. 2022.

2. *GUIA prático de alimentação da criança de 0 a 5 anos - 2021*. Sociedade Brasileira de Pediatria. Departamentos Científicos de Nutrologia e Pediatria Ambulatorial. São Paulo: SBP, 2021. Disponível em: https://www.sbp.com.br. Acesso em: 1 out. 2022.

3. SVB Sociedade Vegetariana Brasileira. Disponível em: http://www.svb.org.br/vegetarianismo/. Acesso em: 11 set. 2022.

4. UNIVERSIDADE FEDERAL DO RIO DE JANEIRO. *Estado Nutricional Antropométrico da Criança e da Mãe*: Prevalência de indicadores antropométrico de crianças brasileiras menores de 5 anos de idade e suas mães biológicas: ENANI 2019. Documento eletrônico. Rio de Janeiro, RJ: UFRJ, 2022. 96 p. Coordenador geral Gilberto Kac. Disponível em: https://enani.nutricao.ufrj.br/index.php/relatorios/. Acesso em: 1 nov. 2022.

5. SOCIEDADE Brasileira de Pediatria – Departamento de Nutrologia Manual de Alimentação. *Orientações para alimentação do lactente ao adolescente, na escola, na gestante, na prevenção de doenças e segurança alimentar*. Sociedade Brasileira de Pediatria. Departamento Científico de Nutrologia. 4. ed. São Paulo: SBP, 2018. 172 p. Disponível em: https://www.sbp.com.br. Acesso em: 1 out. 2022.

6. CONSELHO Científico Nacional da Criança em Desenvolvimento (2005/2014). *Estresse Excessivo Perturba a Arquitetura do Cérebro em Desenvolvimento*: Documento de Trabalho No. 3. Edição Atualizada. Disponível em: https://www.developingchild.harvard.edu . Acesso em: 1 set. 2022.

Para além dos diagnósticos dos transtornos mentais no puerpério

Há sempre alguma loucura no amor.
Mas há sempre um pouco de razão na loucura.
(Friedrich Nietzsche)

Daniela de Almeida Andretto

Psicóloga, formada pela Universidade Mackenzie, mestre pela FSP-USP em "Saúde, Ciclos de Vida e Sociedade", especializada em Psicologia Hospitalar pelo InCor/USP e em Estudos e Intervenções com Famílias pela Universidade de Lisboa, atua na clínica psicanalítica, com pesquisas e cursos de formação voltados para a saúde materna-infantil no ciclo gravídico puerperal, luto materno e sociedade. Fundadora da Gestamater.
E-mail: d.andretto@gmail.com
Instagram: @psicologa.danielaandretto

Quando a mulher se depara com seu bebê real, aquele embalado por 9 meses (um pouco a mais, um pouco a menos), uma dura e concreta realidade se estabelece: "toma que o filho é teu". A ela cabe o dever "natural de amamentar", nutrir, ser a responsável pela sobrevivência daquele pequeno ser demandante. Talvez, não seja tão tranquilo assim, como a naturalização das dores nos seios, das fissuras, cirurgias de frenectomia no bebê, laser, mastites, assim como falta de apoio, maternidade solitária, falta de cuidado empático e choros não acolhidos. Mas é "normal" tudo isso quando se tem um bebê... E é exatamente nesta referência de "normalidade" que aqui queremos mergulhar.

Por condição física, somos mamíferas, então a amamentação vem como algo "natural" e qualquer escolha diferente será vista com estranhamento e desconfiança. Você deve amamentar, mas não dê trabalho enquanto isso não se ajeita! A vida desse bebê depende dessa amamentação, ou seja, falamos também sobre alguém ser e sentir-se de fato responsável por uma vida. Já pensou o quão forte pode ser esse sentimento? Justamente quando no pós-parto, internamente as fantasias de vida e morte ainda estão presentes. Alerta constante de acontecer algo com o bebê, pesadelos. Seriam reflexo do próprio desejo inconsciente, de, por vezes, dos bebês não mais existirem, ainda que por algumas horas? Não há tempo de laboratório para adaptação dos medos que vão se desenvolvendo conjuntamente com a experiência real da maternidade. Eles se fundem à ação do aqui e agora que o bebê saudável exige somado à sensação de alerta constante pela sua vida. O período gestacional, por outro lado, ao longo dos meses, contribui para esse pensar e "afrouxamento" psíquico. Todo o processo de cuidados do pré-natal, consultas, ultrassons, exercem e exigem uma constante ginástica mental e física de se perceber sem o total controle deste que cresce dentro de si, fazendo a mulher vivenciar de forma mais consciente seus medos e fantasias, mas não é garantia para uma boa experiência que vem a seguir. E que bom seria a garantia de uma equipe acolhedora para essa mulher, com escuta, no meio de tantas vivências e transformações.

Se sairmos de uma estrutura de pré-natal hierárquica, que não promove o pensamento crítico e construtivo, com informações de qualidade para a liberdade das escolhas conscientes, maior será o abismo e sensação de abandono no puerpério, pois o "poder" do conhecimento e autonomia fica centrado no profissional de saúde. Porém, se a equipe de saúde for acolhedora e estimuladora da construção da própria segurança dessa mãe e de sua rede de apoio, menor será o abismo da separação sentido no puerpério.

Ainda que essa mulher tenha recebido cuidados adequados no pré-natal, com equipe acolhedora, o cuidado prestado às puérperas no pós-parto passa por uma enorme quebra tanto na frequência, quanto na continência em que era realizado, e essa falta é sentida pela mãe no puerpério. Onde estão as consultas contínuas semanais dos últimos meses de gestação? E os olhares empáticos e excitados com a proximidade da chegada do bebê? Talvez, equipes que trabalhem com o atendimento humanizado e multidisciplinaridade ainda consigam oferecer essa assistência contínua, ou mesmo em outros países desenvolvidos como França, com o exemplo das "Sage Femmes" — parteiras (que continuam as visitas do puerpério, inclusive com assistência na logística da casa) —, mas aqui sabemos que não é regra, e sim exceção. Existe um período "limbo" entre a alta hospitalar e a primeira consulta com um profissional da saúde, normalmente o pediatra, que se situa aproximadamente entre o 3.º dia pós-parto e o 7.º dia de vida do bebê, e é nele justamente que grande parte dos desencontros e transtornos do puerpério se iniciam Cantilino *et al.* (2010), que os desafios se manifestam e "dar conta" é obrigação, e não há negociação. Famílias distantes, "na minha época eu não tinha isso não" e com grande dificuldade em acolher sem julgar. Não há espaço para o sentir-se frágil nesse momento, nem tampouco para ousar estar psiquicamente desorganizada.

O que mais assusta qualquer pessoa, seja profissional de saúde, família ou um desconhecido, é uma mãe dizer que não consegue cuidar de seu recém-nascido. Nessa situação habita o medo de qualquer um de nós. A ideia de um abandono é insuportável, e ao identificarmo-nos com esse lugar do bebê vulnerável, exigimos nada menos do que devoção e competência materna. Porém, a realidade diária dessas mulheres nos mostra necessidades reais: mães assustadas, com medo, sentindo-se fragilizadas, sem apoio familiar e por vezes regredidas (movimento psíquico natural do puerpério), impactadas pela própria ambivalência, que ao não saberem da normalidade desse sentimento e sensibilidade do puerpério, em uma sociedade pouco acolhedora que a patologiza, sentem-se inadequadas, culpadas, desamparadas. Cuidar de uma mãe para esta sentir-se capaz de cuidar. É dessa forma que se contribui para esse desamparo materno e, com isso, ajudá-la a sentir-se segura e não ter medo de construir-se como mãe à medida da própria vivência.

De acordo com Wininnicott (1999), cabe aos pais conhecer as necessidades do bebê e preocupar-se com ele nesse estágio inicial, e aos profissionais de saúde um ambiente adequado para esse desenvolvimento. Laznik, em 2004, referenciada por Iaconelli (2015), dá o nome ao movimento dos pais de *ilusão antecipatória do sujeito*, ou seja, que é quando os pais antecipam um sujeito onde ainda não existe, por meio de trocas entre ambos, nas relações de toque, olfativas, gustativas, auditivas. Nessa troca, ambos precisam ser investidos. Então, também estamos falando da mulher adulta, que também é resultado desse investimento inicial quando de sua infância. E como teria sido ela investida? Não há como dissociarmos a mãe de hoje com a mãe-bebê de ontem. São a mesma pessoa e a forma como ela vai maternar seu filho hoje está diretamente ligada também às suas experiências ao ser maternada. Os novos papéis irão remetê-la, ainda que inconscientemente, a experiências primitivas dessa constituição inicial. Somado a isso, sabemos que, para além do corpo físico e biológico, seria "capaz" de alimentar e nutrir seu filho, também trazemos aqui a importância do conceito do *corpo erógeno*, aquele que também atua sobre o biológico, dotado de conteúdos do psiquismo, da representação inconsciente, o corpo investido numa relação de significação do desejo. E é também pela compreensão desse corpo erógeno que fica mais claro e, talvez, mais possível de entender o porquê o aleitar, trocar, se emprestar, e sustentar um bebê em todas as suas demandas, esteja para além dos atos de maternar comum, e sejam tão variados e tão diferentemente complexos de se realizar para cada mulher nessa nova vivência de lugar de mãe. Não, não somos apenas instinto, e isso nos diferencia, assusta-nos e temos que aceitar.

Para além das questões psíquicas, biológicas e sociais coexistindo no puerpério, vive-se a real fadiga, privação de sono, carga mental sobre as funções e sobrevivência desse bebê. Está respirando? Ufa. A recente mãe, ainda que tenha apoio, é no silêncio ensurdecedor das mamadas noturnas, do sono pesado do(a) companheiro(a) ao lado, que a solidão materna acontece. Sentir-se só mesmo acompanhada, sentir-se triste, ainda que tenha parido lindamente. De acordo com a OMS (2022), as evidências mostraram que muitas mulheres apresentam sentimento de solidão, longos períodos de exaustão e cansaço, além do desafio, principalmente em mães "de primeira viagem" de sentirem-se adequadas ao novo papel e sentirem-se "boas mães". Teste diário.

Há também o sentimento de ser vital e visceral para seu bebê, sensação essa descrita muitas vezes como sufocante, capaz de provocar sentimento de dissociação sobre o que se era antes de ser mãe e o que se é agora, quem é agora. Responsável para sempre. Luto sentido e competindo com chegada e manutenção da vida de seu bebê. O encontro profundo com o inconsciente e suas vivências primitivas. Abandono do eu? Mas aí vem o empurrão social, "segue a vida", choro que vomita, não há tempo, bebê acordou, engole o vômito, engole o choro. Bebê saudável, dever cumprido. Você cumpriu seu papel, agora, com licença, que o bebê está chorando. Dever de quem? Já não há tempo para o choro preso, o prazer da obra apaga a dor. Será? E para onde vai o medo? O desamparo? As incertezas? Vida que segue, passa.

Mas pode não passar, e para algumas mães, o preço é muito alto. Estima-se que 3,7 mulheres se suicidam no pós-parto a cada 100 mil nascidos vivos — para fins comparativos, 1,92 mulheres morrem de hemorragia pós-parto na mesma proporção (ORSOLINI *et al.*, 2016).

Não estamos preparados para mães que não estejam felizes no puerpério. Ou ainda que possam estar felizes, mas também tristes, melancólicas, em lutos paralelos, medos naturais. Uma mulher não é "naturalmente" habilitada a elaborar e lidar com tanta demanda e tanta mudança sozinha. Isso exige muita ginástica mental, resiliência, segurança emocional. Desromantizemos a mulher que "foi feita para isso". Para tanta mudança e necessidade de reorganização interna e externa se faz necessário o apoio, o acolhimento, saber que não está só, continência. Porém, ainda temos um modelo social e de assistência à saúde hierárquico que mais desempodera do que promove. Que mais procura a doença e diagnóstico do que oferece a escuta empática e a prevenção. É um limite bastante tênue entre o conceito de funcionalidade no puerpério, e a noção de patologia disfuncional materna no puerpério em uma sociedade pouco acolhedora.

De acordo com Iaconelli (2005) e Cantilino *et al.* (2010), todo ciclo gravídico-puerperal é considerado período de risco para o psiquismo devido à intensidade da experiência vivida pela mulher. Aqui, citaremos os aspectos emocionais mais comuns do puerpério e que merecem a nossa atenção, são eles: tristeza materna, depressão pós-parto e psicose puerperal.

Conceitualmente, a tristeza materna (disforia puerperal, *baby-blues*) é um quadro emocional transitório, considerado a forma mais leve dos quadros puerperais, que afeta aproximadamente entre 50 a 80% (alguns artigos apresentam prevalência de até 90%) das mulheres, cujos sintomas são: choro, tristeza, falta de apetite, fadiga, mudança de peso, instabilidade emocional, sentimentos e emoções negativas, baixa adaptação ao estresse, dificuldades para dormir bem, sentimentos de inadequação, sensação de incapacidade de cuidar do bebê, alteração do sono (ou seria a falta de) considerando a demanda noturna de um bebê recém-nascido. Cantilino *et al.* (2010) chama a atenção para mulheres que também sofrem grande impacto em relação ao próprio isolamento social que o puerpério promove, além da necessidade de reestruturação da imagem corpora, adaptações hormonais, sexualidade e identidade feminina.

No dia a dia da puérpera com tristeza materna, é comum a angústia ao final do dia que se mistura com o medo de que a noite anterior difícil posso se repetir, da exaustão acumulada, sentimento de falta de controle de si e de seus sentimentos, assim como falta de controle do ambiente e demandas incansáveis. Ambrósio e Camelo (2020) apresentam como fatores de risco para a tristeza materna a baixa qualidade do sono, episódios de depressão prévios, neuroticismo (tendência para experenciar emoções negativas), medo do nascimento, gravidez não planejada, estado civil solteiro, multiparidade, maior carga horária de trabalho do companheiro e desapontamento com o parceiro. Não é um estado considerado patológico, pois ele não é descapacitante, ou seja, a mãe com tristeza materna continua funcional, seu estado não colocam ela nem seu bebê em risco. Ao mesmo tempo em que passa por momentos de angústia, também é capaz de reconhecer pequenas vitórias no dia a dia, e essas conquistas e malabarismos diários vão ganhando sua confiança em paralelo com o estabelecimento de vínculo e apego ao seu bebê. Ainda que seja um estado de humor temporário, que costuma se dissolver por aproximadamente em um mês, traz sofrimento considerável à mulher, podendo ser atenuado pelo apoio contínuo e ajuda prática da família/rede de apoio. Em situações na qual observa-se que não há um movimento de adaptação às novas rotinas, um sentimento constante de tristeza que ao invés de abrandar mantém-se em crescimento, com desesperança, precisamos olhar para isso. A possibilidade de depressão pós-parto deve ser investigada pelos profissionais de saúde e de retaguarda dessa mulher. Mas como diferenciar uma coisa da outra?

De acordo com o DSM V, a depressão pós-parto (DPP) (ou iniciada no final da gestação ou meses de pós-parto, chamada pelo DSM V de periparto) é caracterizada por ser um transtorno depressivo maior, que promove alterações cognitivas, emocionais comportamentais e físicas com várias repercussões negativas sobre a paciente, a criança e as relações familiares surgindo na maioria das vezes às duas semanas após o parto (PEREIRA; ARAUJO, 2020; OMS, 2022).

De acordo com a OMS (2022) (ANDRETTO, 2010), a depressão no pós-parto está entre as principais causas de incapacidade em mulheres em todo o mundo. Sua prevalência é estimada em 13% e 19,8%. Apesar de ser uma doença grave, menos de 20% das mulheres afetadas relatam sintomas aos profissionais de saúde, provavelmente devido ao estigma e às más práticas relacionadas ao apoio recebido dos profissionais, associados a esse tipo de queixa. No

Brasil, de acordo com Lobato *et al.* (2022), estudos conduzidos em unidades básicas de saúde, no âmbito da Estratégia de Saúde da Família ou em populações carentes apontaram uma prevalência entre 30 e 40% de DPP, e uma prevalência entre 20 a 25% em mulheres oriundas de partos hospitalares, o que evidencia maior incidência em situações de vulnerabilidade social.

No que se refere aos fatores de risco fortemente associados à DPP são história pessoal de depressão, episódio depressivo ou ansioso na durante a gestação (entre 3 a 6%) (OMS, 2022), eventos de vida estressantes, pouco suporte social e financeiro e relacionamento conjugal conflituoso. Outros prováveis fatores de risco são história familiar de transtornos psiquiátricos, episódio de tristeza materna e baixa autoestima; também estão associados às complicações obstétricas, parto prematuro, fatores culturais, história de abuso sexual ou de relação conflituosa com a mãe e gravidez não desejada.

E quais são os principais sintomas da depressão pós-parto?

Pelo menos duas semanas de humor deprimido ou a perda de interesse ou prazer em quase todas as atividades, acompanhado de pelo menos quatro sintomas adicionais de depressão, a partir de uma lista que inclui: alterações no apetite ou peso, alterações do sono, na atividade psicomotora; diminuição de energia, sentimentos de desvalia ou culpa, dificuldade para pensar, concentrar-se ou tomar decisões, sentir-se inadequada para cuidar do bebê grande parte do tempo, pensamentos ou ideações suicidas. O episódio deve ser acompanhado por sofrimento ou prejuízo clinicamente significativo no funcionamento social, profissional ou em outras áreas importantes da vida da mulher. São considerados fatores de proteção para o desenvolvimento da DPP a boa relação conjugal, suporte social adequado e preparação física e psicológica para as mudanças advindas com a maternidade, entre outros (CANTILINO *et al.*, 2010). Em relação ao tratamento, para além das intervenções de equipe de saúde (parteiras) no puerpério e envolvimento da família no pré-natal (OMS, 2022), a psicoterapia individual se faz necessária, de modo que, por meio da escuta na psicoterapia psicanalítica, o psicoterapeuta ajuda a nova mãe a compreender suas ambivalências e projeções psíquicas inconscientes, a adquirir confiança e sentir-se mais livre para exercer a maternidade do seu jeito, libertando-se dos "fantasmas" conscientes e inconscientes, inclusive aprendidos entre as trocas geracionais (MOARES; CREPALDI, 2011). O tratamento adequado se torna essencial para a remissão dos sintomas, além de funcionar como fator de proteção para novo transtorno mental, ainda que não se posso garantir que ele não ocorra.

E por fim, apesar de rara, mas potencialmente grave, temos no terceiro transtorno mental do puerpério: a Psicose Puerperal. É caracterizada pelo indivíduo fazer uma cisão com a realidade e vive de forma desconexa como tempo, o espaço e os outros. A prevalência da psicose puerperal é de 0,1% a 0,2% (IACONELLI, 2005), sendo esse percentual maior em casos de mulheres bipolares; a psicose puerperal é frequentemente acompanhada de delírios, ideias persecutórias, alucinações, o que justifica a indicação de afastamento do bebê e a constante vigilância também sobre sua saúde e segurança. É presente também a agitação psicomotora, euforia, logorreia, comportamento desorganizado, desorientação, confusão mental, perplexidade, despersonalização. Usualmente é de início rápido e os sintomas se instalam já nos primeiros dias até duas semanas do pós-parto. Entre os fatores de risco para psicose puerperal estão a primiparidade, complicações obstétricas e antecedentes pessoais ou familiares de transtornos psiquiátricos, sobretudo outros transtornos psicóticos (CANTILINO, *et al.*, 2010). A intervenção e busca por um profissional de saúde mental se faz necessária e imediata, podendo haver a necessidade de internação até a remissão do quadro psicótico, mantendo a continuidade de tratamento.

Dessa forma, vemos que o período puerperal é acarretado de grandes transformações psíquicas, biológicas, sociais e emocionais e que a relação com a existência de um transtorno mental pregresso, qualidade da assistência obstétrica recebida em todo o ciclo gravídico puerperal, relação com familiares e a forma como a mulher recebe apoio no puerpério, inclusive social, poderá interferir positivamente como fator de proteção, ou negativamente como fator de risco para o desenvolvimento de transtornos mentais no puerpério e, principalmente, para o sofrimento psíquico dessa mulher, assim como a influência deste no desenvolvimento de seu filho, nossa sociedade.

Fica aqui nossa reflexão: como estamos cuidando das nossas puérperas? O que seria a normalidade ou a loucura nas manifestações de tristeza e exaustão? Seriam os transtornos mentais respostas de uma sociedade não acolhedora?

§ Referências

AMBRÓSIO, M.; CAMELO, M. E. FATORES DE RISCO PARA BLUES PUERPERAL: UMA REVISÃO INTEGRATIVA. *Caderno De Graduação - Ciências Biológicas E Da Saúde - UNIT - ALAGOAS*, v. 6, n. 2, p. 123, 2020. Disponível em: https://periodicos.set.edu.br/fitsbiosaude/article/view/7508.

ANDRETTO, D. de A. *Transtorno de estresse pós-traumático pós-parto e depressão pós-parto*: prevalência e fatores associados em puérperas do setor público e privado da zona leste de São Paulo. 2010. Dissertação (Mestrado em Saúde, Ciclos de Vida e Sociedade) – Faculdade de Saúde Pública, Universidade de São Paulo, São Paulo, 2010. Disponível em: https://www.teses.usp.br/teses/disponiveis/6/6136/tde-06042021-182918/publico/MTR_1774_Andretto_2010.pdf. Acesso em: 1 nov. 2022. DOI: 10.11606/D.6.2010.tde-06042021-182918.

BRASIL. Ministério da Saúde. Secretaria de Atenção à Saúde. Departamento de Ações Programáticas Estratégicas. Área Técnica de Saúde da Mulher. *Pré-natal e Puerpério*: atenção qualificada e humanizada – manual técnico/Ministério da Saúde, Secretaria de Atenção à Saúde, Departamento de Ações Programáticas Estratégicas. Brasília: Ministério da Saúde, 2005

CANTILINO, A. *et al.* Transtornos psiquiátricos no pós-parto. *Archives of Clinical Psychiatry* [online], São Paulo, v. 37, n. 6, p. 288-294, 2010. Disponível em: https://doi.org/10.1590/S0101-60832010000600006. Acesso em: 31 out. 2022.

DA ROCHA ARRAIS, A.; CAVALCANTI, F. de A.; Tereza C. DEPRESSÃO PÓS-PARTO: UMA REVISÃO SOBRE FATORES DE RISCO E DE PROTEÇÃO. *Psicologia, Saúde e Doenças*, Sociedade Portuguesa de Psicologia da Saúde Lisboa, Portugal, v. 18, n. 3, p. 828-845, 2017.

IACONELLI, V. DEPRESSÃO PÓS-PARTO, PSICOSE PÓS-PARTO E TRISTEZA MATERNA. *Revista Pediatria Moderna*, v. 41, n. 4, jul./ago. 2005.

IACONELLI, V. *Mal-estar na maternidade*: do infanticídio à função materna. 2015.

LOBATO, G.; MORAES, C. L.; REICHENHEIM, M. E. Magnitude da depressão pós-parto no Brasil: uma revisão sistemática. *Revista Brasileira de Saúde Materno Infantil* [online], v. 11, n. 4, p. 369-379 2011. Disponível em: https://doi.org/10.1590/S1519-38292011000400003. Acesso em: 1 nov. 2022.

M'BAÏLARA, K. *et al.* Le baby blues: caractérisation clinique et influence de variables psycho-sociales [Baby blues: characterization and influence of psycho-social factors]. *Encephale*, v. 31, n. 3, p. 331-336, May/Jun. 2005.

MORAIS, M. H. C.; CREPALDI, M. A. A clínica da depressão pós-parto. *Mudanças*, v. 19, p. 61-67, 2011.

ORSOLINI, L. *et al.* Suicide during Perinatal Period: Epidemiology, Risk Factors, and Clinical Correlates. *Front Psychiatry*, v. 12, n. 7, p. 138, Aug. 2016. DOI: 10.3389/fpsyt.2016.00138.

PEREIRA, D. M; ARAÚJO, L. M. B. Depressão pós-parto: Uma revisão de literatura. *Braz. J. Hea. Rev.*, Curitiba, v. 3, n. 4, p. 8307-8319, jul./ago. 2020.

WHO recommendations on maternal and newborn care for a positive postnatal experience: executive summary. World Health Organization, 2022. Disponível em: https://www.who.int/publications/i/item/9789240045989. Acesso em: 31 out. 2022.

WINNICOTT, D. W. *Os bebês e suas mães*. 2. ed. São Paulo: Martins Fontes, 1999.

amamentação

...a importância de uma coisa não se mede com fita métrica nem com balanças nem barômetros etc.
Que a importância de uma coisa há que ser medida, também, pelo encantamento que a coisa produza em nós.

(Manoel de Barros,
no livro "Memórias inventadas – a Infância")

Por que amamentar?

A amamentação em seres humanos consiste num processo biopsicossocial, mas de atravessamentos muitos intensos e singulares. De alguma maneira, parece não ser possível falar em amamentação, sem evidenciar os inúmeros conflitos que ela enseja.

Embora exista uma corrente muito forte que atrela a amamentação ao seu aspecto biológico, creditando seu sucesso à nossa ascendência mamífera. Não podemos ignorar que para além de mamíferos, enquanto seres humanos, somos seres de cultura.

Descobertas arqueológicas recentes apontam que hominídeos já fabricavam utensílios para oferecer líquidos a bebês. Objetos semelhantes foram encontrados no período greco-romano. Devido à domesticação de rebanhos, o aleitamento deixou de ser fundamental e as primeiras amas de leite surgem nesse momento histórico e perduram por vários séculos.

A concepção de infância que temos hoje, como uma etapa do desenvolvimento humano e que inspira cuidados especiais, é datada do século XVII. Nesse momento, há uma confluência de fatores que se sucedem no mundo ocidental, onde surge uma preocupação com a soberania nacional.

O fortalecimento econômico das nações europeias em meio à expansão do imperialismo nas colônias fez surgir a necessidade de conter a altíssima mortalidade infantil. Essa se tornou uma política de Estado, o qual mobilizou médicos, religiosos e cientistas para elaborar medidas de cuidado e atenção à infância. Essas ações visavam à criação de novos trabalhadores para as

---

Déborah Eliete Marques Sanches Carvalho

Psicóloga, psicanalista, mãe de duas. Cursando Formação em Perinatalidade e Parentalidade. Apaixonada e atravessada pela amamentação, idealizadora do Percurso de Desmame, gradual e respeitoso.
E-mail: deborahsanches@gmail.com
Instagram: @deborahsanches

fábricas e consequentemente novos consumidores para esse mercado em ascensão, nessa nova sociedade que se delineava. Se de um lado a mortalidade infantil era estarrecedora, de outro, o abandono de crianças nas casas de roda que se espalhavam pela Europa também preocupava os governos, pelo alto valor despendido para custear as novas gerações.

Assim, em decorrência de todo esse esforço governamental, pautado principalmente nos preceitos biológicos, a mulher surge como o ser mais apto e com o corpo mais habilitado para realizar os cuidados com os filhos e com o trabalho doméstico. Estrutura-se a ideia que posteriormente conhecemos como instinto materno, colaborando para delimitar o novo papel da mulher. O homem, nessa nova organização social, passa a se dedicar ao trabalho externo e à provisão financeira da casa.

Foi inaugurada a família nuclear burguesa. Enquanto a maternidade se dá na presença e nos cuidados, a paternidade consiste na ausência e na desconexão com as necessidades das crianças. Tornou-se moralmente condenável o antigo hábito de atribuir o cuidado e a amamentação dos filhos a amas.

A amamentação ocupava papel central nas demandas de cuidado com o bebê, pela sua importância na manutenção da vida de um lado, pelo tempo, energia e restrição da liberdade da mulher por outro. A fim de sustentar esse novo lugar social, a ideologia vigente da época passou a identificar a figura da mulher a da Virgem Maria como exemplo de boa mãe. Ser aquela que amamenta e que se sacrifica pelos filhos tornou-se um lugar de desejo para a mulher ocupar.

A família, pela primeira vez, deixa de se organizar pelo poder paterno e passa a se estruturar em volta da mãe, a rainha do lar. Os filhos são para a mulher sua principal razão de viver. Os laços de fraternidade e ternura formam a nova liga entre seus membros, em oposição ao sentimento de medo que imperava no antigo modelo.

As responsabilidades com os cuidados com filhos e o nível de exigência foram crescendo cada dia mais. Partimos da geração e da manutenção da vida pela via da amamentação, para assegurar também o bom desenvolvimento e educação das crianças. Por fim, a felicidade e saúde emocional da criança passaram a ocupar grande parte da dedicação do trabalho materno. A carga mental das mulheres aumentou à medida que a sociedade evoluiu e novas necessidades foram surgindo.

Além das responsabilidades creditadas à mãe, podemos ver que quando ela não corresponde ao que se espera socialmente dela, é consumida pela culpa. Inaugura-se o que podemos chamar de culpa materna. As ações de cuidado da mãe nesse contexto aparecem para afirmar sua competência enquanto boa mãe, aquela que prova seu amor por meio de suas atitudes. Amamentar entrou nessa conta.

Contudo, amamentar não é sinônimo de amar, muito menos prova do amor materno. Neste breve capítulo, abordaremos a multiplicidade dos benefícios proporcionados aos atores envolvidos na problemática da amamentação, quais sejam, a criança, a mulher, a família e o Estado. Mostraremos a você, leitora, a dimensão da amamentação como uma relação possível e uma forma rica de comunicação entre mãe e bebê. Temos como objetivo trazer a amamentação para o centro de uma discussão que aborda não apenas os fatores médicos, científicos e biológicos, mas que inclua os conhecimentos histórico, social, cultural, econômico e que considere a vivência singular de cada mulher.

Iniciamos trazendo a dimensão do aleitamento materno, numa perspectiva de nutrição da criança. São inúmeras publicações científicas que atestam a superioridade do leite materno comparado a qualquer outro leite. O fator de proteção contra infecções nas primeiras semanas de vida do bebê é fundamental para a manutenção da saúde do neonato, evitando mortes por diarreia ou doenças do trato respiratório. A amamentação também está ligada à proteção contra a síndrome de morte súbita.

A criança amamentada com leite materno apresenta menor risco de apresentar alergias alimentares, respiratórias e de pele. O leite humano contém os nutrientes essenciais para o crescimento e desenvolvimento do bebê nos seis primeiros meses de vida. Permanece o principal alimento no primeiro ano de vida e continua sendo uma importante fonte de gorduras, proteínas e vitaminas na dieta da criança no segundo ano de vida.

O colostro é considerado uma importante vacina natural, e o aleitamento mantém propriedades de manutenção da imunidade do bebê. Crianças amamentadas adoecem menos, têm menor índice de hospitalizações e apresentam melhoras mais rápidas.

A longo prazo, pesquisas sugerem que crianças amamentadas têm menor risco de apresentar hipertensão arterial, diabetes, colesterol alto e obesidade infantil. Um melhor desenvolvimento craniofacial ocorre em decorrência da mecânica da amamentação. Os impactos são percebidos na qualidade da respiração, fala, mastigação, deglutição, oclusão dentária e alinhamento dos dentes.

O desenvolvimento neurológico e cognitivo da criança também é influenciado positivamente pela amamentação.

A amamentação é tão fundamental que desde 2001 a orientação da OMS aos países membros é de proteger, promover e apoiar o aleitamento materno como estratégia de saúde pública global. A recomendação é realizar o aleitamento materno exclusivo até o sexto mês em livre demanda. A introdução de alimentos após o sexto mês, o bebê vai aprender a se alimentar e o leite materno ainda é a principal fonte de nutrientes. Após o primeiro ano de vida, o aleitamento mantém todos os seus benefícios e deve ser incentivado até pelo menos dois anos ou mais. Importante ressaltar que não se fala em manter livre demanda após o primeiro ano de vida, contudo, limitar a livre demanda vai depender de um olhar singular para o desenvolvimento da criança e da sua capacidade de obter densidade energética a partir da alimentação complementar.

Considerar a amamentação para além da dimensão do aleitamento materno, é colocar esse processo sob uma nova perspectiva. Poder sair do biologismo que é um direito do bebê mamar e um dever de a mulher-mãe fornecer seu leite. Perceber que mais que uma boca e um seio, na amamentação se relacionam dois sujeitos.

Entre as muitas possibilidades de abordar a amamentação, escolhi incluir a mulher no processo como um sujeito de direitos. Entendo como fundamental considerar os dois integrantes desse processo, olhar para a mulher como um ser humano integral e como alguém que conta na relação. Assim, a mulher comparece como alguém que devemos considerar, não apenas ditar de maneira imperativa, sobre sua obrigação em fornecer amor líquido ao seu bebê.

Os benefícios da amamentação também são sentidos pela mulher, mesmo que não sejam prioritariamente difundidos. Entre eles podemos citar a contração uterina e a contenção de hemorragia no pós-parto imediato, bem como a diminuição do risco de câncer de mama e de câncer nos ovários. A amamentação exclusiva tem influência na diminuição da fertilidade no pós-parto, colaborando para a proteção de uma nova gravidez.

As influências positivas percebidas na saúde da mulher durante o período da amamentação também estão relacionadas a prevenção da hipercolesterolemia, hipertensão e doença coronariana, obesidade, doença metabólica, osteoporose e fratura de quadril, artrite reumatoide, diminuição do risco de recaída de esclerose múltipla no pós-parto e depressão pós-parto.

A entrada na parentalidade representa um momento de crise na vida da família e especialmente para a mulher que experimenta no próprio corpo tantas modificações. A oportunidade de sustentar um outro corpo vivo por meio do seu é uma experiência única, na qual a mulher tem a possibilidade de se redescobrir, reinventar e se perceber dentro de uma nova identidade que se impõe com a chegada do bebê.

A amamentação pode comparecer para a recém-mãe, como uma ferramenta que idealmente, a torna "tudo aquilo que o bebê precisa". Esse fato pode corroborar no sentimento de autoconfiança e de competência nos cuidados com o recém-nascido. Pode também representar um apoio importante, num momento de tanta fragilidade emocional. A amamentação acontece num nível que atende mãe e bebê para além do nível da necessidade, pois é algo que só ela pode prover para o bebê. Essa característica pode lhe assegurar um lugar de privilégio e de incremento de autoestima e de provisão narcísica.

O mamar, além de suprir a fome biológica, também carrega em si a representação do mundo todo. A fome de um bebê não é apenas física, essa fome é multifatorial, no seio ele mama aconchego, colo, carinho, segurança, acolhimento, acalento e regulação emocional. No momento da mamada, não estão presentes apenas o seio e o leite, mas no conjunto, comparecem o olhar, a voz, o cheiro da mãe, seu afeto e seu desejo. É disso tudo que ele se nutre, é em tudo isso que ele se ampara.

Falar sobre o choro do bebê e os significados que ele adquire nas primeiras semanas após o nascimento é crucial para o estabelecimento e sucesso da amamentação. Haja vista que inúmeros são os relatos de desmame precoce, em virtude de o choro insistente do bebê ter apenas um significado: fome. A confiança da mulher é minada, mitos de leite fraco aparecem nas falas de pessoas da família, uma sensação de incapacidade e incompetência se instalam. A possibilidade de estar sendo negligente ameaça profundamente a confiança da mulher, que vê no aleitamento artificial a única solução possível.

A indústria alimentícia, com seus altos investimentos em propaganda, juntamente à indústria de apetrechos para infância como mamadeiras e chupetas colaboram e muito para fortalecer essas crenças que perpetuam o desmame precoce. É fundamental entender como essa rede se estrutura e atua, para tirar o foco apenas da mulher pelo sucesso ou fracasso da amamentação.

O pré-natal é uma grande oportunidade de se realizar educação em saúde com foco na amamentação e como uma ferramenta da gestante se informar sobre o que esperar do comportamento normal de um recém-nascido. Familiarizar-se com a exterogestação e o trabalho realizado por mãe e bebê nos três primeiros meses de vida. A transição entre vida intrauterina e vida no mundo aqui fora. Já que o choro incessante e os inúmeros despertares do recém-nascido se tornam motivos para recorrer ao leite artificial como solução para acalmar e fazer o bebê dormir mais horas seguidas.

A amamentação nesse contexto pode ser pensada como um cordão umbilical virtual que ajuda o bebê a sentir o mundo como um lugar que ele pode confiar. Assim, destacamos os benefícios psicológicos e emocionais presentes na amamentação, tanto para a mãe, como para o bebê, além de favorecer o estabelecimento do vínculo. Dessa maneira entendemos, antes de tudo, a amamentação como um processo transitório na vida do binômio mãe-bebê. Ou seja, ambos vão poder prescindir do mamá quando este não for mais necessário como única forma de comunicação, afeto e alimento.

A amamentação também ocupa um lugar de nutrição emocional para a mulher, ela dá e recebe o colo de volta. O curso desse processo é alcançar um ponto de convergência em que amamentar seja benéfico para mãe e filho. Ou seja, que a mulher receba apoio e orientação para que a amamentação se estabeleça. E dessa forma, encontre um outro destino possível para a maternidade e a amamentação que não passe apenas pela entrega sacrificial e privação de liberdade. Sentimentos tão comumente relatados por mulheres que amamentam.

A educação em saúde, com foco na amamentação, deveria estar presente na vivência de crianças e adolescentes de maneira positiva e afirmativa. Essas informações comumente aparecem para as mulheres apenas na gestação ou no pós-parto imediato e já vêm carregadas de imposições ou preocupações.

Uma rede de apoio bem-informada e consciente pode ser fundamental para oferecer amparo à mulher nos momentos iniciais da amamentação. Principalmente no sentido de oferecer um olhar de reconhecimento e de validação dos sentimentos e dificuldades enfrentadas pela mulher, nesse momento inicial da entrada na maternidade.

Embora a amamentação represente uma maior sustentabilidade para a família, pois evita gastos com alimentação artificial e tudo que se refere a isso e com gastos decorrentes de doenças que são mais comuns em crianças não amamentadas, amamentar não é de graça! Existe um custo para a mulher que precisa ser colocado na conta. Esse custo passa pelo tempo dedicado, pela liberdade privada, pelo seu corpo, pelo sono entrecortado, para dizer o mínimo.

Assim a mulher, mãe recém-nascida, deve estar no centro dos cuidados e apoio para que a amamentação se estabeleça, pois dela depende em grande parte uma melhor qualidade de vida para a família que se forma. Já que as crianças amamentadas adoecem menos, acabam procurando menos atendimento médico, internações hospitalares e gastos com medicamentos. Esse estado geral de saúde materno infantil pode implicar menos faltas ao trabalho dos pais, bem como menos gastos e situações de desgaste emocional.

Podemos dizer que quando a amamentação é bem-sucedida, mães e crianças podem estar mais felizes, com repercussão nas relações familiares tendo seus efeitos nas dimensões biopsicossociais das famílias, gerando efeitos positivos também para as próximas gerações.

Quero amamentar. E agora?

§ **Preparação na gestação**

Uma das coisas que eu mais ouço nos atendimentos como consultora de aleitamento materno é "Me preparei tanto para o parto, não imaginava que precisava me preparar também para amamentar". Temos uma noção de que a amamentação vai acontecer naturalmente e, na maioria das vezes, isso não é verdade. Enfrentamos uma avalanche de desafios e é muito importante se preparar.

Tomar sol nos mamilos? Esfregar toalha, bucha? Exercícios para o mamilo? Nada disso! Essas recomendações fazem parte de um combo mitológico que permeia a amamentação e, além de não mostrarem benefícios práticos, plantam uma sementinha de fracasso na cabeça das mulheres, trazendo a percepção de que é preciso sofrer desde a gestação para conseguir amamentar ou depois criam a crença de não vão conseguir, porque não se prepararam o suficiente.

Então, o que fazer?

A melhor preparação para a amamentação é a informação de qualidade. Entenda como o leite é produzido, como amamentar, o impacto de oferecer outros leites ou líquidos para o bebê, o risco dos bicos artificiais, como evitar os principais problemas e, muitíssimo importante, encontre ainda na gestação um/uma pediatra que seja realmente pró-aleitamento e irá te apoiar nessa jornada.

Carla Schultz

Consultora em aleitamento materno e sono dos bebês, doula, instrutora de Shantala, terapeuta corporal com foco em massagem para gestantes e técnicas corporais do Ayurveda, mestre Reiki e graduanda em Terapia Ocupacional pela UFPR.
E-mail: carlalrs@gmail.com
Instagram @mamain_consultoria

§ Por que amamentar parece tão difícil?

Praticamente todas as dificuldades relacionadas à amamentação estão ligadas à informação e à cultura. Fatores como assédio da indústria de leite artificial nas propagandas e consultórios, falta de informação por parte da maioria dos profissionais de saúde e o eterno questionamento sobre a capacidade dos nossos corpos levam ao que conhecemos como "cultura do desmame", um contexto que faz com que as mulheres duvidem de sua capacidade de produzir leite na quantidade e qualidade adequadas, recebam pressão de todos os lados para oferta de leite artificial e bicos artificiais em um momento de fragilidade emocional que é o puerpério.

Outro fator que impacta muito nessa experiência é o choro. Geralmente, chegamos na maternidade acreditando que o bebê irá dormir muito, chorar pouco e mamar a cada três horas. A realidade é que ele nos demanda e chora mais do que esperamos. Sem saber como lidar, as pessoas acabam atribuindo erroneamente todo choro à fome e acreditando que há algo de errado com a amamentação.

É importante saber que os bebês choram, porque têm fome, sono, desconforto, necessidade de colo e contato físico e até mesmo tédio. Tudo para eles é estranho no começo da vida. Aprenda a observar o bebê e perceber suas necessidades. Com o tempo e a observação, você irá entender os motivos de choro e tudo ficará mais fácil.

> Os principais obstáculos à amamentação exclusiva podem ser assim agrupados: falta de conhecimento e conscientização da população em geral, dos profissionais de saúde e dos gestores; condutas inapropriadas e pouca qualificação dos profissionais de saúde; cultura, crenças e mitos; falta de confiança ou baixa autoestima da mãe; falta de apoio e suporte familiar e comunitário; trabalho da mulher; promoção inadequada de substitutos do leite materno; influência do pai e dos avós. (CARVALHO; GOMES, 2017, p. 40).

§ Amamentação na primeira hora

A primeira hora de vida do bebê, também conhecida como hora de ouro, ou hora dourada, é muito importante para o estabelecimento da amamentação. Nesse momento, o bebê está mais propenso a buscar a mama e a sugar. Essa primeira sucção gera um registro positivo no bebê para realizar as próximas mamadas. A mãe está mais disposta e propensa a se vincular com o bebê. A liberação hormonal estimula a decida do leite e as contrações uterinas que previnem hemorragia.

O processo não consiste em colocar o bebê no peito, e sim sobre a mãe, imediatamente após o nascimento. É importante que seja respeitado o período de uma hora, sem interferências, permitindo o processo natural do bebê que passará por chorar, cochilar, fixar os olhos na mãe e buscar a mama. Confie no bebê e permita que ele viva esse processo. Você vai se surpreender.

Todo bebê que nasce bem, mesmo de cesárea, também pode ser recebido assim. Coloque no seu plano de parto. Converse com a equipe.

§ Primeiros dias e a descida do leite

No final da gestação e logo após o nascimento, o corpo da mãe produz o colostro, um leite amarelado muito rico em anticorpos conhecido como a primeira vacina. O volume é pequeno e compatível com a necessidade e capacidade do estomago do bebê.

A saída da placenta, juntamente ao estímulo das mamas pela sucção do bebê, provoca alterações hormonais fazendo com que, nos próximos dias, haja a liberação do que conhecemos como leite maduro, que é mais esbranquiçado e em maior volume. Esse processo é o que conhecemos como apojadura ou descida do leite. Sua mama pode ficar endurecida e quente. Nesse caso, é importante realizar massagem e extração de alívio (até que a mama fique mais amolecida) sempre que ela estiver muito cheia para evitar problemas como mastite.

É importante proporcionar ao bebê muito contato pele a pele e oferecer a mama sempre que ele procurar, pois o pequeno volume de colostro é digerido rapidamente e quanto mais ele sugar, mais irá estimular a descida do leite, a eliminação da bilirrubina, prevenindo icterícia e promoverá a manutenção dos níveis adequados de glicose. Qualquer líquido oferecido durante esse processo irá ocupar o pequeno estômago do recém-nascido e poderá impactar negativamente no processo fisiológico.

§ Pega e livre demanda, a dupla definitiva da amamentação

Pega é a maneira como o bebê abocanha a mama. A pega correta permite que o leite seja extraído da mama com a maior eficiência e o menor gasto energético durante a mamada, favorecendo o ganho de peso e desenvolvimento adequado. Além disso, faz com que o mamilo se posicione em uma região livre no fundo da boca do bebê, evitando fissuras, dor e a maioria dos problemas da amamentação que estão relacionados ao acúmulo de leite nas mamas. Para facilitar a pega, é importante que a aréola (região escura ao redor do mamilo) esteja sempre macia e amolecida. Caso esteja endurecida, massageie a mama e realiza uma pequena ordenha antes de amamentar.

E como identificar se a pega está correta?

o   O bebê abocanha maior parte da aréola e não necessariamente a aréola toda, deixando visível mais área na parte de cima dos lábios.

o   Nem sempre a boca de peixinho vai ser visível com facilidade. O importante é que os lábios não virem para dentro.

o   Os mamilos não doem ao longo da mamada.

o   O bebê fica de frente para o corpo da mãe, com a cabeça alinhada ao corpo (isso é muito importante) e o queixinho projetado em direção à mama.

o   Não se ouvem barulhos nem estalos.

o   A bochecha não afunda nem faz covinha.

o   Algumas vezes é possível ver a língua do bebê durante a mamada.

o   No final da mamada, o mamilo está arredondado, sem marcas ou achatamento.

Ao longo da história, já ouvimos recomendações de amamentar a cada três horas em uma das mamas até esvaziar ou oferecer por 10 minutos cada mama. Hoje sabemos que essas práticas restringem os mecanismos de regulação que a dupla mãe-bebê tem sobre a composição e quantidade de leite produzido e a melhor recomendação é amamentar sem restrições de horário e tempo de permanência nas mamas. Essa prática, conhecida como livre demanda, irá permitir que o seu corpo produza o leite adequado para o seu bebê em quantidade suficiente, de acordo com a necessidade dele nas diversas etapas de desenvolvimento. Lembre-se que cada bebê tem ritmos e necessidades diferentes.

No início, é esperado que as mamadas ocorram com mais frequência e irregularidade de intervalos e isso não deve ser interpretado como sinal de baixa produção ou leite fraco. Quanto mais o bebê sugar, mais leite você irá produzir e quanto mais confiante e conectada ao bebê você estiver, mais facilidade o leite vai ter para sair da mama. É importante cuidar para que o bebê realize a pega correta e observar os sinais de uma mamada efetiva.

§ Como saber se uma mamada é efetiva?

Uma das grandes questões que assombram as mães é "Será que meu bebê está mamando bem?". Como não é possível ver a quantidade de leite que o bebê está consumindo, é comum ficar insegura com relação à efetividade da mamada. Por isso, é importante saber identificar uma mamada efetiva e ficar tranquila caso ela esteja acontecendo corretamente ou procurar ajuda caso algo não aconteça como o esperado.

Em uma mamada efetiva, o bebê está posicionado corretamente, com o corpo virado de frente para a mãe, cabecinha alinhada ao corpo, pés apoiados e com a pega correta. Realiza movimentos amplos e lentos com o maxilar e você pode ouvir o bebê engolindo a cada 2 ou 3 sucções, realiza pausas curtas e finaliza a mamada mais tranquilo e relaxado do que no início, soltando o corpo e relaxando as mãozinhas.

Bebê irritado durante a mamada, que pega e solta o peito, realiza somente movimentos curtos e rápidos, termina a mamada irritado, dorme nas primeiras sucções ou realiza pausas muito prolongadas pode ser sinal de atenção.

§ Ganho de peso e sinais e um bebê bem alimentado

Além de cuidar da pega e identificar os sinais de uma mamada efetiva, existem outros sinais que você pode observar para saber se o seu bebê está bem alimentado.

O ganho de peso é apenas um desses sinais e que costuma ser avaliado de maneira bastante duvidosa nos consultórios. Muito mais do que uma meta de ganho diário de peso, um bebê que está se desenvolvendo bem acompanha a evolução da curva de crescimento, ou seja, o desenho da curva, independentemente de estar na parte de baixo ou de cima.

Outros sinais importantes de que o bebê está recebendo quantidade suficiente de leite materno são energia e efetividade nas mamadas, fazer xixi de 6 a 8 vezes no dia e cocô diariamente no primeiro mês, sendo que o cocô deve se modificar gradualmente de preto, passando por verde escuro, verde claro, até se tornar amarelinho. Bebês que começam a sugar e dormem em todas as mamadas podem estar sem energia para extrair o leite das mamas e podem precisar de auxílio para melhorar o aporte de nutrientes no início da vida.

§ Posições para amamentar

A amamentação pode ser realizada em diversas posições, tanto para a mãe, quanto para o bebê. Cada sua posição tem seu benefício. Por exemplo, a posição invertida pode ajudar o bebê a aceitar a mama que está rejeitando ou a melhorar a pega na mama que está machucada. Amamentar com o bebê verticalizado permite que ele exerça maior controle sobre o fluxo de leite em casos de hiperlactação e a melhorar a mamada em caso de mamilos muito longos. Amamentar deitada permite que a mãe descanse e, ao contrário do que diz o mito, não causa otite ou qualquer problema para o bebê.

Os principais pontos a serem observados são que o bebê esteja relaxado e posicionado de frente para o corpo da mãe, com a cabeça, o pescoço e a coluna alinhados e realizando a pega corretamente. A mãe deve estar sempre bem apoiada e confortável.

§ Tipos e tamanhos de mamilos e mamas

Outro assunto que costuma ser permeado de mitos é o tamanho e formato das mamas e mamilos que são muito diversos em toda a população.

O que é importante saber sobre esse assunto?

Tanto mamas grandes como pequenas são capazes de produzir a quantidade de leite necessária para a demanda do bebê, se forem observadas a pega correta e a livre demanda.

Mamas muito grandes podem precisar de um suporte durante a mamada, que pode ser feito com tipoias ou rolinhos de fralda embaixo delas.

Mamilos planos ou invertidos não impedem a amamentação, visto que o bebê não suga o mamilo, e sim a região da aréola, mas podem dificultar um pouco o início do processo, pois o bebê costuma utilizar os mamilos para guiar seu posicionamento. Nesse caso, você pode ter um pouco mais de trabalho, mas é totalmente possível que você consiga amamentar.

§ Acessórios e apetrechos

Quando pesquisamos sobre amamentação, imediatamente passamos a receber inúmeras propagandas de produtos supostamente indispensáveis ou milagrosos. A maioria deles é desnecessária ou até mesmo prejudicial à amamentação.

Passe longe de conchas, intermediários de silicone, protetores de seio feios de tecido, óleos, pomadas, sutiãs de abertura parcial e bicos artificiais que podem causar confusão de bico, entupimento de ducto, contaminação e dificultar a pega.

Invista em bons sutiãs de amamentação no estilo top, transpassado ou com abertura frontal completa que proporcionem boa sustentação. Se for necessário, e você só saberá disso quando estiver amamentando, compre uma boa almofada para amamentação e, principalmente, busque informação. Uma consulta pré-natal com consultora de amamentação para avaliar seu caso e te orientar individualmente é um bom investimento também.

§ Rede de apoio

Ter uma boa rede de apoio pode fazer muita diferença para que você viva a amamentação com mais facilidade. Ela é formada por pessoas que estão dispostas a te ouvir e apoiar naquilo que você realmente precisa. Saiba pedir ajuda e impor limites. Não tenha medo de se posicionar nas coisas que são importantes para você. Alguém que possa preparar comida e cuidar da limpeza e organização da casa irá deixá-la livre para cuidar de você e do bebê. Descanse. Durma quando ele dormir. Hidrate-se e alimente-se bem.

E lembre-se! Pai não é ajuda, é tão parte dessa história como a mãe.

§ Quando procurar apoio profissional

Amamentar com dor é sempre sinal de que algo está errado. Por isso, procure uma consultora de amamentação sempre que tiver dor ou qualquer desconforto nos mamilos ou nas mamas. Ela também te orientará em caso de dificuldade na pega, bebê estiver muito sonolento e mamando pouco, perda ou baixo ganho de peso, mamas muito cheias, quentes e doloridas, febre, insegurança quanto à produção do leite materno ou se tiver qualquer outra dúvida relacionada à amamentação.

Esse é um pontapé inicial para que você possa se relacionar mais tranquila com a amamentação. Se eu puder finalizar com alguns conselhos, quero dizer para que confie em você e no seu bebê e, se estiver difícil, não fique sofrendo sozinha, procure ajuda, pois a maioria das questões é possível de resolver.

§ Referências

BRASIL. Ministério da Saúde. Secretaria de Atenção à Saúde. Departamento de Atenção Básica. *Saúde da criança*: aleitamento materno e alimentação complementar. 2. ed. Brasília: Ministério da Saúde, 2015. (Caderno de Atenção Básica; n. 23).

CARVALHO, M. R. de; GOMES, C. F. *Amamentação*: bases científicas. 4. ed. Rio de Janeiro: Guanabara Koogan, 2017.

GONZÁLES, C. *Manual prático de aleitamento materno*. São Paulo: Timo, 2014.

Desmame

A ideia de desmame, a cena da última mamada, que muitas vezes aparece no imaginário materno, no contexto da amamentação prolongada, é apenas o final de um processo que iniciou muito tempo antes. A esse final, podemos chamar de interrupção ou cessação do aleitamento, seja materno ou por mamadeira.

Antes de qualquer coisa, precisamos marcar o quanto pensar e refletir sobre desmame parte de um lugar de muito privilégio. Uma vez que o desmame precoce, aquele que ocorre antes dos seis meses de vida do bebê ainda é bastante expressivo no nosso contexto atual. Assim, podemos dizer que uma amamentação que alcançou o primeiro ano de vida do bebê pode ser considerada um sucesso.

> **Déborah Eliete Marques Sanches Carvalho**
>
> Psicóloga, psicanalista, mãe de duas. Cursando Formação em Perinatalidade e Parentalidade. Apaixonada e atravessada pela amamentação, idealizadora do Percurso de Desmame, gradual e respeitoso.
> E-mail: deborahsanches@gmail.com
> Instagram: @deborahsanches

Nesse sentido, precisamos ressaltar que o desmame se relaciona muito mais a jornada do que a linha de chegada. Produzir essa nova significação é de grande importância, na qual evidenciamos que desmame não é evento, é processo. Como tal, de acordo com a OMS, tem início na introdução alimentar. Ou seja, a amamentação vai se deixando modificar, a partir do desenvolvimento da criança e do surgimento de outras necessidades.

Quando pensamos nos três pilares relacionados à função da amamentação para o bebê recém-nascido, referimo-nos à sustentação da vida desse ser que acabou de chegar no mundo. Ele encontra na amamentação e na mãe, alimento, afeto e uma forma eficaz de se comunicar, de maneira resumida, é tudo que ele precisa para crescer e se desenvolver nos primeiros meses de vida. À medida que o bebê atinge marcos importantes de desenvolvimento e maturação, a amamentação, embora muito importante, já não atende a todas as suas necessidades biopsicossociais da criança. Podemos dizer que o bebê quer mais do mundo e da vida. Essa abertura é introduzida pelo processo de aprendizagem que envolve a nutrição do bebê por meio dos alimentos sólidos.

São inúmeros relatos de mulheres que se sentem enciumadas na fase de introdução alimentar dos bebês. Relatam sentir os alimentos como competidores na relação, pelo fato que agora o bebê pode ser nutrido e alimentado por outra forma, que não apenas pelo seu leite. Algo fundamental se produz nesse momento e que vai acompanhar a relação mãe e filho(a) por toda a vida. A criança vai se dando conta que ela não é um prolongamento da mãe, enquanto a mulher percebe que não é parte da criança.

É imprescindível olhar para a amamentação como um relacionamento complexo pelo qual a mãe ocupa e sustenta um lugar de todo o necessário para sustentar a vida do bebê. Contudo, é um lugar do qual a mãe precisa sair, num processo de adaptação e maturação contínua. A mulher vai permitindo que o relacionamento com a criança seja preenchido de muitas outras formas de afeto e comunicação, até que nem ela e nem a criança necessitam mais da amamentação como ela fundamental e intransponível.

No aspecto biológico e nutricional, a criança que é amamentada exclusivamente e em livre demanda até os seis meses, vai passando por algumas etapas de desenvolvimento que estão ligadas às suas competências orgânicas. Ela vai sendo apresentada aos alimentos sólidos, num aprendizado contínuo sobre os alimentos e sobre si. Ela vai estabelecendo sua relação com a comida, com a sua autorregulação, gostos e saciedade. Até o primeiro ano de vida, o leite é o principal alimento do bebê. Após esse marco, o leite materno vai deixando de ser a principal fonte energética e nutricional do bebê, para ocupar uma função de coadjuvante. A livre demanda já não é uma orientação, e nesse momento se inicia um verdadeiro processo de negociação entre mulher nutriz e criança. Pois o objetivo final da amamentação é que a criança possa se alimentar, comunicar-se e dar e receber afeto sem necessitar do seio como mediador.

Como falamos no capítulo "Por que amamentar?" deste livro, a amamentação é um relacionamento complexo e multifatorial, um processo biopsicossocial. Ou seja, existem muitos outros fatores que aparecem nessa relação para além da questão nutrição e saúde do bebê. Entender os efeitos da cultura sobre a amamentação e poder descolar dela o simbolismo do único e mais forte vínculo entre mãe e bebê é muito importante.

As ações de proteção, promoção e apoio à amamentação, dentro na nossa sociedade, carregam em si uma conotação fortemente ideológica. Isso se mostra nas mais variadas tentativas de colar na amamentação uma representação, uma prova de amor da mãe pela criança. Quando essa ideia se estabelece no imaginário das mulheres mães, qualquer pensamento de limitar ou modificar a amamentação é sentido como uma ameaça ao vínculo. Além disso, esses pensamentos são acompanhados por sentimento de culpa na mulher nutriz, em virtude de o seio acabar ocupando um lugar muito privilegiado na relação com a criança.

Dessa forma, negar o seio à criança, dentro do mundo interno da mulher que amamenta, tem o peso de negar amor. O que pode ser confundido com medo de provocar sentimentos de abandono na criança ou de negligência, por não atender uma necessidade do bebê. Nesse ponto, é muito importante refletir sobre o que transforma o fato de a amamentação favorecer e colaborar com o estabelecimento do vínculo entre mãe e bebê, tornar-se a única cola possível dessa relação. Destituir a amamentação desse papel é fundamental, uma vez que o vínculo se dá na convivência, no contato, no cuidado e afeto que está presente em tantas outras formas de manifestação na relação mãe e bebê.

É imprescindível que a mulher possa deixar a relação com a amamentação ir se transformando, criando espaços e possibilidades, podendo repensar a livre demanda a partir do primeiro ano de vida. Esse processo passa por oferecer um olhar atento e curioso sobre o bebê e suas necessidades, sem que o mamá seja a única resposta para tudo.

Poder se questionar sobre o que o bebê pede, quando ele diz mamá. A função do adulto cuidador, não apenas a mãe, é ajudar a criança a nomear e simbolizar suas necessidades por meio da palavra. Colaborar para que a criança entenda o funcionamento do seu próprio corpo. Identificar a sensação fisiológica da sede, da fome e oferecer outras alternativas que satisfaçam essas necessidades orgânicas.

Ter em mente que a amamentação é multifatorial e poder deslocar a primazia da fome nessa relação, principalmente se tratando de bebês maiores de 1 ano. Identificar quando a criança pede o mamá para atender outras necessidades de afeto, atenção ou tédio. Ou seja, a mulher vai oferecendo novos contornos que vão delineando essa transformação da relação.

Poder olhar para a criança como um sujeito e verificar o que funciona para ela, para além do que a gente acha que sabe sobre ela. Permitir que a criança vá nos guiando nesse processo, como um sujeito ativo na relação. Nesse sentido, é importante questionar quais são as atividades que podemos fazer com a criança que promovam qualidade de presença e conexão. Quais iniciativas oferecem mais possibilidade e diversidade na relação com a criança? Considerar outras tantas possibilidades capazes de gerar memórias afetivas que marquem profundamente a relação e a história de mãe e bebê.

Nesse ponto, precisamos ressaltar a importância da amamentação e do seio como mediador na relação mãe e bebê. É de fundamental importância entender que não é apenas a criança que precisa se desprender do seio, mas a mulher também. Ou seja, quando falamos em desmame, precisamos nos perguntar, desmame pra quem? Para mulher ou para criança. Não dá para colocar o desmame exclusivamente na conta da criança.

Dessa forma, é fundamental fazer um resgate da mãe recém-nascida que você foi e da mãe que você é hoje, um resgate do bebê recém-nascido que sua criança foi e no que ela se transformou. Permitir olhar para as competências e habilidades que mãe e bebê adquiriram e desenvolveram nesse percurso. Esse movimento coloca em perspectiva o quanto que ela e você já foram dependentes do mamá e já não são mais.

Poder tomar esse fôlego e olhar para essa relação a partir de um novo ponto de vista é fundamental para deixar a criança crescer diante dos nossos olhos, na nossa percepção. Olhar para a criança que já está presente no seu filho, para além do bebê que você se permite enxergar. Lembrar que vocês estão desenhando um aprendizado para a vida.

Quando pensamos na perspectiva da mulher, fica evidente alguns lutos, principalmente motivado pelo bebê que fica. Essa fase evoca sentimentos intensos e ao mesmo tempo ambivalentes, por desejar que o filho cresça, ao passo que sente saudades de carregar o filho para todo lado. Muitas vezes, a amamentação pode ocupar uma função de tentar manter essa criança, num estado de bebê por mais tempo. Como uma tentativa de deixar o bebê crescer mais devagar até que a mãe possa elaborar seus sentimentos.

A nossa sociedade é muito cruel com as mães, sempre pronta a questionar suas escolhas e decisões. Assim é muito importante que a mulher faça uma observação sobre si em relação ao desmame. É um desejo seu ou você está pesquisando e pensando no tema devido a palpites de pessoas próximas. Quando dizem que seu filho já é grande pra mamar ou que você está criando uma criança dependente emocionalmente. Alguns comentários podem afirmar que você e sua criança ainda não tem uma qualidade de sono e descanso e isso é por culpa da amamentação. Fazer essa reflexão é importantíssima, já que independentemente dos julgamentos ou opiniões externas, isso diz sobre você e sua criança. Essa tarefa recai sobre você, e reconhecer seu desejo é fundamental para que o processo faça sentido para a dupla mais intimamente envolvida que é mãe e bebê.

Nesse sentido, pensamos processo como uma aprendizagem mútua para a dupla passar a se relacionar para além do mamá. Desmame é trabalho, não é resposta, não é garantia. Desmame culmina no processo final da amamentação, uma forma de relacionamento intensa e singular entre mãe e bebê.

O aleitamento materno continua promovendo benefícios protetivos à saúde e à vida da criança durante a amamentação continuada. O risco de morte por desnutrição, diarreia e doenças respiratórias continua sendo alta em crianças não amamentadas maiores de 1 ano, contudo, como a amamentação é um processo biopsicossocial, são inúmeros fatores que vão definir o final desse processo. A OMS recomenda que as crianças sejam amamentadas por pelo menos dois anos ou mais, contudo, independentemente dos benefícios que a amamentação para relação mãe e bebê, a dupla vai estabelecendo seus contornos e limites da relação possível.

A recriminação ou desencorajamento a amamentação prolongada passa por uma ideia de criar crianças independentes. Como se a amamentação fosse responsável por tornar os bebês dependentes emocionalmente. Contudo, o que se esquece é de que o ser humano nasce num estado de desamparo absoluto e depende sua existência ao cuidado de um adulto.

Este que na grande maioria das vezes é a mãe, a qual dedica ao bebê um cuidado singular e não anônimo, oferecendo-se como mediadora da criança com o mundo.

A amamentação entra nesse funcionamento como algo que é tudo, para aos poucos se tornar dispensável. Esse processo vai se operando por meio de sucessivos momentos de presença e ausência ao longo da vida da criança. A esse percurso podemos chamar de processo de individuação que é o resultado dessa disponibilidade afetiva. A criança vai se separando e se percebendo como sujeito separado, à medida que vai se sentindo segura e competente para dar conta do que acontece à sua volta.

A amamentação é alvo de muitos preconceitos e desinformação quando falamos de amamentação prolongada. Se a criança não fala, não fica com segurança com outros adultos ou cuidadores, se a criança não se alimenta de forma satisfatória na quantidade ou variedade dos alimentos, a primeira recomendação de profissionais desatualizados é culpar a amamentação e recomendar sua interrupção. No entanto, o desmame não é garantia de um outro desfecho para essas questões. O final da amamentação é apenas isso, o final de um processo.

Assim, no nosso contexto identificamos três caminhos possíveis para se operar o desmame, o abrupto, o natural e o planejado ou gradual.

No ideário popular ainda se naturaliza a violência aplicada nesse momento. Recomenda-se enfaixar o seio, tomar remédio para secar o leite, colocar esparadrapo ou correlatos para dizer que o peito está machucado, passar subsistência amarga no peito pra dizer que o mamá estragou. Dizer pra tirar de uma vez, que a criança vai chorar por três dias, mas logo passa. Essas entre outras são práticas presentes na nossa cultura para efetuar o que chamamos de desmame abrupto. O que se vê no que podemos chamar de dicas ou palpites, passa por colocar no corpo um limite que não está sendo possível se sustentar pela palavra.

Essas técnicas trazem algo em comum que é não incluir a criança no processo, não permitir que ela ou a mãe tenham recursos emocionais para lidar com a interrupção da amamentação. Tem-se muitas vezes ingurgitamento mamário ou mastite nessas situações, pois o corpo da mulher não teve tempo para se acostumar à restrição da demanda. Essas sugestões entram bastante no nível do concreto, no entanto, é fundamental assumir que a interdição é realizada por meio da palavra e é ela que dá o contorno e limite que a criança precisa.

O segundo tipo de desmame é chamado de natural, pois nele a mãe vai promovendo contornos e combinados com a criança, no entanto, o desejo da mãe comparece em sustentar a amamentação durante o tempo que a criança solicitar. Esse tipo de desmame normalmente ocorre entre 4 e 7 anos da criança.

Dessa forma, muitas mulheres podem pensar que não pretendem amamentar por tanto tempo. Pois o que vemos é que comumente o desejo de modificar a relação com a amamentação aparece primeiro na mulher, movida pelo cansaço, esgotamento ou desejo de maior liberdade com seu corpo. Nesse contexto, aparece o desmame planejado ou gradual como um caminho de poder conseguir efetuar o desmame respeitando as suas necessidades e as da criança.

O desmame gradual propõe uma transformação da relação da mulher e da criança com a amamentação. Esse ocorre à medida que vai se criando espaço para que outras formas de afeto, comunicação e alimentação. Essas outras possibilidades vão preenchendo e colorindo a relação mãe e bebê. Já que desmamar não é sobre separar mãe e criança. Mas é sobre permitir que essa relação se preencha de tal forma que a dupla não precise mais do mamá como mediador.

Desmame dá trabalho, o desmame não é só pra criança, é pra mãe e pra todos os adultos que convivem, pois há um rearranjo de toda a família nesse momento. É possível que a mulher banque sozinha esse processo, no caso de mães solo, mas não é a única forma de se concretizar. Sair do papel de principal referência de cuidado com a criança, tendo em mente o ônus e o bônus de estar nesse lugar. Convocar a entrada do pai ou outro cuidador responsável como alguém capaz de acalmar e acalentar a criança. Incluir esse cuidador principalmente na rotina da hora de dormir, que de maneira geral é a mais crítica para a grande maioria das famílias

O rearranjo familiar do momento do desmame impõe uma preparação dos responsáveis para essa adaptação a uma realidade onde não existe mais o mamá que acalma a criança. Já que ninguém mais vai ter mamá, todos precisam se dedicar a encontrar novas formas de lidar com a frustração e consequentemente com o choro da criança.

O choro da criança continua sendo um marcador importante para as famílias durante o processo de aprender a lidar com as frustrações da criança sem usar o mamá para acalmar. Não são raras as vezes que mulheres ou sua família entendem o choro de frustração como sinal de negligência com a criança, quando não atendem seu pedido pelo mamá. A reação da mulher diante da ideia de provocar o choro da criança por recusar ou limitar o mamá vem carregada de culpa e de se sentir uma mãe muito cruel e egoísta.

Entender o choro como expressão e comunicação da criança diante de frustração ou até mesmo raiva é de extrema importância para os adultos de confiança da criança. Poder perceber que nem todo choro da criança é uma demanda para o adulto resolver é uma mudança-chave. Pois o processo de maturidade e autorregulação emocional passa pelo processo de lidar com as frustrações e encontrar recursos em si ou emprestar dos seus cuidadores para dar conta.

De mãos dadas ao sentimento de culpa está o medo de traumatizar a criança ao separá-la do mamá e pôr a perder todo esforço e dedicação despendidos por todos os meses de amamentação prolongada. É importante lembrar que desmamar não é operar um trauma na criança, porque não é sobre tirar dela algo do qual ela depende emocionalmente. Desmamar é sobre preparar a criança para viver para além do mamá.

A proposta do desmame gradual é ofertar recursos e estratégias para lidar com as situações de frustração que se impõe, podendo considerar que nem todo choro da criança é uma demanda para a mãe. Perceber que a criança deseja para além da mãe e que o mamá não é mais suficiente para dar conta de tudo que a criança deseja, é uma virada de chave importante.

Por outro lado, apostar na autorregulação emocional da criança, entender a função importante que o choro desempenha. Que muitas vezes o peito acaba ocupando o papel da chupeta no sentido de fazer calar o choro da criança. Isso não é conexão ou nutrição emocional, isso é um anteparo quando falta qualquer outro tipo de recurso.

A criança saber que ela pode chorar e expressar seus sentimentos para os adultos de sua confiança faz reforçar ainda mais a confiança no vínculo. Isso demonstra para criança que ela é amada e aceita pelos pais como é e não precisa se moldar para receber amor. O amor dos pais já está presente de antemão, não é uma conquista, é a base sólida na qual ela pode se apoiar para ir pro mundo.

Saber que ela pode comparecer com sua humanidade e seus defeitos faz com que os pais também possam entrar em contato com sua própria humanidade, sair de uma posição de ideal é fundamental para o estabelecimento de uma relação de maior conexão e proximidade. A criança saber que pode falhar e frustrar é fundamental para o seu desenvolvimento emocional e para perceber seu lugar no mundo.

O desmame não é sobre arrancar algo tão especial para mãe e criança, é sobre deixar a relação ser preenchida e transformada. Até que a criança saiba que não tem mamá, mas tem mamãe. Até que a mãe se perceba potente, dentro da sua humanidade e falhas. Que ela perceba que o que fica é muito bom e que muitas vezes o beijinho se torna muito melhor que o mamá. Beijinho de mãe cura tudo, até coração partido.

filhos

Eu preparo uma canção
que faça acordar os homens
e adormecer as crianças.

(Carlos Drummond de Andrade)

Fizeste-me ver a claridade do mundo e
a possibilidade da alegria. Tornaste-me
indestrutível, porque, graças a ti, não termino
em mim mesmo.

(Pablo Neruda)

A criança que fomos (ainda está viva) na criança que vemos

Aí está o desafio que a criança nos coloca: ela reaviva a nossa criança ferida, abandonada, incompreendida e censurada, que continua em busca de cura, satisfação e integração.

Quase toda pessoa que convive com crianças já deve ter percebido que em alguns momentos é difícil manter a racionalidade e a calma, mesmo quando assim desejamos agir. Muitas vezes o cansaço, a frustração, a decepção se fazem presentes, e agir como o adulto equilibrado e maduro que queremos ser vira uma missão impossível. Provavelmente também já reparou que com uma criança às vezes agimos ou falamos coisas que jamais faríamos ou falaríamos para outro adulto.

> ## Julia dos Santos Alface
>
> Psicóloga para a maternidade, infância e adolescência. Fundadora do projeto Ambiente Terapêutico Infantil Nascer do Sol, no qual coordena os grupos psicoterapêuticos para crianças e adolescentes.
> E-mail: julia.alface@gmail.com
> Instagram: @julia.alface

Até mesmo pessoas que estão sempre buscando seu melhor para oferecer a uma criança, aqueles que desejam aprender mais para poder cuidar e ser o suporte necessário ao bom desenvolvimento dela, não raro se vê dando o seu pior e mostrando o que há de mais primitivo em si. Por quê?

A resposta é simples e complexa ao mesmo tempo. A parte simples da resposta é: quando estamos diante de uma criança, envolvidos com ela, somos levados, remetidos, transportados para a criança que nós fomos um dia. Assim como quando estamos diante de uma pessoa triste e somos levados a sentir tristezas que já vivemos, ou quando vemos alguém apaixonado e lembramo-nos da paixão que temos ou já tivemos. Todas as referências que temos são baseadas nas nossas experiências pessoais, partimos de nós mesmos para compreender aquilo que nos cerca, partimos do nosso mundo interno para poder entender o mundo externo. Essa é a lente que usamos para olhar para o outro com quem estamos nos relacionando; é como se nossas experiências, e aquilo que dessas experiências ficou marcado em nós, se transformassem em óculos através do qual passamos a enxergar o que está do lado de fora.

Quando temos uma criança sob nossos cuidados, somos remetidos à criança que fomos um dia e que ainda vive em nós. Ela ainda vive porque tudo aquilo que vivemos e que nos levou a ser o que somos hoje continua dentro de nós, faz parte da nossa constituição, assim como o tijolo nunca deixa de ser tijolo mesmo quando passa a ser parte de uma casa. Se olharmos rapidamente, veremos o todo da casa, mas com um olhar mais cuidadoso e detalhista poderemos ver o tijolo em si, que permanece lá enquanto tijolo fazendo parte de algo maior. A nossa criança também está em nós; mesmo que hoje sejamos vistos e percebidos como adultos, ela está lá. Muitas vezes pode estar adormecida, escondidinha ou tentando se esconder, sem se mostrar muito, mas se você parar para lembrar de algum momento em que esteve brincando com uma criança, divertindo-se, entregue, verá que naquele momento nada mais do mundo adulto parecia realmente importar. Naquela hora, a sua criança se fez presente na sua vida "adulta", porque junto àquele pequeno ser infantil que está à sua frente é fácil voltar a ser criança também. Isso vale para outros momentos em que estamos com uma ou mais crianças, mesmo que o momento não seja agradável ou prazeroso. Quando cuidamos de um bebê, por exemplo, estamos também cuidando do bebê que fomos. Já reparou que há algo de incontrolável na vontade de pegar um bebê no colo? Já parou para pensar no que pode estar por trás disso? O intenso desejo de proteger, acariciar e embalar quando estamos com um bebê, mesmo que ele nem esteja interessado em você, surge por ser uma excelente "oportunidade" de nutrir de amor e afeto o bebê que vive em você. Podemos ver adultos sentindo esse impulso de forma tão incontrolável que, mesmo quando o bebê não quer ou quando está visivelmente bem onde está (por exemplo, dormindo), ainda assim insistem e pegam o bebê nos braços. Vejam, agem como bebês! Bebês não têm tolerância para esperar, não têm controle sobre seus impulsos e nem sabem fazer o exercício de se colocar no lugar do outro.

Esses exemplos anteriores são fáceis de observar e normalmente não os vemos como um grande problema, mas quando temos filhos que vivem conosco ou crianças que estão frequentemente sob nossa responsabilidade, os conflitos são inevitáveis, e nesses momentos delicados é comum a nossa criança interna falar mais alto do que o nosso ser adulto. Nessas horas, agimos de modo muito diferente do que gostaríamos, com ações mais infantis e primitivas dando lugar às ações mais maduras e elaboradas, como gritar ou bater ao invés de acolher, conversar e orientar.

De acordo com as características da pessoa com quem estamos nos relacionando, aspectos do nosso Eu, que tem a ver com aquelas características, emergem, e a partir desse momento, aquilo que enxergamos no outro já não é mais apenas dele, também sou Eu projetado nele. Como em um espelho em que vemos refletida a nossa imagem, quando estamos em relação com o outro também enxergamos a nossa imagem refletida nele como se ele mesmo fosse um espelho de nós. Esse processo se chama projeção.

Muitas vezes a dificuldade que encontramos ao nos relacionar com alguém é justamente esta, a pessoa nos remete (inconscientemente) tanto aos nossos próprios aspectos, que já não conseguimos mais vê-la verdadeiramente; e quando o outro não é visto, qualquer troca se torna difícil, porque sem troca não existem relações harmoniosas.

Quando o outro nos remete aos nossos aspectos que consideramos positivos, àqueles de que gostamos e que aprovamos em nós mesmos, tudo fica mais fácil. Mas nenhuma relação que seja constante consegue ser boa o tempo todo, sempre existirão os momentos que a relação com o outro acordará em nós aquilo que não gostamos, que não queremos lidar, que desaprovamos, porque nós não somos apenas luz, o ser humano é sempre luz e sombra. E a nossa criança costuma ter feridas, dores, conflitos, frustrações, entre muitos aspectos não tão agradáveis.

É comum vermos a infância remetida à alegria, à brincadeira, à ausência de preocupações e à leveza, mas esse lado não é único no universo infantil. Nós psicólogos, por exemplo, quando estamos conduzindo um trabalho com alguém que está com dificuldades em algum aspecto da sua vida, como dificuldade de relacionamento, dificuldade no trabalho, tristeza profunda, vícios, doenças, entre outras situações, normalmente encontramos a origem do problema lá na infância do sujeito.

A vida não é assim tão simples para as crianças; estar no mundo é um grande desafio, porque a realidade que vivemos é de um mundo "comandado" por adultos que ainda têm muitas dificuldades para lidar com aquilo que é próprio da infância. É um mundo onde a infância passou a existir muito recentemente. A psicologia, a psicanálise, a pedagogia, as teorias do desenvolvimento, por exemplo, vieram à tona de forma mais intensa, influenciando outras áreas do conhecimento, em meados do século passado (XX), e só então é que o mundo começou a olhar para as particularidades e para a importância da infância, para os reflexos dela na vida adulta. Até então, a criança era apenas um ser que viria a ser um adulto e enquanto isso não acontecia, o mais importante era ensinar e introduzi-la ao mundo adulto. Se perguntarmos para nossos avós como era a relação deles com os pais, veremos como eram distantes as relações entre pais e filhos. Certa vez, uma paciente me disse: "Minha mãe tinha sempre a casa limpa e cumpria com todos os seus afazeres impecavelmente, mas ela não sabe nada sobre mim. Eu quero estar com minha filha e ter uma relação de cumplicidade com ela e para isso a casa e os compromissos terão que esperar". Respeitar, escutar e acolher a criança são atitudes que passaram a ser valorizadas muito recentemente em nossa história.

Para essa geração de início do século XXI e para as próximas gerações, talvez, a infância seja uma fase mais leve e menos dolorida, pois estamos vivendo uma época na qual as informações chegam facilmente para a maior parte da população, surgem cada vez mais pesquisas sobre a infância, estudos sobre as relações entre pais e filhos, discussões cada vez mais maduras sobre criação com apego e disciplina positiva, partos humanizados ganhando força entre as novas mães e os novos pais, e tudo isso me faz crer que a infância passará a ser uma fase mais leve e respeitosa para as crianças que estão chegando, o que não significa ausência de dificuldades ou conflitos, pois esses fazem parte de todo processo de desenvolvimento e são importantes para impulsioná-lo.

A infância sempre será um momento tanto crucial quanto delicado, porque são muitas novidades, muitas descobertas, a velocidade de desenvolvimento é intensa, e tudo isso combinado a um aparelho cognitivo imaturo, à dependência e à vulnerabilidade que toda criança está sujeita. Mas não há como negar que existe um processo de evolução e conscientização acontecendo que provavelmente nos revelará adultos mais conscientes, seguros e felizes (assim espero e trabalho para que aconteça!). No entanto, é fácil perceber que a maior parte de nós adultos viveu momentos que deixaram marcas profundas no adulto que somos, mas não estamos conscientes isso; em geral estamos alienados de nós mesmos. Somos como casas cheias de tijolos quebrados, negando que exista tal problema para não ter que arcar com a reforma toda. A questão é que normalmente temos mais trabalho lidando com os problemas decorrentes da instabilidade da casa, já que os tijolos rachados estão na base, do que se a gente arregaçasse as mangas e fizesse a reforma completa, ou pelo menos boa parte dela, sem negar que há um problema de estrutura.

E agora chegamos à parte complexa da resposta: somos adultos humanos e, por sermos humanos, somos seres dotados de um aparelho psíquico que é formado por três instâncias: inconsciente, pré-consciente e consciente. Adivinhe qual é a instância que mais atua sobre nós, na nossa vida cotidiana? O inconsciente. A verdade é que quase nenhum poder de controle nós temos sobre ele, e ele está o tempo todo se fazendo presente sem que a gente perceba. Sentimentos que não sabemos de onde vêm, reações que temos e não queríamos ter tido, coisas que fazemos "sem querer", pensamentos que não desejamos, mas que não saem da nossa cabeça, doenças sem explicações médicas, hábitos que não gostamos e não conseguimos deixar de ter, vícios que não conseguimos abandonar, comportamentos que repetimos mesmo sem entender por quê: tudo isso tem origem em nossos conteúdos inconscientes. Na tentativa incansável, apesar de praticamente inútil, de evitar a aproximação dos conteúdos inconscientes que nos causam desprazer, estamos constantemente negando e reprimindo esses afetos.

E sabe o que é que vive no nosso inconsciente? Predominantemente, a nossa criança, a criança que fomos com todas as experiências que nos marcaram. Podemos até dizer que, por isso, o inconsciente funciona tal e qual uma criança, e dessa forma precisa ser escutado e acolhido para estar em harmonia, caso contrário se fará presente de forma incômoda e irreverente para poder receber a devida atenção.

Aquilo que vivenciamos de positivo em nossa infância fica integrado em nós de forma equilibrada e harmoniosa, então mesmo que se torne um conteúdo inconsciente, dificilmente nos trará algum desconforto. Já as situações difíceis, como conflitos, dores e tudo aquilo que experimentamos como negativo, constituem os afetos desarrimados que não conseguiram se integrar ao nosso Eu. São conteúdos que pulsam de forma incômoda dentro de nós e são a origem de tudo aquilo que se presentifica de forma indesejada em nossas vidas, fugindo ao nosso controle.

Apesar de desconfortável, esse modo de funcionamento do nosso inconsciente pode ser muito útil se conseguirmos nos abrir para enxergar suas manifestações e seus sinais, pois o que o move é a busca pela cura de tudo aquilo que feriu, doeu e ainda dói (mesmo que inconscientemente), é a busca pela satisfação daquilo que era importante e não pôde ser satisfeito, é a busca pela harmonia do afeto que está sem rima e ainda não pôde ser integrado ao todo. Para ser curado o conteúdo precisa ser visto; se ele não aparecer, se não vier à tona, não poderá ser trabalhado, elaborado e integrado.

Aí está o desafio que a criança nos coloca: ela reaviva a nossa criança ferida, abandonada, incompreendida e censurada, que continua em busca de cura, satisfação e integração. Então, se pudermos aproveitar o conflito evidenciado por meio do nosso cotidiano com a(s) criança(s) para dar atenção à nossa criança interna, perceber por que certas situações nos tiram tanto do autocontrole, enxergar nossas fragilidades, depois de enxergar ver o que elas estão mostrando e, gostando ou não do que estamos vendo, buscar acolher, respeitar e honrar, ao mesmo tempo em que a criança será a causa das nossas dificuldades, poderá ser também o começo da solução, a mola que nos impulsionará a olhar para dentro de nós, por escancarar nossas fragilidades e deficiências emocionais. Tente olhar para o mal-estar que a criança provocou tendo em mente que aquilo pode ser tão desagradável por remeter a algum conteúdo seu, e acolha esse lado humano e imperfeito, porque essa sombra faz parte de nós e do que somos hoje. Se você conseguir chegar até aqui, certamente terá iniciado uma caminhada rumo ao autoconhecimento e, consequentemente, às curas que proporcionarão uma vida mais equilibrada em todos os aspectos da sua vida.

Sei que o desafio fica especialmente difícil quando estamos cansados ou fragilizados, pois nesses momentos nossas necessidades mais básicas também estão precisando de atenção, cuidado e satisfação, potencializando nossos processos infantis, nos quais quando cansados procurávamos o aconchego para o repouso ou quando fragilizados procurávamos a proteção e a segurança do outro para nos fortalecer. Se nesses momentos ainda temos que dar colo para o outro, atender primeiro as necessidades da criança para depois termos nossas necessidades satisfeitas, pode acontecer de algo que normalmente conseguimos lidar se tornar a gota d'agua que nos faz explodir e manifestar tudo aquilo que não queríamos ser para nossos filhos ou nossas crianças, pois, apesar de todo nosso cuidado e busca, nós sempre teremos nossos limites e necessidades, e é muito importante saber reconhecer quando estamos chegando perto deles. Antes de exigir demais de nós mesmos, respirar e cuidar de nossas necessidades básicas faz muita diferença. Tentar se perceber e descobrir quando as coisas estão fugindo ao seu controle racional e fazer o que for preciso para se restabelecer, mesmo que isso signifique se afastar e delegar o cuidado para outra pessoa, é algo muito sábio. Então, atente para suas necessidades básicas, não poupe cuidados para com você mesmo, especialmente se você cuida de outros no seu dia a dia. Gosto muito da orientação que os comissários de bordo dão aos passageiros do avião: em caso de emergência, primeiro coloque a máscara de oxigênio em você para depois ajudar quem precisa.

Desde que comecei a trabalhar com crianças, percebi que o ideal seria se todas as pessoas que trabalham com crianças ou que tem filhos, pudessem ter a oportunidade de olhar para as próprias dificuldades, limitações, frustrações e trabalhá-las, pois será inevitável estar diante disso tudo, e frequentemente quando estamos diariamente em contato com uma ou mais crianças. Se ao invés de poder reconhecer e respeitar as nossas limitações tivermos que fingir que elas não existem, a energia que precisaremos mobilizar para manter nossas questões lá debaixo do tapete, como costumamos fazer quando não sabemos ou não temos recursos para limpar, será imensa. A ponto de explodir! Haja vista a quantidade de professores que são acometidos pela síndrome de *Burnout*[7], por exemplo. Existem outros fatores que podem estar em questão para que se chegue a esse nível de estresse e esgotamento, mas reprimir ou negar

---

7 *Burnout*: exaustão emocional caracterizada por um sentimento muito forte de tensão emocional que produz uma sensação de esgotamento, de falta de energia e de recursos emocionais próprios para lidar com as rotinas da prática profissional. Fonte: CODO, W. *O que é burnout?* Rio de Janeiro: Vozes, 1999.

quando o inconsciente nos salta aos olhos a todo momento é um esforço psíquico tão grande que leva o adulto que está constantemente lidando com crianças ao esgotamento.

Além dos momentos de explosão ou descontrole que trouxe como exemplo, existem vários outros momentos em que o adulto se projeta ao interpretar ou lidar com as crianças. Porém, existem três situações bastante comuns que eu considero especialmente nocivas ao desenvolvimento infantil e, por isso, vou pedir especial atenção e cuidado.

1. Quando exigimos perfeição nas ações que a criança executa:

Muitas vezes esquecemos que a criança não tem a nossa experiência para ser cuidadosa ou tão caprichosa tanto quanto gostaríamos que elas fossem e exigimos delas mais do que são capazes. É certo que, na verdade, são as nossas boas intenções e o desejo de ensinar a ser cada vez melhor que nos impulsiona a apontar os erros ou falhas que ela cometeu ao fazer alguma coisa, mas o que normalmente acaba acontecendo é o contrário. Guardar os brinquedos, vigiar o(a) irmãozinho(a), lavar-se no banho, fazer a tarefa, arrumar a cama, vestir a própria roupa, pentear o cabelo, escovar os dentes e arrumar a mesa são alguns exemplos de atividades que as crianças podem fazer com facilidade; nem sempre gostam, mas é bom que saibam e melhor ainda que façam com prazer, pois tudo que é feito com boa vontade costuma ter bons resultados. É isto que geralmente esperamos, que atendam nossos pedidos, cumpram com seus deveres e façam bem-feito, mas eis que para tentar chegar nesse objetivo geralmente apontamos todos os erros, somos rígidos e brigamos, especialmente se percebemos que a criança não se empenhou muito. A questão é que, mesmo que ela não tenha dado o seu melhor, se nós apenas evidenciarmos os erros, a má vontade ou as falhas, ela ficará cada vez mais desmotivada, e isso funciona com os adultos também. Tente se lembrar de alguém que costuma ou costumava criticá-lo(a) muito e você perceberá que, no momento da crítica, a sua vontade era muito mais de se defender do que tentar melhorar. Já se a pessoa olhar para o que você fez, elogiar o que deu certo e reconhecer o seu trabalho, mesmo que você saiba que não está tão bom quanto poderia, na próxima oportunidade provavelmente você tentará fazer melhor. Assim também acontecerá com a criança, reconhecer o esforço dela e valorizar o que ficou bom sempre será o melhor caminho para os dois; ela terá sua autoestima elevada e você terá uma criança mais feliz ao realizar suas atividades.

Se você precisar orientar um sobre um erro que se repete, lembre-se de dialogar para tentar encontrar o ponto que a criança não compreendeu e junto a ela tentar achar a solução ou jeito certo; isso a levará a buscar o caminho sempre, mesmo que não consiga alcançar em um primeiro momento. Afinal, ela não é adulta, e o que é óbvio para você provavelmente ainda não é para ela. É o exercício de tirá-la do lugar de espelho.

Redobre seus cuidados se você é o tipo de pessoa perfeccionista e que se cobra muito, porque nesse caso a falta de capricho ou empenho da criança possivelmente irá incomodar mais do que o normal, já que nessa hora ela estará refletindo aquilo de que você menos gosta de ver em você e que tanto se esforça para não ser.

2. Quando atribuímos qualidades negativas muitas vezes rotulando a criança:

Se existe uma condição de conflito repetitiva, possivelmente a dificuldade não é da criança, mas, sim, do adulto. Uma das coisas que mais vejo são adultos que interpretam o comportamento considerado negativo da criança como se ela fosse um ser maldoso que faz de tudo para incomodar, provocar, frustrar, testar e desobedecer, mas essa é a lente que nós usamos partindo da nossa realidade interna, e realmente nós adultos temos essa perversidade já introjetada e muitas vezes somos maus pelo simples prazer de assim ser (na verdade, não é tão puramente isso, mas como as razões são inconscientes vou limitar a falar dessa forma), por isso se trata de uma lente embaçada. Em relação à criança, a realidade é que geralmente o comportamento que consideramos negativo e que se repete é um pedido de ajuda que não está sendo visto ou uma orientação que não está clara para ela. Toda criança deseja mais do que tudo ser reconhecida por suas qualidades e ver o brilho de alegria ou orgulho nos olhos do adulto que a acompanha, seja pai, mãe, tio, tia, avô, avó, professor, treinador etc. Se você puder olhar para essa verdade sobre a criança, você verá como é mais fácil orientar se ela perceber que quem a olha realmente a enxerga. Caso ela não consiga ser reconhecida, ela irá acolher e acreditar nos defeitos que estão sendo atribuídos a ela, porque, na verdade, a autoridade é sempre do adulto e se ele disse é porque é. A partir daí sim ela passará a se comportar de acordo com esse modelo, pois aceitou o rótulo e a ele irá corresponder.

3. Quando supersexualizamos a infância:

O desenvolvimento sexual dos seres humanos começa desde que nascemos; não nos tornamos seres dotados de sexualidade de uma hora para outra, assim como a fala não surge repentinamente a partir do momento que conseguimos elaborar frases complexas. Os primeiros balbucios do bebê já fazem parte do processo que o levará a falar, apesar de ainda não serem considerados como uma fala.

Adultos vivem e entendem a sexualidade na sua forma mais genitalizada, mas para que chegássemos nessa forma passamos por todo um processo com diferentes fases e características, sendo que estas, na primeira infância (que vai até aproximadamente os três anos), estão bem distantes da manifestação genital e das questões de gênero, que são o sentir-se homem ou mulher.

Aqui encontramos uma dificuldade um pouco maior, porque existe um grande tabu social em relação a esse tema, além das nossas questões pessoais; pouco podemos trocar e compartilhar sobre dificuldades relacionadas à sexualidade, e isso nos traz conflitos ainda maiores. Quanto mais tabu, mais repressão, quanto mais repressão, mais o inconsciente se presentificará por vias tortas, por exemplo, via projeção. Daí tamanha é a nossa dificuldade em ver o desenvolvimento sexual da criança tal qual ele é, na simplicidade e naturalidade que acontecem.

Colocamos brincos para que logo saibam que o bebê é menina, não ousamos usar cor-de-rosa nos meninos, perguntamos sobre as namoradinhas, pais surtam quando o menino adora brincar de boneca, ouvimos brincadeiras relacionadas ao tamanho do "pipi" do bebê e assim por diante. São projeções das nossas questões, conflitos e bloqueios relacionados à sexualidade que despejamos sobre nossas crianças.

Se pararmos para analisar cuidadosamente, perceberemos que geralmente nossas projeções têm a ver com "conteúdos tabu", que são os conteúdos socialmente desaprovados ou reprimidos, em maior ou menor intensidade. Por isso, vou insistir no convite: visite a sua infância e a criança que ainda vive em você. Existem muitos meios de cura, infinitos mesmo, e estar com uma criança pode ser um deles: aproveite essa oportunidade. As dores da infância ficam tão marcadas, porque quando crianças somos como um papel em branco, em que os primeiros traços têm grande importância e destaque; depois de muitos traçados, cada traço vai ficando menos evidente e relevante. Além disso, as experiências que vamos adquirindo, somadas à maturidade, vão tornando as dificuldades e as frustrações mais suportáveis e administráveis. Quanto mais nova a criança, menores são os recursos para lidar com as situações emocionalmente difíceis, por isso a repressão se torna útil, oportuna. O medo que sentimos de olhar para os nossos conflitos é referenciado na nossa experiência infantil, por isso temos a impressão de que aquilo é muito intenso, muito difícil, muito dolorido, e a sensação é a de que não vamos suportar, então tentamos evitar. Porém, na maior parte das vezes, aquilo é apenas um traço no papel, que ficou marcado de forma diferenciada pela importância que ele teve no papel que ainda era novo, sem moldura e lugar definido para estar.

Esse exercício trará grande benefício não só a você, mas também às crianças com as quais convive, porque a projeção passará a ser menor e você conseguirá vê-las com mais clareza, e sempre que isso acontece a troca na relação se torna mais respeitosa e prazerosa. Você poderá dar a elas aquilo que elas precisam, e não aquilo que você aprendeu a ter e agora está repetindo e atualizando diante delas. Sem contar que, quando a criança sente que é escutada e respeitada, ela corresponde e tudo tende a ficar mais fácil, porque você também será mais respeitado e escutado e, assim, desejará respeitar e escutar cada vez mais.

Por fim, não posso deixar de pontuar que essa é apenas uma perspectiva dentro das diversas condições que podem interferir negativamente em nossa relação com as crianças. Mesmo dentro do campo da psicologia essa é uma dentre várias vertentes a serem exploradas, além das questões socioculturais. A ideia não é encerrar o tema nessa perspectiva, mas trazer um viés que é pouco explorado quando falamos sobre a relação entre adultos e crianças.

O que me moveu a trazer esses aspectos do psiquismo envolvidos no cuidar de uma criança foi o fato de perceber no dia a dia a dificuldade dos adultos em ver a criança como ela realmente é, perceber o quanto a lente da nossa infância embaça a possibilidade de olhar para aquilo que uma criança realmente precisa e quão mais leves seriam nossos momentos com as crianças se essa lente embaçasse menos ou se a criança fosse menos espelho das nossas feridas infantis. Tentar olhar sem as lentes é exercício para uma vida, mas vale muito o esforço, por você adulto, pela criança que você foi e pela criança que está diante de você.

Princípios da disciplina positiva

Permitam que as crianças vivam suas vidas com a personalidade que elas mesmas escolherem. Não cristalizem conceitos, pois aquilo de que a criança gosta hoje pode não ser do que ela vai gostar amanhã, e ela tem direito de mudar de opinião quantas vezes quiser, pois está em plena transformação absorvendo muita informação em muito pouco tempo.

§ Ponto de partida (que adulto quero formar?)

Quando temos um filho, nosso objetivo final é que se torne um adulto com algumas características. Em geral, os pais esperam que seja uma pessoa de bem, ou seja, honesta, responsável e feliz. Entretanto, durante a infância, muitas vezes perdemos isso de vista, focando na obediência, que, certamente, torna nossas vidas mais tranquilas. Mas é importante, ao escolhermos uma forma de disciplina, ter esse objetivo em mente e pensar nas habilidades que precisamos ensinar às crianças para que se tornem esses adultos.

> ## Renata Bermudez
>
> Mãe da Helena e das gêmeas Iris e Flora, bióloga, criadora do método Sosseguinho de consultoria de sono infantil, consultora familiar e palestrante.
> E-mail: renata.bermudez@sosseguinho.com.br
> Instagram: @sosseguinho

Sempre que pergunto em minhas palestras quem quer ter um filho obediente, quase todos levantam as mãos. Mas, então, pergunto quais desses querem criar um adulto obediente. Imediatamente, todos abaixam as mãos.

É muito comum que, ao chegar à adolescência, os pais me perguntem como fazer para que os filhos ajudem em casa, tenham iniciativa própria, façam suas próprias coisas. Se não fazem nessa época da vida, geralmente é porque aprenderam a ficar aguardando ordens para tudo, seja por superproteção ou por medo das atitudes autoritárias dos pais. Isso fará com que eles cresçam adultos obedientes que precisam ser ordenados para sentirem-se seguros.

Crianças não são, por natureza, preguiçosas, mas nós muitas vezes acabamos fazendo com que fiquem. Isso porque é mais rápido arrumar logo o quarto da criança do que fazer com que ela tome conta das próprias coisas. É mais fácil cozinhar enquanto assistem TV do que deixá-las ajudar. Mas isso, repetido ao longo dos anos, vai fazendo com que a criança não se sinta compelida a ajudar ou tomar as rédeas. Eles passam a entender que há pessoas que fazem as coisas e pessoas que esperam.

Portanto, sempre que for fazer algo em casa ou na rua, lembre-se do tipo de adulto que você quer criar e pense na melhor forma de ensinar seu filho a ser esse adulto.

Outro exemplo comum é o ato de assumir as próprias consequências. Os pais, muitas vezes, sentem pena de deixar as crianças sofrerem essas perdas. Às vezes é um brinquedo que perderam ou um passeio, e os pais logo compram outro ou arrumam uma desculpa ou forma de o filho ir ao passeio em questão, mas é importante pensar que o adulto responsável é aquele que entende que deve assumir as consequências de suas escolhas, sempre. Assim que compreende isso, a criança ou jovem aprende a pesar em suas decisões com base nos possíveis desfechos delas.

§ Coerência

Enquanto muita gente acha que a palavra-chave da disciplina é autoridade, muito mais importante que isso é a coerência, principalmente com crianças pequenas.

Elas entendem regras claras e que valem sempre. Quando tentamos justificar uma mudança de decisão nossa, muitas vezes porque não queremos fazer valer a disciplina, a criança fica confusa e não sabe o que esperar. Nessas situações, é comum que a criança se sinta na obrigação de "comandar as coisas", não porque tem personalidade difícil, mas pela insegurança que sente por causa da falta de regras claras que ela possa seguir.

Com isso, as birras tendem a aumentar e a criança passa a discutir toda e qualquer decisão dos pais, tornando a vida em família tumultuada e desagradável. Nesses casos, é comum que os pais, tentando evitar esses conflitos diários, recorram a mentiras e um pouco de enrolação para que a criança não grite ou chore.

Na verdade, a forma mais fácil de lidar com essas questões é conversar entre os pais e definir quais serão as regras da casa e como agirão em cada situação, sem pensar em punir ou reprimir, mas em deixar claro o que pode ou não.

Mesmo que no começo essa mudança de atitude dos pais acabe gerando mais conflito, em pouco tempo as coisas acabam se acalmando, porque a criança entende as novas regras e não vai continuar insistindo em um comportamento que não surte efeito.

§ Elimine seus conceitos anteriores sobre a criança

É comum que, desde o ultrassom, comecemos a tentar identificar com quem a criança se parece mais. Depois que nascem, começam sempre as conjecturas sobre como é a personalidade, de quem herdou o gênio etc.

Para aplicar disciplina positiva é muito importante que os pais se libertem desses prejulgamentos. Um bebê que não dorme tempo suficiente vai ficar agarrado na mãe o dia todo ou vai chorar por qualquer coisa. Não significa que seja mais dependente ou de personalidade mais difícil que outra criança. Apenas significa que não está tendo suas necessidades atendidas de forma correta. Muitas vezes chego a casas nas quais os pais me dizem logo que a criança é ansiosa, como o pai, ou que não suporta ser mandada, como a mãe, mas essas são geralmente projeções que nós fazemos impulsionados pelo nosso cérebro, que está acostumado a classificar tudo que encontra de diferente pela frente na categoria mais próxima conhecida.

Mas, quando olhamos pela perspectiva da criança, é fácil entender por que devemos tomar cuidado com essas classificações.

Parte de nossa autoimagem advém daquilo que os outros dizem a nosso respeito, e os primeiros "outros" de nossas vidas são nossos pais. Quando os pais começam desde cedo a dizer que um filho é arteiro, esse filho percebe que esse comportamento chama atenção dos pais e o distingue dos outros. Assim sendo, ele se comporta cada vez mais daquela maneira para continuar se encaixando no papel que os pais criaram para ele. Por isso também evitamos que as escolas rotulem as crianças. Para que elas não passem a achar que devem ser problemáticas.

Permitam que as crianças vivam suas vidas com a personalidade que elas mesmas escolherem. Não cristalizem conceitos, pois aquilo de que a criança gosta hoje pode não ser do que ela vai gostar amanhã, e ela tem direito de mudar de opinião quantas vezes quiser, pois está em plena transformação absorvendo muita informação em muito pouco tempo.

Uma vez eliminados esses conceitos anteriores, os pais abrem espaço para realmente conhecerem seus filhos mais intimamente e para respeitarem seus gostos, necessidades e sentimentos. Isso é fundamental para uma disciplina mais compreensiva.

§ O jeito de falar importa! Ajude seu filho a obedecer

Quando disciplinamos uma criança, geralmente focamos naquilo que a criança não deve fazer, porque o maior foco acaba sendo a tentativa de evitar esses comportamentos. Entretanto, não costumamos parar para pensar em como nosso cérebro funciona e em qual seria a forma mais eficaz de dizer para a criança o que ela deve fazer e o que ela deve evitar e o porquê.

Suponhamos que seu filho esteja pulando no sofá sem parar, estragando o móvel e correndo o risco de cair e se machucar. Imediatamente pensamos em explicar que aquilo é perigoso, e nossa fala costuma ser:

— Filho, pare de pular no sofá ou você vai cair.

Mas vamos fazer um pequeno exercício:

Imagine alguém lhe dizendo repetidamente:

— Não pense em laranjas, não pense em laranjas, não pense em laranjas, não pense em laranjas.

O que aconteceu em sua mente? Provavelmente, ficou pensando em laranjas o tempo todo, mesmo que tentando muito não pensar, certo? Então, vamos fazer outro teste:

— Vamos tentar não pensar em laranjas, ok? Pensemos em maçãs, que são vermelhinhas e suculentas.

E agora? Como foi? Provavelmente foi bem mais fácil parar de pensar nas laranjas, porque lhe dei uma alternativa. Outro foco para pensar.

Voltando à situação anterior com a criança, se seu filho está pulando no sofá, é muito mais eficiente dizer-lhe "Filho, pulando assim você pode cair. Venha ajudar a mamãe/papai a fazer isso aqui" do que ficar apenas repetindo que ele deve parar de pular, o que, certamente, fará com que ele não consiga pensar em outra coisa.

Em outra questão similar, muitas vezes criamos embates diretos com as crianças apenas por acreditarmos que elas devem nos obedecer cegamente e, portanto, criamos embates diretos que colocam a criança em uma posição protetiva, na qual a primeira reação é dizer não para nossas ordens.

Novamente vamos levar a situação para um caso envolvendo adultos:

Você está no trabalho, e seu chefe chega com uma tarefa grande e trabalhosa. A fala dele pode ser:

— Você só pode ir embora hoje depois que terminar essa tarefa.

Como isso faria você se sentir? Como é uma ordem autoritária e que restringe sua liberdade de escolha, naturalmente você entra em uma posição defensiva. A primeira reação da maioria das pessoas é pensar "Mas eu tenho compromissos depois daqui, não é legal que ele faça isso." Mas e se ele colocar a ordem de outra forma?

— Olha, a hora que terminar essa tarefa aqui, pode ir, tá?

Essa ordem deixa a responsabilidade e escolha em suas mãos. Com isso, a probabilidade de você se empenhar mais para terminar e se libertar da tarefa é muito maior.

Novamente, o mesmo princípio se aplica às crianças. Uma situação que costuma angustiar os pais é a hora de parar de brincar para tomar banho ou escovar os dentes. É comum que os pequenos façam verdadeiros escândalos, porque não querem realizar essas atividades. Nossa reação quando dizem que querem brincar costuma ser:

— Só vai brincar depois de tomar banho.

Isso faz com que a briga aumente. Tente, a partir de agora, dizer:

— Tudo bem, filho(a), é só tomar banho que você já vai brincar de novo.

Em suma, preste sempre muita atenção na forma como está falando com seus filhos. Ela pode ser a chave para uma disciplina muito mais tranquila.

§ Amor nunca faz mal

Quase toda mãe ou pai ouve em algum ponto da vida que dar colo demais, elogiar, dar carinho de mais vai mimar a criança. É outro dos mitos que precisamos eliminar para uma convivência tranquila em família. Amor nunca é demais e nunca faz mal. Crianças mimadas têm outra origem: a superproteção.

Quando os pais impedem que seus filhos arquem com as consequências de seus atos, as crianças crescem acostumadas a ter sempre alguém que resolva tudo por elas. Dessa forma, a capacidade de tomar a iniciativa fica tolhida, e, mesmo na vida adulta, esse indivíduo vai ficar frustrado quando tiver que lidar pessoalmente com seus problemas.

Outra consequência que esse mito traz é que as crianças ficam mais "birrentas" e choram mais. Isso porque os pais, que evitam pegar as crianças no colo, costumam fazê-lo apenas quando a criança chora ou pede colo. Com isso, os filhos aprendem que devem pedir o tempo todo e chorar para receberem o contato físico do qual precisam tanto. O melhor é buscar pegar as crianças no colo e dar carinho sempre, sem que tenham que pedir. Assim, as crianças ficam menos ansiosas e carentes.

§ Inserindo a criança na sociedade

Os espaços *kids* começaram a se popularizar nos shoppings, restaurantes e outros estabelecimentos. E, para a mãe, é como se fosse um oásis. A ajuda que ela precisava para poder respirar um pouco, concentrar-se em alguma coisa ou conversar com amigos e familiares durante uma refeição. Entretanto, algumas reflexões devem ser feitas com relação a esses espaços.

Uma coisa é ser uma facilidade. Mães de crianças pequenas praticamente não relaxam. A responsabilidade é muito grande, e há muito trabalho também. Ter alguém completamente dependente de você é desgastante em muitos sentidos. Ter alguém que permita que você descanse dessa responsabilidade por algumas horas e tenha uma conversa adulta com alguns amigos é absolutamente maravilhoso! Muitos lugares já perceberam esse público fiel e oferecem esses ambientes acolhedores para pais.

Outra coisa é criar mais uma prisão para as mães e crianças. A sociedade está cada vez mais avessa às crianças. Dizem que atrapalham, que não param quietas e que não obedecem e que, portanto, não devem participar do convívio em locais reservados a adultos. Mas que idade é a mais apropriada para se inserir no convívio? E o que se espera que essa criança saiba nesse momento? É preciso analisar pedagogicamente a situação.

A base de toda a educação da criança é o exemplo. Você pode falar o quanto quiser como a criança deve se comportar, mas, no fundo, ela vai aprender aquilo que vê e vivencia. Quando ela é limitada a ambientes infantis, a criança observa apenas outras crianças. Um ambiente preparado para elas não exige regras de etiqueta. A criança entra e brinca como em qualquer outro lugar de crianças e não desenvolve as capacidades das quais necessita para conviver entre os adultos. Assim, como esperamos que um dia saibam se comportar entre os mais velhos?

Ao contrário do que a maioria das pessoas pensa, não são os pais os únicos responsáveis pela educação de uma criança. Todos nós nos comportamos de acordo com o ambiente à nossa volta. Se você nunca foi a um teatro e vai pela primeira vez, sua atitude natural é observar o comportamento das pessoas ao seu redor e imitá-las, certo? Algumas gafes são, em geral, inevitáveis, mas servirão para que você aprenda como funciona aquela situação. O mesmo se aplica a qualquer outra primeira vez: no avião, no restaurante francês, no japonês, viagem ao exterior etc. Observando por esse prisma, é possível compreender que toda a sociedade é responsável pela educação de uma criança, embora os pais sejam os principais orientadores diretos. Há um provérbio africano que diz que é preciso uma aldeia inteira para educar uma criança, e eu concordo completamente com isso.

É preciso que toda a comunidade abrace a existência da criança.

Sempre falamos de como é importante ensinar a criança a ter empatia, mas, para isso, é preciso colocar a criança em situações nas quais o mundo não gire em torno dela.

§ Empatia

Empatia é a grande base de toda a criação com apego e disciplina positiva. Ela é a habilidade que uma pessoa tem de colocar-se na posição da outra em determinada situação ou decisão e de sentir aquilo que o outro está sentindo. Pode parecer muito simples, mas não é sempre tão óbvio. É preciso aplicar empatia sempre na hora de lidar com as crianças, procurando entender o motivo de seu comportamento e suas necessidades.

Também devemos procurar ensinar à criança que os outros têm suas próprias necessidades e seus próprios sentimentos, que devem ser respeitados. Desde a hora que a mãe quer comer ou ficar um pouco sozinha para ler um livro, a criança precisa aos poucos entender que ela deve respeitar essas necessidades em outras pessoas.

Isso fará com que os pequenos cresçam mais altruístas, sensíveis e generosos.

§ Construindo limites

Muito se fala em impor limites às crianças e, em alguns momentos, isso pode ser necessário pelo grau de imaturidade delas, mas o ideal é sempre pensar em construir limites. Essa construção é mais eficaz que a imposição, porque ela passa pela compreensão dos motivos para esses limites e pela confiança entre pais e filhos.

Quando se impõem limites pela força, seja por castigos ou obstáculos, a tendência é a criança obedecer apenas quando esses fatores estão presentes.

Quando os limites são construídos, a criança tende a respeitá-los mesmo quando não há vigilância, porque entende que isso deve ser o melhor para ela.

Em um primeiro momento pode ser necessário fazer alguma imposição, mas ela sempre deve ser explicada, ainda que a criança não tenha compreensão suficiente para compreender de forma definitiva o que está acontecendo.

Por exemplo: quando a criança pequena vê adultos tomando refrigerante, é natural que ela peça um pouco. Você pode explicar a ela que esse produto não faz bem para a saúde dela e que, portanto, não pode deixar que ela beba. Claro que uma criança de um ano de idade não vai compreender o que isso quer dizer, mas, com o passar do tempo, ela vai viver o momento de significação.

Significação é o momento do processo de aprendizagem no qual alguma informação, que já possuímos há algum tempo, passa a fazer sentido para nós. Ou seja, quando a criança entender que pode ficar doente ou não (conceito de saúde), ela vai entender o que você está dizendo e passará a rejeitar o refrigerante, mesmo que você não esteja por perto.

§ Frustração e resiliência

A frustração é parte importantíssima da formação de qualquer pessoa segura e bem resolvida psicologicamente. Embora seja natural que nos sintamos, muitas vezes, tristes em frustrar nossos filhos, é necessário fazê-lo para que eles aprendam a lidar com esses sentimentos.

Viver é avaliar sempre os bônus e ônus de todas as decisões que tomamos em cada situação e a criança aprende a fazer isso desde muito cedo.

A disciplina positiva é uma forma de educar que pressupõe que a criança é um ser humano com direito a seus próprios sentimentos e opiniões, embora essas sejam obviamente infantis e que muitas vezes precisem ser sobrepostas pelas dos adultos por questões de segurança, saúde ou convenção social. Ao invés de criticar ou reprimir os sentimentos das crianças, é importante ajudá-las a compreender que esses sentimentos fazem parte de nós e que precisamos identificá-los e lidar com eles. Isso fará com que elas se tornem adultos mais tranquilos, seguros e autoconhecedores. A obediência será uma consequência da compreensão de que zelamos pelo bem-estar deles quando pedimos algo, e não do medo dos castigos.

Um novo olhar para limites e disciplina

"Não!"

"Tira a mão daí!"

"Não sobe na mesa!"

"Não fale assim comigo!"

"Pare de chorar! Levanta daí!

"Que criança mimada, precisa de uma boa dose de disciplina!"

"Não coloque isso na boca!"

"Essa criança precisa de limites!"

Antes de ser mãe eu tinha certeza de que meus filhos nunca se jogariam no chão do mercado ou fariam qualquer "showzinho" em loja de brinquedo. NUNCA! Eu tinha certo de que desde o nascimento deles eu já iniciaria uma educação bem "disciplinada" e com os devidos limites para não existir nem o risco de em algum dia eles chegarem perto de um comportamento assim. Eu sempre imaginei que crianças com comportamentos desafiadores, "vergonhosos" e "desrespeitosos" eram puramente reflexo de uma educação sem limites e sem disciplina. Será??

A Educação Tradicional, da qual eu vim e muito provavelmente você também veio, traz essas duas palavras, limites e disciplina, como sendo a base da "construção" de um indivíduo educado. Ouso dizer que concordo completamente com essa afirmação, mas também que discordo

---

Alcione Andrade

Mãe do Joaquim, da Martina e da Aurora, Educadora Parental, coach de performance e carreira com foco no atendimento de mulheres/mães, palestrante e facilitadora de grupos. Estudiosa da neurociência e do desenvolvimento infantil, oferece atendimento e cursos on-line para pais, mães, casais e cuidadores com a proposta de apoiá-los na construção de uma parentalidade mais consciente e respeitosa. E-mail: contato@alcioneandrade.com.br Instagram: @alcioneandradeoficial

completamente da compreensão que esse estilo de educação tem dessas e de muitas outras palavras e conceitos.

Limites e disciplina são, sim, valores essenciais na Educação de uma criança, assim como na construção de uma sociedade, no relacionamento entre marido e mulher, chefe e funcionário, entre amigos numa mesa de bar ou até na forma com que o adulto lida com a criança. Limites e disciplina são essenciais para que qualquer relacionamento humano seja saudável, respeitoso e próspero, e, por isso, sim, é essencial na "formação" de um indivíduo.

A questão é o que entendemos por limites e por disciplina aplicada à educação infantil até hoje? Sim, entender isso muda totalmente a forma de nos relacionar e educar nossos filhos. E eu disse TOTALMENTE! Então, vamos começar por aí.

Já de cara quero esclarecer que a educação infantil vem sendo construída numa cultura patriarcal — e é isso que chamamos de Educação Tradicional. Essa cultura historicamente coloca o homem sobre a mulher, o mais "forte" sobre o mais fraco, em todos os sentidos. Um manda e outro obedece. Obedecer, exatamente no sentido de submeter-se à vontade do outro, de acreditar de que alguém precisa lutar para ocupar o lugar de quem "manda" e tem a última palavra, se não ele terá que começar a obedecer. Assim sendo, a criança sempre foi vista como o indivíduo mais "fraco" da sociedade, ou seja, quem só obedece e precisa ser submissa a todos, pois com certeza ela não pode ser quem manda.

Dentro desses conceitos e dessas crenças sobre a relação humana, vai sempre existir uma disputa de poder. E é por isso que dar limites e disciplinar, para a educação tradicional é mostrar quem manda! É colocar o mais fraco no seu devido lugar desde cedo, desconsiderando e anulando suas necessidades e vontades, pois o mais "forte" precisa ter as suas necessidades e vontades atendidas, e com certeza sabe o que é melhor para todos os outros, que devem apenas obedecer.

"Criança não tem que querer!"

"Desde pequeno já cheio de vontades!"

"Manda quem pode, obedece quem tem juízo!"

"Quem manda aqui sou eu!"

"Me obedeça que eu sou sua mãe (seu pai)!"

"Que gracinha, super obediente!"

"É uma criança super educada, sabe se comportar em qualquer lugar, não abre a boca pra nada, nem dá trabalho!"

Acontece que ao educar as crianças dessa forma, fazendo com que elas "abram mão" de suas vontades, necessidades e natureza curiosa, exploradora, inquieta, barulhenta, emocional e dependentes, estamos fazendo com que abram mão de suas infâncias para serem agradáveis aos adultos, perpetuando e fortalecendo essa mesma história de violência invisível e muitas vezes BEM VISÍVEL. Assim, o desejo dessa criança que foi "adultizada" desde cedo é lutar para ser o mais forte um dia, poder ser quem manda e finalmente poder ter sua vontade, opinião e necessidades atendidas, sejam homens ou mulheres, custe o que custar.

Um círculo vicioso, adultocêntrico, violento e autoritário que vem sendo transmitido de geração em geração na formação de crianças "educadas", em nome da "disciplina e da necessidade de "limites".

Entretanto, as novas descobertas da ciência e mais especificamente da neurociência traz informações que vão exatamente na contramão dessas afirmações no que diz respeito à boa educação de um indivíduo, na construção de valores na sociedade e ao sucesso das relações humanas. E é daí que vem os novos olhares para esses conceitos.

O convite da Educação Consciente é uma verdadeira desconstrução de tudo que carregamos até hoje vindo dessa cultura hierárquica de poder (não de responsabilidades) e tem como um de seus princípios o olhar para todas as pessoas com igual valor e igual dignidade, sejamos homens, mulheres, crianças, idosos, pretos, amarelos, brancos, ricos, pobres ou qualquer outra característica que possa nos "diferenciar" dentro da raça humana.

Outro princípio importante é entender que educar um ser humano de forma consciente é educá-lo para o futuro, para o desenvolvimento de valores, habilidades de vida e desenvolvimento neuronal, fisiológico, emocional e social em sua maior potência, muito longe de aprender ferramentas ou ampliar nosso repertório de como continuar fazendo com que nos obedeçam, mostrando quem manda, disfarçando a "violência" e fazendo o dia a dia do adulto ser mais fácil e agradável. E assim, se eu não sei para o que eu estou educando, provavelmente eu vou focar na obediência e cair na cultura de mandar e acreditar que a criança tem que obedecer para ser "educada".

Educar de forma consciente é apoiar-se na ciência, é compreender que o cérebro aprende o que ele vivencia na pele, por repetição ou intensidade, e que a educação é um processo que se estende a infância inteira, para no futuro existirem adultos educados. Assim, se eu quero ensinar o respeito por exemplo, eu preciso respeitá-lo o tempo todo, em toda sua infância. Só experimentando como é ser respeitado repetidamente que o cérebro humano aprende a respeitar. Sobre isso, ouso dizer que não sabemos o que é respeito e nem sabemos respeitar até hoje, mas somos ótimos em obedecer ou desobedecer (deve ser por isso que a grande maioria de nós só reduz até a velocidade permitida na pista quando tem radar).

Bom, e é nesse ponto que quero começar a falar de limites e disciplina.

Se olharmos para o conceito de limite no sentido de "linha que delimita e separa um território do outro, o espaço um do outro, uma fronteira" faz todo sentido ensinarmos limites para a criança desde seu nascimento e esse ser um conceito essencial para bons relacionamentos.

A criança se constrói na relação com o outro, com seus cuidadores primários. Desde sua concepção ela inicia sua formação fisiológica e psíquica a partir da relação com aquele ser que a carrega e que "doa" partes de si para sua existência e isso acontece de forma totalmente fusionada em todos os sentidos. Tudo é bioquímico e para sempre será. A partir de seu nascimento, na separação deste corpinho de dentro do corpo da mãe, ela passa a reconhecer seus limites corporais. Mas isso só acontecerá adequadamente por meio de muito tato, colo, carinho, afeto e afago de seus cuidadores, que ativam suas redes neuronais relacionadas às suas sensações e percepções corporais. Estudos mostram que crianças que não recebem tudo isso na qualidade e quantidade necessária tem muitas dificuldades de desenvolvimento físico e até mesmo de lidar com os limites em relações futuras. Tudo começa no físico para formação de um indivíduo. É muito importante que toquemos seus corpos repetidamente com muita qualidade, mostrando onde começa e termina seu bracinho, sua mão, perninhas, pezinhos e cada parte de seu corpo, para a criança ir construindo com muita consciência seus limites corporais, como um reconhecimento de si no mundo aqui fora.

Ao tocarmos esse corpo com carinho, cuidado, atenção, respeito, acolhimento todos os dias, repetidamente, estamos também ensinando outros tipos de limites, que é o do respeito e do "espaço" de cada um. Espaço emocional, espaço de necessidades invisíveis a olhos nus e completamente necessário para todos.

Para se ter uma ideia na educação sexual, o consentimento, o respeito ao corpo, vontade e limites do indivíduo tem seu início nesses primeiros contatos dos cuidadores com seus bebês. Se desde sempre o indivíduo só recebeu toques de qualidade em qualquer parte de seu corpo, o respeito e carinho em cada momento de contato físico e psicológico, a preocupação com o seu bem-estar e do outro e a consideração primordial de sua vontade e necessidades, não tem como ele oferecer ou aceitar nada diferente disso para o resto de suas vidas. Esse será seu repertório, seu mapa de mundo sobre as relações humanas.

Limite é o que determina onde "acaba" um e "começa" o outro, em todos os sentidos.

Onde começa e acaba o limite físico, a necessidade de falar e de ser ouvido, as necessidades do ambiente e das pessoas, a necessidade da natureza e da cidade e assim por diante. Saber colocar seus próprios limites e respeitar os limites dos outros é essencial para um relacionamento saudável e próspero de você com você mesmo e com qualquer outra pessoa ou grupo. E isso só se aprende se, desde seu nascimento, você teve seus próprios limites sendo "apresentados" e respeitados pelos seus cuidadores.

Agora, todos nós que viemos de uma educação tradicional e fomos sempre educados na base da imposição de limites, deveríamos saber colocar os nossos de forma assertiva e respeitosa e reconhecer e respeitar os dos outros, certo? Errado! A imposição de limites partir das necessidades, crenças e bem-estar dos adultos, faz com que a grande maioria de nós não saibamos nem mesmo reconhecer nossos próprios limites, pois nunca foram considerados no momento da nossa formação e desenvolvimento cerebral.

Além disso, o desenvolvimento de habilidades de vida, emocionais, sociais e cognitivas do indivíduo também passa a ser limitada, pois o cérebro que deveria estar se desenvolvendo a todo vapor para construir todas as partes do cérebro do ser humano adulto no futuro, está "usando sua energia" para sobreviver e se sentir amado, visto e importante para seus pais, a partir da construção de caminhos, comportamentos e sinapses neuronais que propiciem condutas não naturais da infância para atender os "limites" e se encaixar na "disciplina" impostos por seus pais.

Vou tentar ser mais didática nessa explicação. A criança começa a engatinhar e acessar tomadas, objetos inadequados, prateleiras e degraus perigosos, e para sua proteção, começamos a usar os "nãos" como forma de dar limites. Mas só dizer não será o suficiente, pois essa palavra é muito vaga, muito abstrata e a criança não tem pronta a parte do cérebro que abstrai e processa um conceito não concreto. Então, os pais começam a fazer gestos, falar não com carinho e a criança começa a imitar, brincar com o não e continua a ir naquela direção ou fazer o que estava fazendo. Nessa hora, a educação tradicional diz que ela está testando os limites dos pais, enfrentando, mostrando que não vai obedecer ao não. Mas na verdade ela não tem ideia do que significa o "não". A partir daí, os pais começam a falar de forma mais enfática, fazendo cara de bravo ou de desaprovação para mostrar que não estão gostando da atitude da criança e de que elas estão ultrapassando os limites. Até a hora que começa a ser agressivo e muitas vezes violento e a criança para o que está fazendo ou "aprende" que ali não pode mexer, que é perigoso e assim por diante. E provavelmente não faça mais aquilo. Bom, aos olhos da antiga educação, tudo isso foi necessário para colocar limite na criança e deixá-la em segurança, certo? Mas não é bem assim que funciona.

Do ponto de vista da ciência, que é o convite da nova educação, esse comportamento da criança de explorar, mexer, movimentar-se, ir em busca de novos objetos, caminhos, desafiar-se fisicamente e ser totalmente movida pela curiosidade é o mais excelente sinal de um desenvolvimento saudável do cérebro e o papel do cuidador, adulto, seria o de dar toda a segurança, CONTORNO, ambiente e orientação para que ela continuasse sempre nesse caminho lindo de desenvolvimento — "Uau, estou vendo que você está querendo explorar novos lugares, né?! Aí é perigoso, mas venha explorar para cá, olha que gostoso aqui fora!" — e direciona a criança para onde ela pode continuar seus movimentos.

"Vixi, filha, esse aí faz dodói, mas esse aqui pode pegar!" — e guarda todos os objetos inadequados para ela longe de seu alcance, para não correr nenhum risco frente à sua necessidade de exploração, tato e curiosidade.

Os limites podem e devem ser colocados, mas como margens de um rio que orientam para onde essas águas podem e devem continuar correndo de "vento em popa" e nunca como uma barragem que faz com que essas aguas não tenham para onde ir e o cérebro passe a registrar de que esse movimento não é bem-vindo, de que sua natureza tem alguma falha, de que seu instinto de desenvolvimento está errado e de ele precisa lutar contra sua própria natureza para ser amado, caso contrário, ele é punido, rejeitado, castigado e muitas vezes até violentado.

Colocar limites sem considerar as necessidades reais do desenvolvimento infantil é sim LIMITAR seu desenvolvimento e violentar a infância.

Crianças precisam de limites, assim como precisam de disciplina que também é usada de forma totalmente autoritária na educação tradicional. Uma criança bem disciplinada é aquela que cumpre as regras e segue as condutas esperadas nos ambientes sociais, sem nunca ultrapassar os limites. Além disso, também usamos essa palavra para descrever formas de punição, como sendo o caminho para alcançar a obediência, "necessária para a disciplina".

"Eu bati nele ou coloquei de castigo, porque ele está precisando e uma boa dose de disciplina!"

Mas antes de continuar desconstruindo o conceito de disciplina, quero falar um pouco sobre os efeitos da punição no desenvolvimento da criança.

Sempre que alguém é punido por algo, parte-se do princípio que ele já sabia e devia fazer diferente. Quando a criança é punida é como se déssemos um certificado de incompetência e disséssemos para ela que ela foi incapaz de fazer algo que ela já deveria fazer, o que na maioria das vezes não é verdade. A criança nasce com o cérebro totalmente imaturo, incomparável ao cérebro do adulto, sendo totalmente guiada por instinto de sobrevivência, desenvolvimento e seu "sistema emocional". Partes responsáveis pelo controle de sua agressividade, choros, explosões, impulsos, vontades, assim como partes que fazem um ser humano capaz de planejar, pensar em causas e consequências, entender de temporalidade, criar estratégias e manipular alguém começam, eu disse COMEÇAM, a se desenvolver depois dos 3 ou 4 anos e terminam depois dos 25 anos.

Então, a criança quando punida tem sua autoestima totalmente abalada, pois aprende que deveria saber e conseguir fazer algo que na verdade ela ainda não consegue (mas ela não sabe disso, e a maioria dos adultos também não). Além disso, quando o cérebro da criança se sente ameaçado, ele instintivamente grita: "CORRE PARA SEUS PAIS!" ou "CORRE PARA SEU CUIDADOR!". Agora, imaginem o que acontece com esse mesmo cérebro ao perceber que são esses mesmos pais ou cuidadores que são a ameaça! Ele entra em *"tilt"*. "Há algo errado comigo! O mundo não é seguro! Não é seguro ser eu mesmo!", "Não posso confiar em ninguém, nem em mim mesmo!" "Não posso mostrar minhas necessidades. Não posso contar com essa pessoa!" — o cérebro começa a lutar contra toda sua natureza, instinto e impulso de desenvolvimento em busca de sobrevivência.

A punição é extremamente prejudicial para o desenvolvimento saudável do cérebro do ser humano, não tem nenhum resultado positivo e com certeza é totalmente contra o conceito de respeito aos limites, pois ultrapassa todos os limites da criança seja físico, emocional ou psicológico.

Punir uma criança para ensiná-la o que queremos é condicionar seu cérebro a comportamentos ainda não naturais da infância para atender as expectativas dos "mais fortes" e ensiná-la que a punição é um caminho viável quando ela for a mais forte.

Voltando para o conceito de disciplina. A principal característica de uma criança disciplinada é que ela sabe cumprir regras e se comportar em qualquer ambiente. Olhando pelas lentes da neurociência, esses devem ser objetivos da educação a longo prazo, algo que a criança aprende e consegue realizar com o tempo e pelo exemplo, conforme vão se desenvolvendo as áreas de seu cérebro responsáveis pelo controle de impulsos, pela autorregulação emocional e pelo planejamento e análise temporal. Até lá os cuidadores são os responsáveis pela condução, orientação, apoio no dia a dia da criança e suas necessidades fazendo o contorno e funcionando como a margem do rio, sendo modelo absoluto da disciplina que eles querem ensinar.

Vamos almoçar num restaurante por exemplo: a criança pequena não aguenta ficar muito tempo parada, então exigir que ela fique o tempo todo sentada para atender as necessidades e regras sociais desse ambiente é crueldade dos adultos, mas isso não significa que eu possa então deixá-la correr, gritar, pular e subir em cima das mesas do local. Como cuidador dessa criança, eu preciso fazer com que ela cumpra a regra social e necessidade de todos do ambiente, mas também preciso atender suas necessidades fisiológicas e neurológicas de desenvolvimento. Para isso, provavelmente terei que buscar um local que tenha espaço de brincar, que tenha área aberta que ela possa correr e se movimentar, ou precise levantar algumas vezes para levá-la caminhar um pouco, passear fora do restaurante, ir até o banheiro se movimentando igual animais (de preferência os que não rugem, latam ou façam sons muito alto), competição de pulinhos do lado da cadeira e tantas outras ideias que podem surgir a partir do momento que eu conheço e valido sua fase de desenvolvimento neurológico. Mas, se ao invés disso, eu exijo que fique quieta, sentada e para isso faço ameaças ou chantagem, ou coloque alguma "tela" em sua frente, eu estou sendo completamente desrespeitoso com suas necessidades. Sou eu que estou ultrapassando seus limites, fica claro?

No fim, a questão é que não tem como ensinar limites e disciplina de forma respeitosa, assertiva e eficaz para uma sociedade melhor e relacionamentos humanos saudáveis e prósperos, sem conhecer as necessidades reais do desenvolvimento humano. E isso muda tudo o que fazíamos e entendíamos sobre essas duas palavras usadas na educação infantil até hoje.

Se a criança aprende pelo exemplo e pelo que ela experimenta "na pele", o convite é que nós assumamos esse papel de ser margem de rio e possamos orientar seu desenvolvimento e criação de repertório de convivência social respeitosa, amorosa e justa. Para isso, precisamos também reconhecer nossas próprias necessidades, pois ultrapassar nossos limites para atender as necessidades das crianças o tempo todo também não é o exemplo que queremos dar. Por isso, o novo olhar para o limite e a disciplina na educação consciente é um convite para olharmos para nós mesmos em primeiro lugar.

Quais os meus limites e necessidades? Quais minhas vontades? Para que eu educo meus filhos? Quais valores e habilidades de vida quero ajudá-los a desenvolver? Como assumo o lugar do adulto e crio uma rede de apoio qualificada, extremamente necessária, para conseguir analisar e encaixar as necessidades de todos os envolvidos aqui, incluindo meu autocuidado?

O novo olhar para limites e disciplina é um novo olhar para si e exige a desconstrução de muita coisa que mora dentro de você referente à uma criança educada e a uma maternidade "exemplar".

Ahh, e a criança que se joga no chão do shopping que eu tinha tanto medo de "enfrentar" antes de conhecer sobre o desenvolvimento humano, não está fazendo nada além do que o esperado para um cérebro imaturo num pico de cortisol, diante da sensação de ameaça e perigo, que, sim, é relativo para todos nós. Isso é só a ponta do iceberg dentro de suas necessidades não atendidas que podem ser a causa dessa explosão emocional. Mas o que dirá se essa criança vive uma "educação consciente e respeitosa" não é seu comportamento, e sim o comportamento dos adultos diante de suas ações e reações típicas da infância.

Assim, a criança só precisa se sentir segura o suficiente para poder ir, desenvolver-se, seguir sua natureza e saber que os contornos e orientações para que ela faça isso com a maior potência possível está sendo conduzido com muita amorosidade e responsabilidade por seus cuidadores primários. Nós cuidamos das regras e das crianças ao mesmo tempo, não é cobrando delas, é ajudando para que elas consigam cumpri-las com nosso apoio, sempre que necessário.

O novo olhar para limites e disciplina é um novo olhar para o ser humano, para as relações e para a sociedade. Tudo começa na formação cerebral do indivíduo, que pode construir caminhos de muito respeito aos limites dos outros, do ambiente, da natureza e do coletivo a partir de suas experiências com seus cuidadores primários desde seu nascimento.

Assumamos a responsabilidade e o lugar de adultos que trabalham seu próprio desenvolvimento enquanto amparam e orientam o desenvolvimento de outros seres humanos, sem cobrar deles o que ainda não podem nos dar e dando a eles o tempo e a segurança necessária para alcançarem seu desenvolvimento pleno, saudável e potente.

É consertar o avião com ele voando. É começar a reconhecer nossos próprios limites, é reconhecer nossas dores e nossa criança interior ferida, é nos abrir para novos conhecimentos, informações, é ter coragem de entrar em um processo de transformação árduo e maravilhoso, por nós, por nossos filhos e pela sociedade.

Rainha do lar?
Reflexões acerca da violência e loucura materna

Louca. Insana. Bruxa. Demente. Possuída. Temperamental. Pervertida. Histérica. Maluca. Dramática. Estressada. Alienada. Doente. Excluída. Executada. Punida. Abusada. Assediada. Julgada. Violentada. Culpada. Anulada.

Esses adjetivos e ações são bem familiares para o público feminino. Mulheres são violentadas desde que nascem e carregam toda a carga de repressão de suas ancestrais, desde o surgimento da humanidade. Precisam furar a orelha logo que nascem, ajudar a cuidar da casa e dos irmãos, estar disponíveis para servir ao homem e anular-se perante a sociedade. E sim, elas precisam ser MÃES, doarem-se e se dedicarem exaustivamente a seus filhos e à família, com a certeza de que para serem "boas nesse supremo papel" deverão fazer uma escolha entre a sua vida e a da criança, abster-se de ser mulher e ainda sentirem culpa por não estarem sendo melhores e perfeitas. A CULPA será eternamente o reforçador universal para as mulheres, assim como o culto ao sacrifício materno. Afinal, foram concebidas e criadas para isso, não é?

E quando elas ousam fugir desse padrão? Só se forem loucas! Mas não seria justamente essa imposição em se seguir esse "padrão" que as leva à loucura? Aí, meus caros, é outra história... Na verdade, essa é **a história**.

O discurso acerca da loucura feminina gera injustiças e, por vezes, justifica violências. O Brasil é o quinto país em morte violenta contra mulheres, segundo dados da Organização Mundial da Saúde (OMS, 2002). Dados levantados pelo Fórum Brasileiro de Segurança Pública (2019) e

---

Ana Vilela Mendes Brandino

Psicóloga, com pós-doutorado em Epidemiologia Psiquiátrica pelo Instituto de Psiquiatria da Fmusp, mestre e doutora em saúde mental materno infantil pela FMRP-USP. Docente e pesquisadora na área de saúde mental materna e os desafios da mulher contemporânea. Fundadora do Grupo Materna.
E-mail: anavilelamendes@gmail.com
Instagram: @grupomaternaoficial

segundo a pesquisa Mulheres Brasileiras nos Espaços Público e Privado (FPA/SESC, 2010), cerca de 80% das vítimas de assassinato são mortas por seus maridos ou companheiros, tendo como justificativa por parte dos agressores o fato da mulher "ter enlouquecido" ou simplesmente "ser louca", "histérica" ou "desequilibrada". Ou seja, atribuem a culpa para a mulher até da sua própria morte. Tais discursos permanecem sendo produzidos e reproduzidos em redes sociais, noticiários, jornais entre outros meios de comunicação, evidenciando casos de violências cometidas.

A verdade é que a violência é naturalizada por meio da própria cultura e instituições familiares. Às mulheres é imposto o papel de impotência, submissão, passividade e obediência, e aos homens, o poder e a dominação. Nesse contexto, a pergunta é como chegamos onde chegamos? Seria a violência uma forma de loucura ou a loucura uma violência? Como isso está enraizado em nossa sociedade?

A loucura da mulher, assim como a submissão e hierarquia de gênero fazem parte da história da humanidade. A loucura não deve ser vista apenas como precariedade de saúde mental ou como ausência de lucidez ou razão, mas, sim, como transgressão social, dentro de um recorte histórico e cultural vigente. Diversas obras já contemplaram esse campo de estudos, com destaque ao livro *A história da loucura na Idade Clássica* (1997), de Michael Foucault.

A percepção e a construção do papel da mulher, assim como da loucura mudam conforme a época e as necessidades históricas. Na Antiguidade, no século IV A.C., época de Hipócrates, as mulheres eram chamadas de histéricas pela fraqueza e incompletude orgânica, moral e pelos movimentos e variações do órgão que lhe é exclusivo: o útero. O próprio nome Histeria vem de *hystera*, que significa "útero" em grego. Para o baixo clero, a menstruação, por sua vez, era vista como corrupção moral, cujo sangue era capaz de matar a vegetação, oxidar o ferro, transmitir doenças etc. Por esse motivo, não podiam frequentar os locais sagrados e ritos, segundo o historiador Joan Ferrante, em sua obra *Woman as Image in Medieval Literature* (1975).

Quando recorremos à mitologia grega, temos Hera, a deusa das mulheres, da família e dos nascimentos, casada com o poderoso Zeus. É retratada como sendo uma Deusa um tanto quanto "desequilibrada", muito ciumenta e vingativa pela infidelidade e inúmeros casos extraconjugais do marido (HESÍODO, 1995). Outro mito importante é o de Pandora, a primeira mulher arquitetada por Zeus para punir Prometeu, ou seja, a mulher sendo criada como forma de "castigo" para os homens, explorando a construção da identidade feminina como sendo marcada pela sensualidade e o poder de dissimulação "Dela vem a raça das mulheres e do gênero feminino. Dela vem a funesta

244

geração das mulheres que trazem problemas aos homens mortais entre os quais vivem, companheiras nunca da pobreza cruel, mas apenas da riqueza" (HESÍODO, 1995, p. 590-593).

Entrando na Idade Média, início do século XII, tendo seu apogeu na Idade Moderna, a ascensão do Cristianismo e da Igreja marcou o período de grande desvalorização do feminino com os europeus obcecados com a ideia do diabo e amedrontados com a bruxaria, "Fruto de Satanás", heresia e negação de Deus (FRAYZE-PEREIRA, 2017). Muitas mulheres nesse período foram acusadas de estarem sob influência demoníaca e, na figura das bruxas, por terem o conhecimento das ervas ou por transgredirem a ordem, com práticas como a prostituição, o adultério e o aborto. Todas as acusadas eram "inquiridas", podendo ser torturadas e executadas (KRAMER; SPRENGER, 1484). Nesse período, a histeria se associa ao Diabo, passando a ser apresentada sob várias máscaras, como uma doença perversa e enganadora, que atinge apenas as mulheres.

Ao fim da Idade Média, é lançado o famoso e infame "tratado de demonologia", *Malleus Maleficarum*, o guia de caçar bruxas (KRAMER; SPRENGER, 1484), com textos de Aquino, os quais traziam a mulher, desde a criação do mundo, como sendo a mais suscetível à loucura, ao pecado, à possessão demoníaca, à bruxaria e à imoralidade. Outros textos populares nesse período eram os de São Paulo, que falavam sobre o dever das mulheres em se manterem obedientes aos homens, silenciosas nas igrejas e que se tivessem perguntas deveriam fazer a seus maridos em casa (*Carta de São Paulo aos Efésios capítulo 5, versículo 21 a 25 – Ef 5,22-25 ou Carta de São Paulo aos Colossenses capítulo 3, versículo 18*). A lei eclesiástica, assim, de forma abrangente, mas não menos diminutiva, deixava claro o motivo, a razão e circunstância pelas quais as mulheres não podiam ocupar cargos públicos, seria simplesmente porque "as mulheres não foram feitas para esse tipo de serviço, mais sim, para as ocupações femininas e domésticas" (LION, 1990)

Vale aqui destacar também, sob a ótica do cristianismo, que a compreensão dos homens medievais sobre as mulheres era determinada pela dualidade: por um lado, a imaculada e assexuada Virgem Maria, e do outro, a tentadora e pecadora Eva, acusada de corromper Adão, cometendo o pecado original (MOTA-RIBEIRO, 2000). Eva foi amaldiçoada com as dores do parto, sendo esse o castigo e punição que Deus impôs a todas as mulheres por sua transgressão. Dessa forma, sem manifestação contrária, sob herança de Eva, passou-se a ver na mulher um caráter maléfico e promíscuo, que precisava ser disciplinado. O culto à Virgem Maria, por sua vez, vem para redimir a mãe, por meio de uma santificação da mãe virgem, sem pecado, que sofre e clama piedade ao sofrimento do filho. A dor da mãe pelo sofrimento do filho redime EVA, difundindo a maternidade santificada (mas sem autoridade) e ampliando o culto à criança (NEDER, 2016).

Segundo Régine Pernoud (1977), na obra *Idade Média: o que não nos contaram*, por ser conservadora e católica, defendia que muitos dos ataques sofridos pelas mulheres nessa época não vinham só da Igreja, mas, sim, da ascensão do Direito Romano, resgatado no início do século XIV. Segundo a historiadora, só é possível ter uma boa visão da história da mulher, estudando a história do direito. As mulheres no tempo clássico foram notoriamente anuladas, renegadas e excluídas de qualquer poder e direito, inclusive sobre seu próprio casamento, exercia influência só na clandestinidade, principalmente nos países latinos.

Na nobreza, as mulheres viviam mais ou menos num ócio confinado e isso era visto como símbolo de status. Mas havia uma saída dentro do "sistema", para quem quisesse liberdade: o convento (NASCIMENTO, 1997; LEITE, 2021). Era a opção a quem quisesse se dedicar aos estudos, escapar do casamento e das dores do parto, em muitos casos levando até ao poder e influência. Dentro dos muros conventuais, essas mulheres não encontraram dificuldades para seguir gerenciando seus patrimônios pessoais e, nesse sentido, os mosteiros revelaram-se como lugares especialmente atrativos.

Ainda na Baixa Idade Média, início da Idade Moderna, séculos XVII e XVIII, ao mesmo tempo em que ideias iluministas ganhavam força, a burguesia se ascendia e a escravidão se intensificava. Como princípio da divisão, de exclusão social, as loucas, juntamente com os leprosos, pobres e alienados eram confinadas num navio que as levava de uma cidade para outra. Conhecido como "Nau dos Loucos", marcava a circulação de insanos (FRAYZE-PEREIRA, 1982).

E quem eram as loucas dessa época? As mulheres que não se adaptassem às funções domésticas, à procriação e não detivessem comportamentos dóceis e subalternos, vistas como uma ameaça à sociedade, representando um atentado à moral e aos bons costumes, devendo ser jogadas à Nau dos loucos, ou posteriormente, no período conhecido como "A Grande Internação" (séc. XVII), eram isoladas em casas de correção e trabalho, em regime de reclusão.

Com o fortalecimento da Medicina Social e da Psiquiatria, no final do século XIX, as mulheres passaram a ter outras formas de contenção, tendo agora o discurso médico como justificativa para hierarquia de gênero e exclusão social. A fogueira e práticas de torturas foram substituídas pelos manicômios e pela medicação como forma de contenção das mulheres que incomodavam a sociedade, que apresentavam um comportamento que não era o esperado ou determinado. Manicômios esses denunciados por sua precariedade, e por maus tratos aos internos. "Para que o machismo continuasse existindo, era necessário a inferioridade da mulher, e a loucura era uma forma higiênica de puni-la" (COSTA, 2004, p. 260).

Em meados do Séc. XVIII-XIX, vale destacar aqui um período muito significativo para a história da maternidade, em especial ao conflito entre ser mulher e ser mãe, retratados nas obras de Philippe Áries com a *História Social da Criança e da Família* (1960) e Elisabeth Badinter em *Um amor conquistado: o mito do amor materno* (1985). Devido aos sérios problemas econômicos, alta taxa de mortalidade infantil e declínio populacional na Europa, iniciou-se um incentivo político para a mulher assumir diretamente os cuidados com a prole, o que não ocorria até então. Mulheres foram domesticadas, confinadas cuidando dos inúmeros filhos, passando a se valorizar o devotamento e o sacrifício feminino em detrimento dos filhos e da família. Com a valorização da tradição familiar, da virgindade, ser dona de casa e mãe de família era o status vigente. A maternidade passa a ser idealizada como a única experiência capaz de fazer a mulher se sentir completa e feminina.

Como vimos, por anos, a mulher carregou a imagem de "louca", "temperamental" ou "histérica"; estigmatizada, coube a ela um papel secundário na ordem social, política e econômica (DUARTE, 2021). Segundo a autora, houve, sim, mulheres que se atreveram a desafiar as relações de poder vigentes, conquistando seu espaço e notoriedade; porém, existem poucas fontes documentais sobre esses casos, muitas delas, inclusive, foram descartadas por serem consideradas de menor importância frente àquelas que relatam a vida de figuras masculinas. Torna-se, dessa forma, muito difícil recuperar a história dessas mulheres, relegadas por vezes ao anonimato. De acordo com Michelle Perrot (2019), trata-se de uma silenciação feminina que se estendeu por anos e de diferentes formas, sendo naturalizada e normatizada.

É importante o resgate da história dessas mulheres "sem voz", a quem foram tiradas as oportunidades e as liberdades, num processo de normatização que ceifava seus direitos (DUARTE, 2021). Na Europa, por exemplo, rainhas com poder real eram raras, mas as que existiam podiam ser decisivas, como Leonor da Aquitânia (1122-1204) que foi rainha consorte tanto da França (1137-1152) quanto da Inglaterra (1154-1189). Por toda sua vida, atuou como patrona das artes, principalmente música, poesia e literatura.

E na Idade Contemporânea, como a loucura feminina se manifesta? Algo mudou?

Desde o século XVII, quando o movimento feminista começou a adquirir características de ação política, as mulheres vêm tentando realmente colocar em prática a luta pela igualdade de gênero. Após as guerras mundiais, como muitos maridos morreram ou foram mutilados, mulheres sentiram-se na obrigação de deixar a casa e os filhos para levar adiante os projetos e o trabalho que eram realizados pelos seus maridos. Mesmo com jornadas de trabalho maiores e salários bem inferiores aos dos homens, no século XIX, com a consolidação do sistema capitalista, boa parte da mão de obra feminina foi transferida para as fábricas, mudando a concepção de família (BADINTER, 1985; BORGES *et al.*, 2005).

No final do século XX, os avanços da medicina possibilitaram o controle de natalidade, por meio do lançamento da pílula anticoncepcional nos EUA, em 1960, e a partir do ano de 1997, com a inclusão da laqueadura e vasectomia como intervenções realizadas e custeadas pelo Sistema Único de Saúde (SUS) como parte do projeto de organização e planejamento familiar (TOQUETON, 2022). Tais marcos transformaram o comportamento feminino de modo definitivo. A mulher passa a fazer sexo por prazer, e não mais como forma de procriar, e "pode decidir" se quer ou não ter filhos e quando tê-los.

Porém, com todos esses aparentes avanços, a loucura da mulher assumiu uma nova roupagem, tão violenta quanto à narrada até agora. Mulher louca na atualidade é a mulher sobrecarregada, que além de seu trabalho formal, cumpre mais de 60 horas de trabalho doméstico não remunerado em sua própria casa. Loucas são as milhares de mães solo que se viram abandonadas pelo pai da criança, sendo obrigadas a ser a única fonte cuidadora dos filhos. Loucas são as milhares de mulheres que mesmo coabitando com os pais biológicos das crianças continuam sendo as únicas responsáveis pelos cuidados e sustento das crianças. Loucas são as mulheres que cumprem longas jornadas de trabalho, fora do âmbito doméstico, em cargos similares aos dos homens e, em pleno século XXI, ainda recebem a metade de seus salários e são demitidas quando se tornam mães. Loucas são as mulheres que não tem nem o direito de realmente adoecer, porque não tem quem cuide de seus filhos e da casa em sua ausência, muito menos quem cuide delas. Loucas são as mulheres que ousam dizer que estão cansadas, exaustas, adoecidas ao cumprir a "obrigação" delas. A fogueira deu espaço para os julgamentos e a culpabilização. Os manicômios mentais se tornaram cada vez mais assombrosos para as mulheres imersas na invisibilidade de seu sofrimento e solidão.

Marcia Neder (2016), em seu livro *Os Filhos da Mãe*, traz uma análise interessante e muito real sobre o quanto ser uma boa mãe tornou-se uma obrigação para a mulher e sinônimo de sacrifício e doação. Quanto mais sofrimento ela for capaz de suportar, melhor mãe prova ser, sob pena de ser excluída da espécie humana. A autora questiona, ainda, quantas mães se orgulham de ter abandonado seus trabalhos e suas atividades de lazer para se dedicarem aos filhos em tempo integral e recriminam aquelas que colocam as crianças em creches, pois acham que cabe à mãe o seu cuidado? Além disso, não se pode deixar de mencionar, as inúmeras críticas disfarçadas de conselhos que não cessam em chegar (infelizmente, muitas vezes vindas das outras mulheres): "Para que essa mulher teve filho? Se não quer cuidar, não tem filho", "Você não amamentou? Como assim?"; "Quando você será mãe? Cuidado com a idade, hein?" etc.

Lembrando que a experiência feminina não é singular e não pode ser entendida como única, o que faz com que as próprias mulheres reproduzam o discurso patriarcal assumindo o papel de julgadoras da moral e bons costumes das outras mulheres? Por que as mulheres tendem a achar que estão sempre falhando? Por que é tão difícil uma mulher reconhecer que está sendo vítima de violência e denunciar? Por que é tão difícil assumir que precisa de ajuda?

A resposta pode estar na representação constante do corpo feminino como morada da loucura, depositário do sofrimento e usado para a ostentação do rigor moral dos homens, por meio de queimadas, espancamentos, abusos de diversas ordens (DAMETTO; ESQUINSANI, 2017). Tal feito é reforçado diariamente em comerciais, músicas, filmes e outros produtos midiáticos que usam a imagem da mulher como desequilibrada e histérica alertando sobre como a construção dos "sexos" por meio de práticas discursivas faz parte do cotidiano e sedimenta visões de mundo (FREITAS, 2018). Nesse contexto, a problemática da dominação e da submissão cotidiana, a vinculação da feminilidade a uma aceitação dócil de sua condição supostamente inferior e consequente adaptação do comportamento da mulher para atender aos desejos masculinos é oficialmente determinada e exercida como algo natural.

Segundo Manon Garcia (2018), filósofa francesa, não se submeter à ordem patriarcal tem um custo alto na sociedade, exige um combate exaustivo e constante, que nem sempre existem as condições sociais e materiais adequadas para realizá-la. Em concordância com as ideias de Beauvoir (2012, p. 132-204), são devido às "condições econômicas, sociais e políticas particulares que as mulheres consentem em sua submissão". O grande problema da submissão é a renúncia à liberdade de decidir como queremos levar a nossa vida. Às vezes, existimos de tal forma que os benefícios da submissão são muito aparentes e os custos de permitir que outro decida sobre nossa vida não são vistos

(GARCIA, 2018). Para muitos filósofos, a submissão seria uma falha moral, uma disposição natural. E sendo algo natural, não haveria espaço para a moralidade e, por consequência, para modificação (ANDRADE, 2022). E o impacto disso em nossas vidas? Embora em muitas situações a submissão feminina seja vista como única forma de sobrevivência, essa anulação traz consequências indescritíveis e irreparáveis para a saúde mental da mulher, em especial da mulher mãe.

Simone de Beauvoir (1949), feminista do século XX, ao afirmar que "ninguém nasce mulher, torna-se mulher", evidencia um aspecto cultural muito presente que a mulher seja "ensinada" pelo homem de qual é o seu papel, com o intuito de minimizar e oprimir a mulher na sociedade. A questão central não se trata de a mulher ter de se afirmar como mulher, mas de tornarem-se seres humanos na sua integridade. Assim, é o estigma da "mulher como sexo frágil". O que seria o conceito de fragilidade? Força física para erguer pesos? Ou forte é quem vive mais tempo? Ou aguenta mais dor? A feminilidade deve ser vista como um espectro amplo, e esse conceito de "sexo frágil" não deve mais representar a mulher moderna e independente.

Dentro dessas representações, para a mulher se perceber imersa em uma situação de violência, é preciso vencer muitas barreiras internas que a façam compreender a sua identidade, seu espaço de fala e que não são obrigadas a aceitarem atitudes que venham a ferir sua dignidade, sua autoestima ou seu desenvolvimento e que isso, na verdade, é abusivo. Nesse sentido, vale destacar a violência psicológica, no ambiente doméstico, como uma das mais graves, pois ela é silenciosa e invisível por não deixar marcas físicas, um crime previsto no artigo 7.º da Lei Maria da Penha (Lei 11.340/06). Que mulher nunca ouviu "você está imaginando coisas" ou "você está ficando maluca", quando tudo o que estava acontecendo era bem real?

Afinal, qual a finalidade de reconhecer sua posição como mulher e como mãe no cenário atual? Importante estar claro que a questão não é sobre não amar ser mãe, não amar os filhos, mas, sim, sobre a construção ineficiente da forma e estrutura acerca da maternidade que hoje traz o conflito sobre amar a maternidade *versus* a estrutura necessária para de fato exercê-la. Historicamente, construiu-se um ideal materno pautado na ideia da perfeição, um lugar inalcançável, em que predomina única e tão somente os acertos, gerando frustrações cotidianas e constantes. A aprendizagem a partir da rotina diária e das singularidades presentes na relação perde espaço para a padronização.

O que estamos fazendo para mudar esse sistema? Talvez, um grande passo seja educar as crianças para que cresçam e tornem o mundo menos machista, mostrando que os homens podem chorar, podem realizar atividades domésticas, assim como as mulheres têm os mesmos direitos de ir e vir, de trabalhar, divertir-se e de, inclusive, não serem mães. Dando exemplo para a nova geração.

Outro ponto importante é que cada uma assuma sua parte ativa na mudança, não esperando apenas respostas externas. De dentro para fora, do micro para atingirmos o macro. A culpa e submissão geram passividade, levam ao estado de inércia e de vitimização crônica que paralisa, impacta o poder de transformação interna. Esse quadro pode ser consequência do adoecimento causado por toda gama histórica já descrita aqui, mas também pode ser a causa. Ambos necessitam de ajuda. Estamos perdendo nossas mães, não só pelo suicídio que está cada vez mais frequente, mas pela morte em vida, pela falta de sentido e prazer no dia a dia. Algo precisa ser feito para que o ciclo se rompa.

Enfim, que a " autenticidade de nossos desejos seja a nossa maior loucura, e nos faça romper todas as amarras e preconceitos do passado" (BEAUVOIR, 1949). E que sejamos todas loucas. Loucas com dignidade. Loucas com respeito. Loucas pelo amor. Loucas pela vida. Loucas por um mundo mais justo e melhor. E que consigamos finalmente nos libertar dos manicômios mentais.

§ Referências

ANDRADE, J. *"Submissão Feminina":* Fazendo do tabu um problema filosófico feminista. PPG-FIL, Universidade Federal de Pelotas, 2022.

ARIES, P. *História Social da criança e da família.* Ed Guanabara. 1960.

BADINTER, E. *Um amor conquistado:* O mito do amor materno. Tradução de Waltensir Dutra. Rio de Janeiro: Nova Fronteira, 1985.

BEAUVOIR, S. de. *O Segundo Sexo.* 4. ed. São Paulo: Difusão Européia do Livro, 1949. v. 1.

BORGES, W. *et al. A mulher no mercado de trabalho.* IIª Jornada Internacional de Políticas Públicas. Maranhão, São Luís: UFMA, 2005.

COSTA, J. F. *Ordem médica e norma familiar.* Rio de Janeiro: Edições Graal, 2004. p. 282.

DAMETTO, J.; ESQUINSANI, R. S. S. A Loucura, o Demônio e a Mulher: Sobre a construção de discursos no mundo medieval. *História Revista*, 2017.

DUARTE, C. B. O estereótipo da loucura como instrumento de controle biopolítico sobre a mulher nos primeiros anos da república brasileira. *REH*, ano VIII, v. 8, n. 15, jan./jun. 2021.

FERRANTE, J. M. *Woman as Image in Medieval Literature.* New York: Columbia University Press, 1975.

FRAYZE-PEREIRA, J. A. *O que é loucura*. Ed. Braziliense, 1982.

FÓRUM BRASILEIRO DE SEGURANÇA PÚBLICA. Visível e Invisível: A vitimização de mulheres no Brasil. *Datafolha:* Instituto de Pesquisas. 2 ed. 2019.

FPA; SESC. *Mulheres brasileiras e gênero nos espaços público e privado.* 2010.

FOUCAULT, M. *História da loucura na Idade Clássica.* São Paulo: Perspectiva, 1991.

GARCIA, E. *O mito do "amor materno":* Como surgiu e como superá-lo. 2021.

HESÍODO. *Teogonia:* A origem dos Deuses. Estudo e tradução: Jaa Torrano. Biblioteca Pólen: Iluminuras, 1995.

KRAMER. H.; SPRENGER, J. *O martelo das feiticeiras.* Malleus Maleficarum, 1484.

LEITE, G. A mulher na Idade Média. Entre a Virgem Maria e Eva. 2021. Disponível em: https://www.jornaljurid.com.br/colunas/gisele-leite/a-mulher-na-idade-media-entre-a-virgem-maria-e-eva1#:~:text=A%20mulher%20n%C3%A3o%20%C3%A9%20simplesmente,crescendo%20ao%20longo%20do%20per%C3%ADodo. Acesso em: 3 nov. 2022.

LION, G. *Ordem feminina contra a autoridade da Igreja na idade média.* Editora mulheres, 1990.

MURIEL, R. F. *Camilles, Pierinas e Eunices* – Condenadas Pela Razão: Mulheres, Loucura, Documentário e Ensino de História. 2018. Dissertação (Mestrado em) – Pós-Graduação em Ensino de História, Universidade Federal do Rio Grande do Sul (UFRGS), 2018.

NASCIMENTO, M. F. D. Ser Mulher na Idade Média. *Textos de História*, v. 5, n. 1, p. 82-91, 1997. Disponível em: https://periodicos.unb.br/index.php/textos/article/view/27754. Acesso em: 3 nov. 2022.

NEDER, M. *Os Filhos da Mãe:* Como Viver a Maternidade sem Culpa e sem o Mito da Perfeição. Editora Casa da Palavra, 2016.

OMS. *Relatório mundial sobre violência e saúde.* Suíça: Genebra, 2002.

PERNOUD, R. *Idade Média:* O que não nos contaram. Ed. 1977.

PERROT, M. *Minha história das mulheres.* 2. ed. São Paulo: Contexto, 2019.

TOQUETON, T. R. *et. al.* Planejamento familiar e o impacto da laqueadura na taxa de natalidade no Brasil: uma revisão sistemática. *Brazilian Journal of Development*, Curitiba, v. 8, n. 10, p. 66685-66697, Oct. 2022

MOTA-RIBEIRO, S. Ser Eva e dever ser Maria: paradigmas do feminino no Cristianismo. *In:* CONGRESSO PORTUGUÊS DE SOCIOLOGIA, 5., 17-19 abr. 2000, Coimbra. *Anais [...].* Coimbra: Universidade de Coimbra, 2000.